当代浙学文库

DANGDAI ZHEXUE WENKU

浙江省社科联省级社会科学学术著作出版资金资助出版（2012CBB06）

浙江理工大学人文社会科学学术专著出版资金资助（2012年度）

# 产业出口技术复杂度演进的动因与效应研究

陈晓华 著

**图书在版编目（CIP）数据**

产业出口技术复杂度演进的动因与效应研究／陈晓
华著. —杭州：浙江大学出版社,2014.3
ISBN 978-7-308-12983-1

Ⅰ.①产… Ⅱ.①陈… Ⅲ.①技术贸易—出口贸易—
研究—中国 Ⅳ.①F752.67

中国版本图书馆 CIP 数据核字（2014）第 048531 号

## 产业出口技术复杂度演进的动因与效应研究
陈晓华 著

| | |
|---|---|
| **责任编辑** | 葛 娟 |
| **封面设计** | 续设计 |
| **出版发行** | 浙江大学出版社 |
| | （杭州市天目山路 148 号 邮政编码 310007） |
| | （网址：http://www.zjupress.com） |
| **排 版** | 杭州中大图文设计有限公司 |
| **印 刷** | 杭州杭新印务有限公司 |
| **开 本** | 710mm×1000mm 1/16 |
| **印 张** | 15.25 |
| **字 数** | 280 千 |
| **版 印 次** | 2014 年 3 月第 1 版 2014 年 3 月第 1 次印刷 |
| **书 号** | ISBN 978-7-308-12983-1 |
| **定 价** | 45.00 元 |

# 前　言

　　产业出口技术复杂度(export sophistication)是集出口品技术含量和生产率为一体的综合概念。该领域的研究始于 Hausmann et al.(2003),由于产业出口技术复杂度为国际贸易研究提供了一个全新的分析视角(Lall et al.,2005),为此,短期内吸引了大量国内外学者的关注。随着经济理论与实证方法的发展和完善,产业出口技术复杂度的研究重心逐渐由早期的测度方法构建,转移到了现在的产业出口技术复杂度演进动因的分析上。但因研究历史相对较短,学术界目前并未形成解释产业出口技术复杂度演进动因的理论分析框架,也很少有学者关注产业出口技术复杂度演进对其他因素的影响效应,更未形成产业出口技术复杂度演进效应的理论分析框架。理论分析框架的缺失,使得实证研究往往难以捕捉到产业出口技术复杂度真正的升级和作用机理,而揭示上述机理的运行方式,对正处于对外经济发展方式转变的中国而言,具有非常重要的意义。

　　本书通过修正和拓展 Long(2001)、Kancs(2007)、Namini et al.(2011)等的理论模型,分别构建了跨国层面产业出口技术复杂度演进动因分析框架,经济体内部区域产业出口技术复杂度演进动因的分析框架,以及产业出口技术复杂度演进对出口、经济增长效应及收入分配影响的分析框架。在上述分析框架的基础上,从跨国与国内跨区域的双维度视角分别对产业出口技术复杂度演进动因进行了实证分析,并进一步分析了要素价格上涨和新型国际分工体系(国际分散化生产)对出口技术复杂度的影响。同时借助上述理论框架从双维度层面就产业出口技术复杂度演进对经济增长效应及出口的影响进行了实证分析,进而基于要素密集度异质性视角,运用中国省级区域出口数据对理论框架中关于要素收入的推理进行了实证检验。最后借助多门槛效应的非线性估计模型,对产业出口技术复杂度赶超的经济增长效应及出口广化效应进行了分析。研究表明:

(1)中国产业的出口技术复杂度并没有 Rodrik(2006)和 Schott(2008)所测度的那么高,并且中国产业出口技术复杂度有着与普通发展中国家不同的升级机制。国内区域层面实证结果显示:中国各区域产业出口技术复杂度演进的主要动力是物质资本的增长,而不是劳动力(包括熟练劳动力和非熟练劳动力),这与普通发展中国家出口技术复杂度的升级模式并不相同。这一机制在跨国实证检验的结果中也得到了一定的体现,跨国层面检验结果显示:中国出口技术复杂度演进机制已经在 2000 年左右出现了拐点,从出口增长推动型转向了经济增长推动型。

(2)从出口二元扩张的视角上看,经济体产业出口技术复杂度深化的动力主要有三个,即出口增长、经济增长和价格变迁。但这三个因素对发展中经济体和发达经济体的作用机制并不相同。发展中国家产业出口技术复杂度升级多为出口推动型,发达国家产业出口技术复杂度升级多为经济发展推动型,价格上涨有利于发展中经济体产业出口技术复杂度的深化,而对发达国家产业出口技术复杂度深化的作用力并不明显。

(3)产业出口技术复杂度演进对一国(经济体)的出口和经济增长都具有显著的正效应,产业出口技术复杂度深化对各类经济体出口及经济增长的促进作用在增强,拓展后 Namini et al.(2011)模型中产业出口技术复杂度升级对经济增长及出口产生负效应的现象并未在各国出现。

(4)产业出口技术复杂度存在异常是各经济发展中比较普遍的

现象,而这种异常可能会随着经济发展发生变动。发展中国家的异常表现为正向效应(即该异常有助于其产业出口技术复杂度的升级),发达国家的异常表现为负向效应(即该异常不利于其产业出口技术复杂度的升级),而中国的实证结果表明:随着经济的发展,经济体的异常性效应会出现拐点。

(5)中国出口增长与劳动收入占比下降现象同时存在的原因是资本密集度偏向型产业出口增长速度大于劳动密集度偏向型产业。理论与实证结果均表明:资本密集型产业出口技术复杂度深化不利于劳动收入份额的上升,劳动密集型产业出口技术复杂度升级有利于劳动份额的上升,我国近几年资本密集度偏向型产业出口的快速增长,使得前者的负作用大于后者的正作用。

(6)应该清楚地看到,从全国层面而言,原料价格上涨已经成为推动我国制造业出口技术复杂度升级内生因素,但原料价格上涨过快会促使原料价格越来越成为企业的负担,进而降低企业出口技术复杂度的升级能力。因此,应理性地看待我国原料价格上涨过程,在国内市场中,政府应借助其"有形"的手,来完善我国原料价格形成的市场机制,构建该机制发挥作用的渠道,以减少要素价格制度性扭曲给中西部地区资源性企业出口技术复杂度升级带来的负效应;在国际市场中,应构建相应原料的储备和价格预防体系,以防止国际性价格快速上涨给制造业带来的冲击,并放弃对一些效率低下企业的保护,以淘汰落后产能,使得我国制造业出口技术复杂度在"适当"的"倒逼"效应的作用下快速升级。

(7)出口技术复杂度赶超对经济增长的作用力呈现出明显的非线性,而且执行赶超策略不一定能促进本地的经济增长。与多数跨国层面研究结果不同的是:本书的估计结果显示,资本和劳动力要素密集型产业出口技术复杂度的赶超不仅会给经济增长带来正效应,也有可能给经济增长带来负效应。为此,执行赶超策略的省级区域,应根据本区域不同要素密集型产业出口技术复杂度赶超所处的阶段,制定不同的政策,从而对赶超行为进行恰当的激励或控制,以最大化赶超给其经济增长带来的正效应。

(8)产业出口技术复杂度以低于"比较优势零点"的形式演进，并不利于出口品的范围广化。产业出口技术复杂度赶超是各国发展中比较普遍的现象，发达国家的赶超力度并不低于发展中国家。一国采取适度逆比较优势的出口技术复杂度赶超策略能促使本国产品的出口范围广化。

基于上述分析结果，本书最后提出了相应的政策建议，如加大高端产业的投资力度，提高 FDI 的流入质量，引导国内国外投资流向中西部；适当提高产品的出口价格，以提高产业出口技术复杂度的升级速率；适当加大欠发达地区的逆比较优势赶超力度，降低其出口技术复杂度向拐点转变的速度；加大中西部地区融入国际市场的力度，提升产业出口技术复杂度深化对其经济增长、出口及要素报酬的作用力度；充分利用国内区域间产业出口技术复杂度的差异，构建区域间产业出口技术复杂度梯度进步的机制。

2014 年 2 月于杭州

# 目 录

# 1 导 论

## 1.1　选题的目的与意义

出口贸易对经济增长的推动作用很早就被国内外经济学界所关注,如Smith 的"剩余产品出口"学说与 20 世纪 30 年代经济学家罗伯特逊(D. H. Robertson)的对外贸易是"经济增长的发动机"(engine for growth)理论等,都表明出口贸易对一国的经济增长具有重要的意义,因而早期学术界对出口贸易产生的动因及增长的效应进行了大量的研究。但上述研究多以出口贸易额或出口贸易额占 GDP 的比重来衡量(祝树金,2010),这实际上只能反映出口贸易品的数量,并不能反映出口贸易品的质量、技术含量和劳动生产率等。多数情况下对外贸易的内在问题,并不仅仅是出口量的问题,而是出口品组成,尤其是出口品的技术含量以及复杂程度等问题。为此,进入 21世纪后,国内外学者关于出口贸易的研究重点逐渐从出口贸易的数量转移到了出口复杂程度(export sophistication)上。

从出口技术复杂度视角研究一国的出口,对掌握一国出口品的国际竞争力及国际分工地位等状况,实际上比从数量角度研究更具有优势。由于出口品复杂程度的研究长期缺乏较为系统的测度方法,该领域的研究一直到 Hausmann et al. (2003)提出产业出口技术复杂度概念后才逐渐兴起。产业出口技术复杂度实际上是集出口品技术含量和生产率为一体的综合概念,早期的研究多基于国际贸易领域的相关理论模型构建出口技术复杂度的测度方法。

在测度指标相对完善以后,产业出口技术复杂度高级化或优化的动因逐渐被纳入了该领域的研究。但由于该领域的研究历史较短,目前的研究尚存在以下不足:①并未形成解释产业出口技术复杂度演进机理的统一分析框架,已有的经验研究则过多地关注经济增长对产业出口技术复杂度的影响,而对其他要素的影响研究相对不多。②由于该领域的研究过程需涉及大量的数学计算,所以学者们进行的研究多为静态研究,这一方法很难区分出不同影响因素作用力的动态变化趋势,以及该影响因素在不同区域作用机制的差异。③实践经验显示:一国产业出口技术复杂度的变迁往往会对其经济增长、出口增长以及要素收入等产生较为明显的反向影响,而学术界尚无学者对其反向效应进行深入的分析,更未形成统一的理论分析框架。

有鉴于此,构建产业出口技术复杂度演进动因与效应的分析框架,深入分析产业出口技术复杂度演进的动力机制以及出口技术复杂度演进的作用效应成为该领域当前学术界努力的方向。为此,本书在修正和完善前人研究的基础上,尝试形成出口技术复杂度演进动因和演进效应的基本分析框架,并在框架分析的基础上,构建相应的计量模型,即从跨国和我国国内跨区域的双维层面对出口技术复杂度演进的机理和演进的效应进行实证分析。因而本书的研究意义体现为:

(1)理论意义。产业出口技术复杂度是宏观经济的重要变量之一,其与经济增长之间的密切关系早已被 Hausmann et al.(2005)和 Rodrik(2006)证实。伴随着经济的发展,产业出口技术复杂度呈现日益深化的趋势,迫切需要有相应的理论分析框架来解释其不断深化的内在机制。首先,本书通过将 Long(2001)、Kancs(2007)及 Namini et al.(2011)模型引入该领域的研究,分别形成出口技术复杂度演进动因与效应的两个分析框架,一方面顺应了当前该领域的发展趋势,另一方面为后文的研究奠定坚实的理论基础,也为后续学者在该领域的研究提供了较好的借鉴。其次,在研究中国产业出口技术复杂度时,基于 Hausmann et al.(2005)的研究,在剔除"统计假象"的基础上,构建了一个适合我国产业出口技术复杂度的测度指标,在运用该指标测度出中国真实出口技术复杂度的同时,也为该领域的理论与实证研究提供了一个全新的分析工具。再次,本书首次对中国产业出口技术复杂度演进的机制及效应进行实证分析,并将其与其他国家进行对比分析,这为本领域的理论发展提供了较好的经验证据。最后,笔者通过长时间跨国及中国省级数据对产业出口技术复杂度演进的机理与效应进行实证检验,真正实现了该领域的动态研究。

(2)现实意义。一方面以产业出口技术复杂度为研究对象,进行理论与实证分析,以揭示不同发展程度的经济体及我国不同地区产业出口技术复杂度变迁的动因,为我国政府制定加快转变外贸发展方式及推动外贸发展从规模扩张型向质量效益提高型转变的政策措施提供依据;另一方面研究出口技术复杂度演进的经济和出口增长效应以及要素密集度偏向型产业出口技术复杂度演进的收入分配效应,为不同发展水平国家提升出口技术复杂度与出口及经济增长的互动水平提供借鉴,同时为各经济体制定劳动收入增长与出口技术复杂度共同提升方面的政策提供依据。最后,本书通过非线性估计的方式分析了出口技术复杂度赶超对经济增长和出口的影响,为我国执行出口技术复杂度赶超策略提供经验参考。

## 1.2　主要的研究方法

研究方法掌握着研究的命运,而本书的研究具有较强的理论性和现实性,既要传承国内外(特别是西方)已有研究的基本思路,又需考虑不同发展阶段经济体之间相应机制的差异,以求从多角度和多层次来研究出口技术复杂度演进的机理及其效应。为此,主要采用了以下几种方法,以提高研究结论的可靠性。

一是规范分析与实证分析相结合的方法。本书在搜集和分析国内外已有的文献的基础上,运用严谨的数学推导和演进法对 Long(2001)、Kancs(2007)及 Namini et al.(2011)等学者的模型进行了拓展,形成了出口技术复杂度演进机制和演进效应的理论分析框架,为后文的实证分析提供支撑,具体体现在本书的第 3 章。在理论分析框架的基础上,笔者构建相应的计量模型进行实证分析,主要采用的计量方法有:①面板数据两阶段最小二乘法,如发达经济体、发展中经济体出口技术复杂度演进动因的实证分析;②哑变量面板数据模型,如不同经济体出口技术复杂度的异常性分析;③面板数据动态 OLS 模型,如出口技术复杂度演进的出口与经济增长效应的实证分析;④差分 GMM 和系统 GMM,如出口技术复杂度演进的收入分配效应;⑤工具变量的面板数据,如出口技术复杂度演进效应的稳健性检验;⑥门槛效应估计模型,如出口技术复杂度赶超的经济增长和出口广化效应。

二是静态分析和动态分析相结合的方法。在既定的外部条件下,分析各因素的具体情形是静态分析的一个主要特点。动态分析则纳入了时间因素,注重多种条件变动情况下分析宏观或微观经济现象。本书研究中运用静态分析(如在出口技术复杂度演进动因及其效应的分析框架推导过程中,运用到了部分静态分析的假设)和动态分析(如产业出口技术复杂度异常性的二阶段最小二乘法的分析)相结合的方法,以期获得更为准确、可靠的估计结果。

三是对比分析法。产业出口技术复杂度演进是一个相对比较的过程,分析过程中需要涉及多种类型的国家和地区,通过对比不同经济体不同时间的出口技术复杂度,才能更为准确地判断产业出口技术复杂度的演变过程。本书采用这种方法进行分析时包含两个方面的对比:一方面是跨国层面的对比,本书测度了 52 个经济体金属制品 1993—2009 年的出口技术复杂度,并对不同经济体(发达经济体、发展中经济体)出口技术复杂度演进的机理及其经济增长与出口增长效应进行了对比分析;另一方面是国内跨区域层面的对比,本书测度了 2002—2008 年我国 28 个省级区域出口技术复杂度,并对各区域(东部、中部、西部)演进的机制及效应进行了对比分析。

四是历史综合分析法。虽然出口技术复杂度是一个较新的概念,且该概念提出至今还未满十年,但因其为研究一国出口提供了一个全新的分析视角,因此,吸引了大量的经济学家投身于该领域,为此,该领域已有一定量的现有文献。本书在梳理出口技术复杂度及其相关领域国内外历史文献的基础上,融入国内外最新研究文献和方法,对已有研究进行拓展和优化,为本书的研究提供有力的理论支撑。

## 1.3　研究思路与框架

本书在归纳已有研究的基础上,以出口技术复杂度演进动因和效应的理论分析框架构建为切入点,具体为:一方面将 Long(2001)的两部门模型拓展为三部门模型,同时将 Melitz(2003)二元边际理论的基本思想融入 Kancs(2007)模型,首次形成国内和国外两个层面的出口技术复杂度演进分析框架;另一方面,将 Namini et al. (2011)模型进行拓展,首次形成出口技术复杂度演进对出口、经济增长以及要素收入影响的基本分析框架。在上述分析框架的基础上,本书分别从跨国和国内区域双维度层面对产业出口技术复杂度演进的机理进行实证分析,并深入分析要素价格和新型国际分工体系(国际分散化生产)对出口技术复杂度的影响。进而分别从跨国和国内区域双维度层面对产业出口技术复杂度演进对出口及经济增长的影响进行分析,并从要素密集度偏向型视角,运用国内区域层面数据分析出口技术复杂度演进对收入分配的影响,最后借用多门槛效应估计模型对出口技术复杂度赶超的经济增长效应和出口广化效应进行实证分析。以期达到以下目的:一是揭示不同经济体出口技术复杂度演进的机制及演进机制间的差异;二是揭示不同经济体出口技术复杂度演进的经济效应;三是以发展中经济体、发达经济体和我国省级区域产业出口技术复杂度为对象进行实证研究,为出口技术复杂度研究领域相关理论的完善提供一定的经验证据;四是掌握中国不同区域出口技术复杂度演进的动力机制,为政府政策设计及企业经营决策提供科学的参考。

　　基于上述思路,本书一共分为 9 章,具体框架见图 1-1。

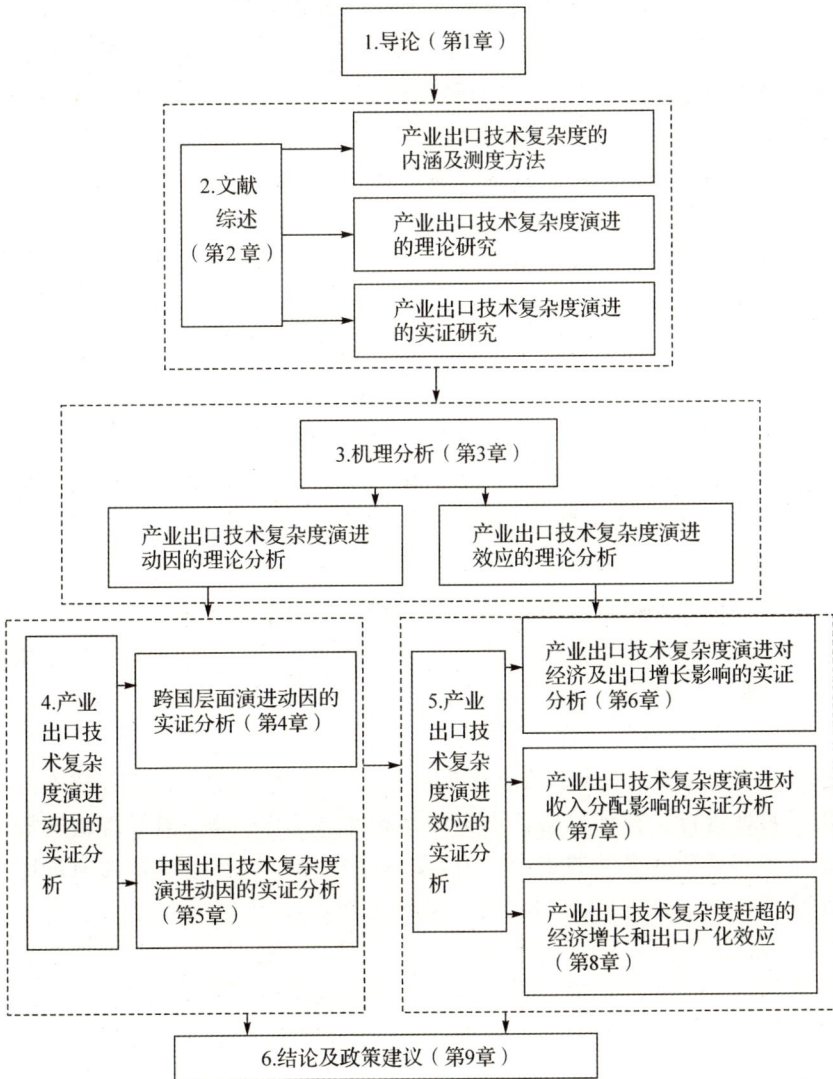

```
              ┌───────────────────┐
              │  1.导论（第1章）    │
              └─────────┬─────────┘
                        ↓
       ┌───────────────────────────────────────────┐
       │              ┌───→ 产业出口技术复杂度的        │
       │              │      内涵及测度方法            │
       │   2.文献      │                              │
       │   综述   ─────┼───→ 产业出口技术复杂度演进      │
       │  （第2章）    │      的理论研究               │
       │              │                              │
       │              └───→ 产业出口技术复杂度演进      │
       │                     的实证研究               │
       └───────────────────────┬───────────────────┘
                               ↓
       ┌───────────────────────────────────────────┐
       │          3.机理分析（第3章）                  │
       │    ┌──────────────┐   ┌──────────────┐      │
       │    │产业出口技术复杂度演进│  │产业出口技术复杂度演进│  │
       │    │动因的理论分析      │  │效应的理论分析      │  │
       │    └──────────────┘   └──────────────┘      │
       └───────────────────────────────────────────┘
```

图 1-1　本书的研究框架结构

　　第 1 章是导论。本章简要地阐述了本书选题的目的及理论与现实意义、本书的研究方法、研究思路、研究框架以及可能的创新和不足。

　　第 2 章是已有文献的回顾。本章主要是梳理产业出口技术复杂度研究的历程及现有研究的可改善之处,第 1 节在界定出口技术复杂度内涵的基础上,梳理目前测度产业出口技术复杂度的各种方法,并对比分析不同方法的差异及优劣势;第2节分析区域产业出口技术复杂度现状形成的理论依据,以及区域产业出口技术复杂度演进的理论支撑;第3节从经济增长、出口增长、外商直接投资、加工贸易以及要素禀赋等视角就产业出口技术复杂度实证研究领域的文献进行了评述;第4节评述了中国出口技术复杂度异常性研究的现状及原因;第5节对已有的研究进行了整体性评述,并指出了该领域现有研究的不足以及未来研究的改进方向。

第3章是产业出口技术复杂度演进动因及其效应的理论分析。本章构建了两个方面的基本分析框架,具体为出口技术复杂度演进的分析框架和出口技术复杂度演进效应的分析框架。第1节首先基于 Melitz(2003)的二元边际视角,通过拓展 Kancs(2007)的理论模型,从跨国层面对一国产业出口技术复杂度演进动力进行了理论分析,结果显示出口、经济增长和出口价格是跨国层面出口技术复杂度升级的三大动力;然后将 Long(2001)的两部门模型拓展成三部门模型,形成了基于一经济体内部视角的出口技术复杂度演进动因的分析模型。第2节通过拓展 Namini et al.(2011)的模型,分析了产业出口技术复杂度演进对经济增长、出口以及要素收入分配的作用机理。

第4章是产业出口技术复杂度变迁动因的实证分析:基于跨国对比视角。本章主要基于跨国对比的视角,运用 1993—2009 年 52 个经济体金属制品出口数据,在测度出各经济体金属出口技术复杂度的基础上,结合第3章中拓展后的 Kancs(2007)模型,对各国金属制品产业出口技术复杂度演进动因进行了实证分析,并基于动态分析视角对不同经济体产业出口技术复杂度的异常性进行了实证检验。得出的结论主要有:一是一国经济的发展水平决定了其复杂度提升的主要动力,发达经济体出口技术复杂度演进的动力是经济增长,发展中经济体的动力为出口增长,但中国的动力已于 2000 年左右出现拐点,由出口增长推动型转变为经济增长推动型;二是发展中经济体出口技术复杂度的异常性为正且呈一定的发散性,发达经济体出口技术复杂度异常性为负且呈明显的收敛性;三是虽然中国产业层面出口技术复杂度存在异常,也具备了一定的技术优势,但与高复杂度经济体相比,中国金属制品出口技术复杂度的绝对额并不大,提升速度较慢。

第5章是中国产业出口技术复杂度演进动因的实证分析:基于省级区域层面视角。本章在 Hausmann et al.(2005)模型的基础上,构建了一个剔除了"统计假象"的一国国内区域产业出口技术复杂度的测度方法,并运用该方法测度出我国 28 个省级区域的出口技术复杂度,在此基础上,结合拓展后的 Long(2001)模型,对我国不同区域出口技术复杂度演进的机理进行了实证分析。得出的主要结论有：①近几年，中国出口技术复杂度虽然有了大幅度的提升，但并没有 Rodrik（2006）等人测度的那么高。②中国出口技术复杂度较高的省份都位于东部地区，虽然产业层面和区域层面的技术结构差异呈进一步扩大的趋势，但未出现"两极分化"。③中国出口技术复杂度演进的动力机制与普通发展中国家并不相同，国家和地区层面演进的根本动力是国内物质资本存量的递增，但物质资本边际效用的区际递减现象明显。④中西部地区资本生产性部门非熟练劳动力过多与东部出口价格过低分别导致了中西部熟练劳动力和东部非熟练劳动力对当地出口技术复杂度呈负效应。

第 6 章是产业出口技术复杂度的经济及出口增长效应分析。本章在前文产业出口技术复杂度测度结果的基础上，结合拓展后 Namini et al.（2011）模型中关于经济增长及出口增长的推论，运用面板数据动态 OLS（D-OLS）从发达国家、发展中国家和中国内部区域（东部、中部、西部）三个层面就出口技术复杂度演进的经济及出口增长效应进行了实证分析，结果显示：首先，产业出口技术复杂度的深化对一国出口规模扩大和经济增长都具有显著的正效应，并且这一正效应还在不断的增大，所不同的是产业出口技术复杂度对发达经济体的促进效应要大于发展中经济体。其次，中国出口技术复杂度演进有着与普通发展中经济体不同的效应，即在滞后阶数相同的情况下，出口技术复杂度演进对中国经济增长的作用力明显大于其对出口的效应。最后，东部在正向外部冲击下，出口技术复杂度对出口及经济增长的作用力明显大于中西部。

第 7 章是产业出口技术复杂度演进的要素收入分配效应：基于要素密集度偏向型视角。本章在前文修正后的 Hausmann et al.（2005）模型基础上，进一步拓展，形成要素密集度偏向型产业出口技术复杂度的测度方法，并对中国 28 个省级区域要素密集度偏向型产业出口技术复杂度进行了测度。在此基础上，结合拓展后 Namini et al.（2011）模型的部分推论，运用差分GMM 模型从全国、东部、中部和西部四个层面就出口技术复杂度演进的收入分配效应进行了实证分析。得出的主要结论有：首先，近年来，我国资本和劳动密集度偏向型产业的出口技术复杂度都有较大的提升，但这两种密集度产品技术含量的差距在不断扩大。其次，Stolper-Samuelson 定理在中国是适用的，劳动密集度偏向型出口技术复杂度升级对劳动收入占比具有显著的促进作用，而资本密集度偏向型出口技术复杂度表现为显著的负作用。最后，说明导致我国出口增长与劳动收入占比下降的"相悖"现象出现的原因在于资本密集度偏向型产品出口增长速度快于劳动密集度偏向型产品。

第8章在前面两章出口技术复杂度演进效应的基础上,进一步分析出口技术复杂度赶超策略对经济增长和出口广化的影响。本部分在参考杨汝岱、姚洋(2009)研究的基础上,从跨国和中国省级区域两个层面测度出了50个国家和中国28个省级区域出口技术复杂度的赶超系数,进而分析出口技术复杂度赶超系数赶超对经济增长和出口广化的影响。得出的主要结论有:一是出口技术复杂度赶超对经济增长的作用力呈现出明显的非线性,执行赶超策略不一定能促进本地的经济增长;二是我国劳动密集型产业出口技术复杂度赶超对经济增长的作用力存在显著的"收敛区间",东部地区资本密集型产业和东中部劳动密集型产业的赶超力度可进一步加强,出口技术复杂度大幅赶超策略并不适合中西部地区资本密集型产业;三是产业出口技术复杂度以低于"比较优势零点"的形式演进,并不利于出口品的范围广化;四是产业出口技术复杂度赶超是各国发展中比较普遍的现象,发达国家的赶超力度并不低于发展中国家;五是一国采取适度逆比较优势的出口技术复杂度赶超策略能促使本国产品的出口范围广化。

第9章是主要结论与政策建议。本章从实证与理论两个方面归纳了本书的基本结论,在此基础上,提出了加快产业出口技术复杂度升级速度以及优化产业出口技术复杂度演进效应的政策建议。具体包括:加大高端产业的投资力度,提高FDI的流入质量,引导国内外投资流向中西部;适当提高产品的出口价格,以提高产业出口技术复杂度的升级速率;适当加大欠发达地区的逆比较优势赶超力度,降低其出口技术复杂度异常性向拐点转变的速度;加大中西部地区融入国际市场的力度,提升产业出口技术复杂度深化对其经济增长、出口及要素报酬的作用力度;充分利用国内区域间出口技术复杂度的差异,构建区域间产业出口技术复杂度梯度式进步的机制。

## 1.4　可能的创新点

本书在前人的研究基础之上,构建了相应的理论分析框架对产业出口技术复杂度及其效益进行了分析,并基于理论框架从跨国和中国国内区域双维度层面进行实证探索,为此,整体而言可能的创新点有以下几个方面。

(1)分别形成了跨国和国内区域层面产业出口技术复杂度演进的机理。从 Hausmann et al.(2003)提出产业出口技术复杂度这一概念以来,学术界在这一领域进行了大量的努力,但由于研究时间相对较短,学界对产业出口技术复杂度演进的机理并未形成统一的分析框架,本书通过修正和完善 Kancs(2007)与 Long(2001)模型分别形成了跨国和国内区域双维度层面产业出口技术复杂度演进动因的理论分析框架,并分析了不同因素对产业出口技术复杂度深化的作用机制。这一理论框架为后文的实证分析奠定了基础,也为本领域的后续研究提供了理论参考。

(2)首次形成了产业出口技术复杂度演进对经济增长、出口和要素收入分配影响的理论分析框架。产业出口技术复杂度领域的研究目前仅关注于产业出口技术复杂度变迁的动因,很少有学者关注到产业出口技术复杂度演进对其他因素的作用,因而并未形成产业出口技术复杂度演进效应的理论分析框架。本书通过拓展 Namini et al.(2011)模型,形成了产业出口技术复杂度演进效应的基础性理论框架,为该领域的理论与实证研究提供了一个全新的分析框架。

(3)构建了一个"剔除假象"的国内区域层面出口技术复杂度指标。Hausmann et al.(2005)提出的测度指标,已经成为当前产业出口技术复杂度研究领域的主流测度方法,但该方法有一个缺陷,其无法剔除一国出口中以加工贸易形式引进的"高技术含量"的中间品,进而使得该方法的测度结果包含一定的"统计假象"。由于跨国层面加工贸易形式引进中间品方面的数据难以获得,且当跨国样本较大时,"统计假象"给真实结果带来有偏影响相对有限(Namini et al. 2011),为此,大样本跨国层面可用 Hausmann et al.(2005)的方法。但就一国内部而言,如果继续用这一方法所得结果偏差将会较大,为此,笔者通过剔除加工贸易引进的中间品的形式,对 Hausmann et al.(2005)的测度方法进行改进,形成了适合一国国内产业出口技术复杂度的新方法,进而为该领域研究提供了一个全新的分析工具。

(4)本书从跨区域双维度对产业出口技术复杂度演进的机理及其效应进行了实证分析。跨国层面和我国国内跨区域层面的回归分析结果具有一定的对比性,一方面揭示了跨国及中国国内区域层面产业出口技术复杂度演进的机理及作用效应;另一方面,为该领域理论的发展提供了更为全面的经验证据,有助于现有理论的完善。

# 2 | 文献回顾

进入 21 世纪后,学术界对对外贸易的研究重心已经逐渐从贸易量转移到贸易品的技术含量以及生产率等方面。产业出口技术复杂度的提出,为这一转变提供了良好的研究手段,这使得近几年学界基于出口技术复杂度视角,对出口贸易和进口贸易进行了大量的探索性研究。下文分别从四个方面对出口技术复杂度的相关研究进行评述:一是在归纳产业出口技术复杂度内涵的基础上,评述产业出口技术复杂度的现有测度方法;二是归纳和分析产业出口技术复杂度的理论研究;三是归纳和分析产业出口技术复杂度的实证研究;四是评述产业出口技术复杂度的异常性研究。

## 2.1 产业出口技术复杂度的内涵及测度方法

### 2.1.1 产业出口技术复杂度的内涵

出口技术复杂度(export sophistication)这一概念是由 Hausmann et al.(2003)首先提出的,其指出各经济体(或产业)在市场小规模的自我探索(Self discovery)过程中,会形成一种国际贸易格局:具有高技术优势的国家出口技术含量相对较高的产品,劳动密集型国家出口技术含量较低的产品,而出口技术复杂度则用于表示各经济体(或产业)所有出口品质量的构成,即用于表示在自我探索时所形成的贸易格局中各经济体出口的产品范围(product space)、产品价值或技术含量(technology content)。Hausmann et al.(2005)对该概念进行了拓展后指出产业出口技术复杂度是一经济体产业出口的综合表现,集出口品技术含量和出口生产率为一体的综合概念。具体而言,一国产业出口品的复杂度越高,该国出口产品的技术水平越高。在Hausmann et al.(2005)研究的基础上,Rodrik(2006)对这一模糊的概念进行了更为具体的表述,其认为产业出口技术复杂度实际上可以认为是高端产品在一国产业出口中的比重,一国出口中高附加值、高技术含量和高生产率产品的比例越高,其产业出口技术复杂度越高。由此可见,产业出口技术复杂度还在一定程度上反映了一国产业在国际分工模式(International specialization pattern)中所处地位的优劣。

由于产业出口技术复杂度这一概念出现的历史并不长,国内学者对于这一概念的解释并不多,目前仅有少数学者对其内涵进行了简单的阐释。代表性观点有:许斌(2006)认为产业出口技术复杂度是一国产业出口品质量的体现,高出口技术复杂度产业的产品往往具有相对较高的质量;姚洋、张晔(2008)则将产业出口技术复杂度界定为出口品的技术含量,即产业出口技术复杂度越高产品技术含量越高,其还通过拓展和完善 Hausmann et al. (2005)模型的形式,测度出出口品的国内技术含量;黄先海、陈晓华(2010)指出产业出口技术复杂度是指一个产业在各种技术层次产品出口上的一个组合,该值越高,说明该产业高技术水平产品的出口比例较大,同时复杂度也是一经济体特定产业生产率和生产能力的直接体现,一般而言产业出口技术复杂度较高的经济体具有更强的高端生产能力。

虽然国内外对出口技术复杂度的界定并不完全相同,但该领域的现有研究已经形成一个共识,即拥有较高产业出口技术复杂度的经济体,往往是那些高收入国家,因为较高的复杂度实际上意味着该经济体的出口产业中,高端产品占有比较高的比例,而只有高收入的国家才拥有大量可投资有别于传统且有较高生产率产业的资本,不仅如此,拥有较高的产业出口技术复杂度往往意味着该国具有更高的经济增长潜能。产业出口技术复杂度提出的优点在于:可以给不同分解层次(disaggregated levels)的产品在任何一个时间段(any period)一个独一无二(unique)的值(Lall & Weiss,2005),使得出口品技术含量、劳动生产率和出口品质的动态研究成为可能。为此,产业出口技术复杂度实际上为分析国际贸易、国际生产布局、追踪(tracking)出口结构(export composition)以及发展中国家的出口竞争力提供了一种全新的研究方法(Lall et al.,2005)。因而在这一概念提出之后,国内外学术界对如何量化复杂度进行了大量的研究。

### 2.1.2 产业出口技术复杂度测度方法的演进

在概念提出之初,这一领域的研究多集中于复杂度测度方法的构建。具体来说代表性测度方法有以下几种。

1. Hausmann et al. (2005)模型

Hausmann et al. (2005)为了刻画企业和经济体的成本探索(cost

discovery),建立了一个两部门的一般均衡模型①,并找出了长短期情况下出口品格局均衡状态的条件。为了进一步分析这些均衡条件对出口品复杂度的影响,其构建了相应的测度方法,具体如下。

由于两个事实的存在:一是经济发展水平比较高的经济体,其对高技术含量和质量的产品需求偏好相对较大,而对低技术含量和质量的消费偏好相对较低;二是经济发展水平较高的国家,其投资于高端产品开发的能力较强。所以,Hausmann et al. (2005)认为一国产业出口技术复杂度主要取决于出口国的经济发展水平,即产业出口技术复杂度和出口国的经济发展水平(实际人均GDP)正相关,对于某个特定商品来说,其所有出口国加权平均收入水平越高,则该商品出口技术复杂度越高。为此,Hausmann et al. (2005)基于知识外溢(knowledge spillovers)和分工类型(specialization patterns)视角,结合比较优势理论构建如下以测度产品层面出口技术复杂度:

$$PRODY_i = \frac{x_{i1}/\sum x_{k1}}{\sum (x_{im}/\sum x_{km})}Y_1 + \frac{x_{i2}/\sum x_{k2}}{\sum (x_{im}/\sum x_{km})}Y_2 + \cdots +$$

$$\frac{x_{in}/\sum x_{kn}}{\sum (x_{im}/\sum x_{km})}Y_n$$

$$= \sum_{c=1}^{n} \frac{x_{ic}/\sum x_{kc}}{\sum (x_{im}/\sum x_{km})}Y_c \tag{2.1}$$

式中:$PRODY_i$为商品复杂度,$x$为出口额,其中$c$表示国家,$m$表示特定产业中出口品的种类数,$Y_c$是国家$c$的人均GDP,$Y_n$前的式子作为权重,其分子是商品$i$在一国总出口中的份额,其分母是所有出口商品$i$的国家在该商品总出口中的份额。可见,$PRODY_i$是用商品$i$在总出口中的份额作为权重的所有出口商品$i$的国家人均GDP的加权平均值(许斌,2007)。

在计算出商品的复杂度后,将商品层面的复杂度加总到产业层面,则得产业出口技术复杂度,加总方法如下:

$$PRODYI_n = \frac{x_{1n}}{\sum x_{in}}PRODY_1 + \frac{x_{2n}}{\sum x_{in}}PRODY_2 + \cdots +$$

$$\frac{x_{mn}}{\sum x_{in}}PRODY_m$$

---

① 这两个部分分别为传统部门和现代部门,传统部门只生产一种无差异(homogenous good)产品,而现代部门则生产多种差异性产品。

$$= \sum_{i=1}^{m} \frac{x_{in}}{\sum x_{in}} PRODY_i \qquad (2.2)$$

式中，$PRODYI_n$ 是国家 $n$ 一产业所出口商品的平均复杂度，这里的权重是商品 $i$ 在国家 $n$ 该产业的出口商品总额中的份额。在计算得到产业层面的出口技术复杂度后可再次通过加权平均的方式得到一国国家层面的出口技术复杂度，加总方法如下：

$$PRODYT_n = \frac{x_{1n}}{\sum x_{jn}} PRODYI_1 + \frac{x_{2n}}{\sum x_{jn}} PRODYI_2 + \cdots +$$

$$\frac{x_{mn}}{\sum x_{jn}} PRODYI_m$$

$$= \sum_{j=1}^{m} \frac{x_{jn}}{\sum x_{jn}} PRODYI_j \qquad (2.3)$$

其中，$PRODYT$ 是该国整体出口技术复杂度，权重为各产业在该国总出口中所占的比例。由式(2.3)可知，一国在高出口技术复杂度产业上出口的比重越大，该国国家层面的出口技术复杂度相对越大。

由于 Hausmann et al.(2005)模型的权重为所有国家出口品的比例而不是数量，这能够保证一些出口量较小的贫穷国家被赋予足够的权重(Rodrik，2006)，为此其被学术界广泛采用。如 Rodrik(2006)运用 Hausmann et al.(2005)模型对中国的出口结构进行了定量分析后指出：中国贸易模式的演进并非按照传统的顺比较优势方式进行，不同于其他发展中国家，中国致力于高生产率和高技术含量产品的生产和研发，努力拓宽高技术含量产品的出口之路；许斌、路江涌(2006)基于 Hausmann et al.(2005)模型测度了我国1998—2005 年的出口技术复杂度，指出对外开放的扩大有利于我国出口技术复杂度的提升[①]，还指出随着经济水平的提升，中国出口技术复杂度进一步升级将面临更大的挑战。Maio & Tamagni(2008)运用 Hausmann et al.(2005)模型对 1980—2006 年意大利的出口技术复杂度及国际分工模式变迁进行了实证分析，以揭示意大利国际贸易专业化模式的异常性的内在原因；黄先海、陈晓华(2010)利用该模型测度了部分经济体出口到美国的产业复杂度变迁动因，发现发达国家出口技术复杂度深化的主要推力是经济增长，而发展中国家出口技术复杂度深化的动力主要是出口增长。

---

① 其实证研究发现：类似于加入 WTO 这样的扩大开放对出口技术复杂度提升作用是较为明显的。

2. Hausmann et al. (2005)模型的修正与拓展

虽然 Hausmann et al. (2005)模型目前被学术界广泛采用,但是该模型被用于研究类似于中国这样的国家时可能会存在一定的偏差。其主要原因是:一是中国国内省级区域间的经济发展水平差异较大,东部区域人均 GDP 是西部地区的几倍,仅用国家层面的人均 GDP 来测度中国的出口技术复杂度会产生一定的偏差;二是中国省级区域的出口差异较大,出口多集中于东部的 9 个省份(姚洋、张晔,2008);三是中国出口品特别是高端出口品多以加工贸易形式出口,而这种形式的高端产品出口往往伴随着高端中间品的引进,为此将出口数据直接用于度量中国的出口复杂度,往往会产生"统计假象"(黄先海、杨高举,2010),使得中国的出口技术复杂度被高估。为此,部分国内学者对 Hausmann et al. (2005)模型进行了修正。

姚洋、张晔(2008)为了系统验证"中国的出口加工业大量采用国外中间投入品,为此,本国技术含量很低"的观点是否成立。其借用投入产出法对 Hausmann et al. (2005)模型进行修正,以使之能够测度本国出口技术含量(复杂度),其具体修正过程如下:

首先运用 Hausmann et al. (2005)模型测度出中国省级区域包含"统计假象"的出口技术复杂度 $PRODYT$,然后运用投入 — 产出表测算国内技术含量(复杂度),计算公式为:

$$v_j = \sum_i \alpha_{ij} PRODYT_j + (1 - \sum_i \alpha_{ij}) PRODYT_j \qquad (2.4)$$

其中,$j$ 代表某一最终产品,$i$ 为该产品生产过程中所需要的某一中间品,$v_j$ 为该产品的复合出口技术复杂度,$\alpha_{ij}$ 为投入 — 产出表中的直接消耗系数,即中间品的投入价值。此时该产品的出口技术复杂度 $v_j$ 由两个部分组成:一是该产品在生产过程中所包含的技术难度或技术投入,即 $(1 - \sum_i \alpha_{ij}) PRODYT_j$,由于该产品的最终生产是在本国完成,所以该部分完全由本国技术含量支撑;二是中间投入品的复杂度,即 $\sum_i \alpha_{ij} PRODYT_i$,该部分包含国内和国外两个方面的技术投入。为此要测算本国出口技术复杂度,所需要做的是将中间投入中国外的中间品给剔除。姚洋、张晔(2008)采用的方法如下:

$$v_j^D = \sum_i \alpha_{ij} (a - \beta_j) PRODY_i + (1 - \sum_i \alpha_{ij}) PRODY_j \qquad (2.5)$$

其中,$v_j^D$ 为出口品中 $j$ 的国内技术含量,即产业出口技术复杂度的国内贡献度,$\beta_i$ 为投入品 $i$ 的进口量占 $i$ 总使用量的比率。再做进一步拓展则可得出口品的复杂度国内贡献率为:

$$DTC_j = \frac{v_j^D}{v_j} \tag{2.6}$$

　　姚洋、张晔(2008)运用上述方法测度了全国、广东省和江苏省产品出口技术含量和复杂度的国内贡献程度,发现全国和江苏省的出口技术复杂度国内贡献率有下降的趋势,而且下降速度较快。其指出,虽然中国正在出口更多的高技术产品,但实际上出口产业的复杂度相对于世界先进水平而言并没有显著提高。比较有意思的是姚洋、张晔(2008)的研究还发现广东省出口品的国内出口技术贡献度呈现先下降后上升的趋势,为此,其指出本土产业出口技术复杂度在短期内下降并不需要过多担心。

　　除了上述单纯的通过修正 Hausmann et al. (2005)模型来研究出口技术复杂度外,还有部分学者将其进行修正后研究经济增长。如杨汝岱、姚洋(2008)在考察一国经济发展中对外贸易格局与经济增长关系时,在重新定义出口技术复杂度的基础上,构建了有限赶超指数(Limited Catch-up Index,LCI)来表示一国出口技术复杂度(技术含量)偏离其比较优势的程度。其首先将 Hausmann et al. (2005)的模型进行了分解:

$$
\begin{aligned}
TSI &= \sum_{c=1}^{n} \frac{x_{ic}/\sum x_{kc}}{\sum (x_{im}/\sum x_{km})} Y_c \\
&= \sum_{c \neq j}^{n} \frac{x_{ic}/\sum x_{kc}}{\sum (x_{im}/\sum x_{km})} Y_c + \frac{x_{ij}/\sum x_{kj}}{\sum (x_{im}/\sum x_{km})} Y_j
\end{aligned} \tag{2.7}
$$

其令 $TSI_i = \sum_{c \neq j}^{n} \frac{x_{ic}/\sum x_{kc}}{\sum (x_{im}/\sum x_{km})} Y_c$ 为 $j$ 国的商品出口技术复杂度指数,则

$j$ 国的综合出口技术复杂度为 $TCI_j = \sum_I \frac{x_{ij}}{X_j} TSI_i$。这一修正的意义在于,剔除了本国的影响,大国的综合出口技术复杂度的变化幅度会更大,这样根据测度所得的出口技术复杂度与人均 GDP 的对数关系可以画出"比较优势曲线"[①]。而以实际值与拟合值的差表示有限赶超指数,即:

$$LCI_j = (\ln TCI)_{jt} - (\ln TCI)_{jt}^f \tag{2.8}$$

其中,$(\ln TCI)_{jt}^f$ 表示位于"比较优势曲线上"的点,即 $(\ln TCI)_{jt}$ 的拟合值。杨汝岱、姚洋(2008)利用该方法对 112 个国家(地区)的出口技术复杂度和有限赶超指数进行了测度与研究后指出:对于发展中国家而言,一定程度的赶超会促进经济增长。经济的增长则意味着投资于高端产品的资金增多,为

---

　　①　此处所谓的比较优势曲线,实际上是出口技术复杂度 $TSI$ 与人均 GDP 之间的拟合曲线。

此有利于本国产业出口技术复杂度的提升。但是,长期内各国将收敛于比较优势条件下的贸易格局,这使得出口技术复杂度出现"固化",因而要使得出口技术复杂度有持久的提升力,发展中国家应尽量延长对外贸易向比较优势均衡状态收敛的过程。

3. Lall et al.(2005)的测度方法

在 Hausmann et al.(2005)提出测度出口技术复杂度方法的同时,Lall et al.(2005)也建立了基于各经济体的收入水平的产业出口技术复杂度指数,并结合 SITC Rev 2 的三位数(3-digit level)和四位数(4-digit level)层面对 1999—2000 年亚洲各国和地区的产业出口技术复杂度进行了实证研究,与 Hausmann et al.(2005)模型不同的是:Lall et al.(2005)并不是基于每个国家的人均 GDP 来测度各国间产业出口技术复杂度,而是按照经济发展水平将出口国分成若干个组,用组内各国人均收入的均值作为其组别收入。具体为其将样本国分为 10 个组,并运用世界银行公布的各国人均名义收入的均值,然后用该组出口额占样本的比例乘以人均 GDP 求出这一产业在不同组的出口复杂程度,再将各组的值加总便得到各种产业的出口技术复杂度。根据 Lall et al.(2005)的描述,可知其实际计算公式如下:

$$FZD_t = \sum \frac{x_i}{X} \times PER_i \qquad (2.9)$$

其中,$FZD_t$ 为产业 $t$ 的出口技术复杂度,$PER_i$ 为 $i$ 组出口国人均收入的均值,$X$ 为该产业的世界总出口额,$x_i$ 为 $i$ 组该产业的总出口额。为了方便 Lall et al.(2005)本身研究的需要,其还将所得结果进行了标准化处理,将每个产业的测度值标准化为(0,100)区间内,具体方法如下:

$$SI_i = 100 \times \frac{US_i - US_{\min}}{US_{\max} - US_{\min}} \qquad (2.10)$$

其中,$SI_i$ 为 $i$ 产品的标准化复杂度指数(normalized sophistication index),$US_i$ 为 $i$ 产业的出口技术复杂度,$US_{\max}$ 和 $US_{\min}$ 分别为考察产业中出口技术复杂度最高和最低的值。

值得一提的是,Lall et al.(2005)的测度方法的基本原理与 Hausmann et al.(2005)颇为相似,即一个产品在经济相对发达的国家或区域生产,其技术含量要比在收入较低的国家进行生产。由于 Lall et al.(2005)的方法用每一组内成员国之间的人均收入作为衡量该组出口技术复杂度的收入属性,这实际上是忽略了本组内成员收入的差距,从而产生有偏影响。并且 Lall et al.(2005)在其研究中将各种产业出口技术复杂度标准化的做法实际上也存在一定的争议,因为标准化后的处理方法实际上只是突出了其排序的作用,而降低了测度结果作为产业出口技术复杂度的内涵。因此,在后续的研究中 Lall et al.（2005）方法的运用相对较少。

4. 杜修立、王维国（2007）的测度方法

国内学者杜修立、王维国（2007）指出高收入国家所生产的产品如果没有较高的技术含量，将难以支撑其国内相对较高的劳动成本，此时，该产品在发达国家进行生产的比较优势已经丧失，该产品的生产将会转移到收入较低的国家去。因此，其认为产业的出口技术复杂度是生产该类产品的各国收入水平的加权平均。具体方法如下：

$$TC_j = \sum_{i=1}^{n} ps_{ij} \times Y_i \qquad (2.11)$$

其中，$TC_j$ 表示特定产业的出口技术复杂度，$Y_i$ 为该国的人均收入，$ps_{ij}$ 为 $i$ 国生产的 $j$ 产品占世界的份额，即人均收入前的权重赋值。由此可知，杜修立、王维国（2007）的测度方法与 Lall et al.（2005）颇为相似，所不同的是：Lall et al.（2005）的研究基于各国间的收入均值进行研究，而杜修立、王维国（2007）具体到各国，相对而言后者的研究更为准确。同时在后者的研究中还有一个问题，那就是 $ps_{ij}$ 的值一般难以确定，其须囊括国内和国外两个市场。由于各国之间差异较大，如大国国内市场较大，其生产的产品多为国内消费，而小国则有可能多为出口。因而杜修立和王维国采用了一种近似的替代方法，即用经对外贸易依存度修正后的出口市场份额来表示：

$$\hat{ps}_{ij} = es_{ij}/td_j \qquad (2.12)$$

其中，$es_{ij}$ 为 $i$ 国 $j$ 产品出口的国际市场占有率，$td_j$ 表示该国的出口倾向，即该国的贸易依存度。由于该方法采用的是近似替代，可能会产生权重综合不等于 1 的情况，为此需进一步做标准化处理，方法如下：

$$w_{ij} = \hat{ps}_{ij} \sum_{i=1}^{n} \hat{ps}_{ij} \qquad (2.13)$$

标准化后的 $w_{ij}$ 才是真正的权重，为此杜、王二人修正后得到的最终测算方法如下：

$$TC_j = \sum_{i=1}^{n} w_{ij} \times Y_1 \qquad (2.14)$$

从杜修立、王维国（2007）构建的测度方法上看，其实是对 Lall et al.（2005）测度方法的修正，而且相对而言，其测度结果更为可靠。其通过该方法对中国改革开放以来的对外贸易状况进行了实证测度与分析后指出：我国的出口贸易整体水平有了较大的提高，但是仅表现出微弱的向世界水平收敛的趋势，并且产业出口贸易的复杂度（技术结构）并未得到显著的提高。

5. Shott（2006）的方法

前面所提产业出口技术复杂度的各种测度方法有一个明显的特征，即

测度方法中包含了人均 GDP 或人均收入,而且上述研究均基于国别层面,而各国内部各区域可能会存在一定的差异,这也有可能会使得测度结果带来偏差,为此,Shott(2006)试图通过运用不含人均收入或人均 GDP 的方法来衡量一国的产业出口技术复杂度。其在修正 Finger & Kreinin(1979)假设的基础上,将 Finger & Kreinin(1979)构建的相似度指标运用于出口技术复杂度的测度。其具体的计算方法为:

$$FZD_{tab} = \left[ \min\left(\frac{V_{t1a}}{V_a}, \frac{V_{t1b}}{V_b}\right) + \min\left(\frac{V_{t2a}}{V_a}, \frac{V_{t2b}}{V_b}\right) + \cdots + \right.$$

$$\left. \min\left(\frac{V_{tna}}{V_a}, \frac{V_{tnb}}{V_b}\right) \right] \times 100$$

$$= \left[ \sum_p \min\left(\frac{V_{tpa}}{V_a}, \frac{V_{tpb}}{V_b}\right) \right] \times 100$$

$$= \left[ \sum_p \min(S_{tpa}, S_{tpb}) \right] \times 100 \tag{2.15}$$

其中,$FZD_{tab}$ 为 $t$ 时间 $a$,$b$ 两经济体的特定产业的出口相似度,$S_{tpa}$,$S_{tpb}$ 分别为 $a$,$b$ 两经济体 $p$ 系列产品出口占该产业总出口的比例,$V_{tpa}$,$V_{tpb}$ 分别为 $a$,$b$ 两经济体 $p$ 系列产品值,$V_a$,$V_b$ 分别为 $a$,$b$ 两经济体该产业的出口总值。该方法的关键在于选择一个比较合适的发达参照,Shott(2006)指出一国与发达参照国的出口相似度越高,则表明该国产业出口技术复杂度越高,因此,出口相似度可以被认定为一国的产业出口技术复杂度。该方法由于不需人均 GDP,降低了各国因国内经济发展的不均衡带来的偏差。由于这一优点,该方法亦被广泛采用,如黄先海、陈晓华(2010)运用该方法测度了 50 国金属制品产业出口技术复杂度后发现中国金属制品的出口技术复杂度与 OECD 更接近,而与发展中国家存在较为明显的偏离。导致这一现象出现的原因在于:中国近几年经济的快速增长推动了产业出口技术复杂度偏向发达国家,而发展中国家出口价格增长速度快于中国是导致中国与发展中国家偏差越来越大的原因。

## 2.2 产业出口技术复杂度演进的理论研究

虽然产业出口技术复杂度这一概念提出的时间并不长,但从现有研究中各学者的表述中可以看出,这一领域的研究有着深厚的理论依据。为此,本部分在分析产业出口技术复杂度形成理论依据的基础上,进一步分析其优化的理论研究。

### 2.2.1 产业出口技术复杂度形成的理论依据

从出口技术复杂度的内涵可知,出口技术复杂度事实上是经济体出口的各种产品的组合,为此产业出口技术复杂度实际上是特定产业出口的各种产品的组合。根据 Hausmann，Hwang & Rodrik(2005)、Lall、Weiss & Zhang(2005)、Hausmann & Klinger(2006)、Schott(2006)和姚洋、张晔(2008)等人的研究可知一国产业出口技术复杂度形成的理论依据有以下几种。

#### 1. 比较优势理论

众多关于出口技术复杂度的研究均有一个颇为相似的假设:一产品在收入高的国家生产,将比在收入低的国家生产更具技术含量(如 Hausmann et al.(2005),Lall et al.(2005),姚洋、张晔(2008)等)。很明显,这一假设源于比较优势理论,即一国生产和出口其具有比较优势的产品,而进口其不具有比较优势的产品。发达国家在生产高技术含量、高附加值产品的方面具有比较优势,而发展中国家在低技术含量、低附加值产品生产上具有比较优势,为此发达国家的出口技术复杂度往往高于发展中国家。如 Redding (1999)指出发展中国家的对外贸易格局(出口技术复杂度)可能源于两个方面:一是基于现有(existing)比较优势①而获得专业化分工生产的产品;二是正在进入的不具备比较优势,但经过生产增长获得比较优势的产品,而发达国家的比较优势则在于已经成熟但相对高端的环节。Wood & Mayer (2001)曾以非洲为例指出,各国的比较优势就决定了其出口的产品的组合(出口技术复杂度),非洲出口集中于初等产品的主要原因可能在于:教育水平较低和丰富的自然资源,使之在初等产品上具有比较优势。在非洲,制成品出口比例的提升可以通过改善基础设施和政策条件来实现,但对于多数非洲国家而言,他们更倾向于优先(highest priority)扩大各部门的绝对出口额,特别是自然资源部门。

出口技术复杂度由比较优势决定或影响,这一观点暗含在 Hausmann et al.(2005),Lall et al.(2005)等人的研究中,事实上在他们的研究之前,学术界早已有类似的讨论。具有代表性的论述有以下几个:

一是边际深化论(intensive margin),主要源于 Armington(1969)的国别差异的假说,其认为当一国的经济体实力是另一经济体的两倍时,该经济出

---

① Redding(2001)指出这一比较优势是出于低技术产品(low technology goods)的比较优势,而高技术产品或环节是其想要获得的。

口量将是另一经济体的两倍,而不是比另一经济体出口更多种类(a wider variety)的产品。

二是边际广化论(extensive margin),主要源于 Krugman(1981)的垄断竞争模型,其认为当一经济体实力是另一经济体的两倍时,其出口产品的种类也将是另一经济体的两倍,而不是出口量是另一经济体的两倍,即经济发达区域的产业出口技术复杂度越高。

三是强调质量边际(quality margin),主要源于垂直专业化分工模型(vertical differentiation model),其认为富国将生产和出口更高质量的产品(如 Falm & Helpman,1987;Grossman & Helpman,1991),而穷国由于高端产品比较优势的缺失,多以生产和出口低质量产品为主(Hummels & Klenow,2004)。

Hummels & Klenow(2004)将上述三种观点结合起来后指出经济体的比较优势对产业出口技术复杂度的影响不仅在于使得高收入、高技术含量与高创新经济体出口更高质量和技术含量的产品,还使得发达区域拥有更广的出口产品范围(Product Space),即比较优势在产业出口技术复杂度的影响不仅体现在高度上,还体现在广度上。这一观点也得到了部分学者的响应,如 Hausmann & Klinger(2006)指出富国不仅每单位劳动力的产出大于穷国,还生产一些更具挑战性(more challenging)的高端产品。

2. 母市场理论

Krugman(1980)对比较优势理论解释当代国际贸易的实际类型和能力存在较大的质疑(considerable skepticism),其认为无论是工业国家间的交易广化(extensive trade),还是工业化国家间的差异产品双向流动,都难以用标准贸易理论(即比较优势理论)进行解释。而大国产业出口技术复杂度的构成,有时也难以完全用比较优势理论进行解释。如 Naughton(2007)指出自 2001 年起,中国有超过一半的高技术产品是由外商投资公司(Foreign invested enterprise)出口的,而从 2003 年起这一指标已经超过了 85%,外商出口的高技术产品也归属于中国产业出口技术复杂度。Branstetter & Lardy(2006)在经验分析的基础上指出:发达国家在中国的跨国公司将中国作为出口平台(export platform)的行为,显著地改善(better)了中国的产业出口技术复杂度。而这些跨国公司出口的产品并非中国比较优势所在,此时用比较优势理论来解释中国产业出口技术复杂度并不妥当。

Krugman(1980)基于 Balassa(1967)和 Grubel(1970)等人的研究提出了著名的"母市场效应"(home market effect)理论,认为"一国所出口的产品往往是那些在本国市场已经取得了竞争优势的产品",根据这一理论,一国的产业出口技术复杂度格局实际上取决于其国内产业或产品的竞争优势。Melitz(2003)通过引入企业异质性(heterogeneous firm),将 Krugman 的思想延伸到企业层面,指出只有具有更高生产力(more productive)的企业将进入出口市场,同时将那些生产能力较弱的企业挤出出口市场,即生产能力较弱的企业只能将产品供应国内市场。拓展后理论的核心观点在于:一国微观企业之所以能够取得出口竞争优势,是由于其在国内获得了一些"特定"竞争优势(张杰、刘志彪,2008),而这一优势可以表现为规模经济、技术创新能力和销售渠道的优势等。由于拓展后的理论基于微观企业异质性层面,所以又被称为"新新国际贸易理论"(new-new trade theory)(Baldwin,2005)。

由于母市场理论是从国内竞争优势和企业生产能力视角分析一国的出口模式(具体表现为产业出口技术复杂度),为此部分学者认为,该理论在解释一国产业出口技术复杂度的形成方面比比较优势理论更具说服力。Blonigen & Ma(2007)研究中国本土企业产品种类、组成和出口质量方面到底是"赶上"(catching up)还是跟上(keeping up)外资企业时指出:外商投资企业占据了中国出口的半壁江山,而且这一比例还在继续增加,而这些外商投资企业出口的很多产品绝非完全是中国的比较优势所在,但有一点是可以肯定的,即这些外商投资企业在中国国内市场取得了竞争优势[①],可以先于中国本土企业出口。为此,采用母市场理论解释中国的产业出口技术复杂度现象似乎更为合理。

3. 相似需求理论

一般而言目前关于产业出口技术复杂度的研究都是基于一国出口到全世界的视角,虽然各国出口到特定国家出口技术复杂度的研究并不多见,但已有学者开始尝试。如 Schott(2006)采用各国出口到美国的数据,测度各国出口到美国产品的复杂度来研究中国出口技术复杂度演进的动因。将这两个研究与 Lall、Weiss & Zhang(2005)和 Rodrik(2006)进行对比,我们会发现一个很有意思的现象:同一国家,其出口到世界的复杂度与其出口到美国的复杂度差异较大,特别是发展中国家,其出口到美国的复杂度远远大于其出口到世界的复杂度。这一现象已得到了 Harrigan(2007)的证实,Harrigan(2007)在 Eaton & Kortum(2002)和 Harrigan(2006)研究的基础上,构建了一个解释全球双边贸易的模型,研究地理位置(location)对中国产

---

①　Blonigen & Ma(2007)指出中国的外商直接投资的大量存在,对中国出口导向型(export-led growth)增长作出了重要的贡献,中国政府的最终目的是利用国外的技术来发展他们本国的技术能力。

品在全球不同市场上国际竞争力差异的影响,结果发现中国的"重"(heavy)"轻"(light)产品在不同的国家竞争优势差异较大,进而导致出口到不同国家的产业复杂度存在较大的差异。可见,此时仅用比较优势理论来解释这一现象,或许并不全面,而运用相似需求理论加以解释,则较为完善。

相似需求理论又称偏好相似理论(preference similarity theory)或重叠需求理论(overlapping demand theory),是林德(Staffan B. Linder)于 1961年在其论文《论贸易和转变》中提出的。该理论的核心观点在于,两国之间的贸易由其国内需求结构决定,而国内需求结构则由其收入水平决定。根据这一理论可以推出:高收入国家对技术水平较高、加工程度深、价值较大的高复杂度产品需求量较大,而收入较低的国家则以低复杂度产品的消费为主。因而高收入国家产业的进出口技术复杂度相对较高,而发展中国家产业的进出口技术复杂度相对较低(Broda & Weinstein, 2004)。Hummels & Klenow(2004)和 Schott(2004)也注意到了这一点,其指出有发达国家参与的贸易,其贸易品的篮子要大得多,而发展中国家之间的贸易多为普通的一篮子(common set of)产品。

Hanson(2007)则对基于相似需求理论视角对出口技术复杂度的研究进行了简单的归纳与总结,其指出相似需求对出口技术复杂度格局形成产生了重要的影响,发达国家间产业贸易的复杂度远远高于发达国家与发展中国家的贸易复杂度,而导致这一现象出现的根本原因在于:发达国家间有相似的高技术、高质量的产品需求,而发展中国家的需求相对低端。而且基于这一视角的研究还强调产品种类对各国间贸易复杂度的影响,如 Feenstra et al.(1999)指出部分新兴产品,由于其价格较高,难以在发展中国家找到市场,由此带来的结果不仅是导致发展中国家与发达国家间产业贸易复杂度低于发达国家间,还导致发展中国家与发达国家间的新产品贸易量远小于发达国家[①]。

比较优势理论和母国市场理论均从出口国的视角解释一国产业出口技术复杂度的决定,相似需求理论则从进口国的视角解释一国产业出口技术复杂度的决定。这一方面完善了出口技术复杂度研究的理论基础,为出口技术复杂度的理论研究做了有效的补充;另一方面,国别间相互贸易复杂度差异对一国发展战略制定和对外贸易政策选择更具现实意义。

---

① 部分学者对这一观点进行了证明,如 Funke & Ruhwedel(2001,2002)用 OECD和东亚各国之间的贸易进行证明。

## 2.2.2  产业出口技术复杂度演进的理论研究

一国产业出口技术复杂度会随着一些内外部因素的影响而发生动态演进,Hausmann & Klinger(2006)把这种演进过程描述为从简单穷国产品(simple poor country goods)到复杂富国产品(complex rich country goods)的转变①。在产业出口技术复杂度的演进过程中,一些国家会逐渐有能力生产一些更具挑战性(more challenging)的高端产品,同时还使得单位劳动力的产出大大提升。由于产业出口技术复杂度的演进过程同时也是一国国际竞争力的提升过程,因此,产业出口技术复杂度的演进动力逐渐成为学术界研究的热点,已形成的代表性观点有以下两个:

一是经济增长推动型。多数学者(如 Hausmann et al.,2005;Rodrik,2006)认为经济增长对一国出口技术复杂度提升具有显著的正作用。具体表现为以下几个方面:首先,经济的快速增长会推动一国更有能力投资于有别于传统的高生产率、高技术含量、高附加值行业,从而使得本国出口的质量高度化,实现出口技术复杂度的提升(Hausmann et al.,2005)。其次是经济的快速增长在一定程度上会推动国民收入的提升,收入提升后的民众会对高质量的产品提出更多需求,使得企业为了满足本国消费者的需求,逐渐减少低质量、低技术含量产品的生产,使得低技术含量产品在出口中的比例降低,进而提高出口产品的复杂度(黄先海、陈晓华,2010)。最后,经济的增长会使得一国对于低质量、低附加值、低获利能力产品的出口逐渐失去兴趣,而对高质量、高附加值和高获利能力产品的生产和出口产生更浓厚的兴趣(Hallak & Schott,2008),因为高技术含量的产品比其他产品具有更快的增长速度(Lall,2000),且高技术含量的产品出口可以使出口国在国际贸易中更具优势,进而获利更多(Lall,2005),为此,该国会在制度上对高端产品给予出口鼓励,而对低端产品的生产和出口给予适当的限制,进而提升其出口技术复杂度。

二是出口增长推动型。出口对出口技术复杂度的影响主要表现为三个方面:首先,当一国某产品出口量较大时,意味着该产品会获得大量的资本,即出口推动资本积累,从而使得其有能力进行更高的技术改进,实现出口技术复杂度的动态提升。其次,在特定情况下,一国国内的产品质量不能达到进口国标准时,国外进口商基于自身的需求利益会给予一定的技术支持,从

---

① Hausmann & Klinger(2006)也把该过程称为结构变迁(structural transformation)。

而进一步推进出口技术复杂度的提升。最后，出口的增长使得出口企业能够享受到"干中学"（Arrow，1962）、"产业外部性"（Jaffe，1986）以及"产业间的技术溢出"（Jaffe，Trajtemberg & Henderson；1993）所带来的正向影响，使得企业的劳动生产率、企业在高质量产品上的生产能力得到提高，进而优化其出口技术复杂度。一国经济增长较弱时，投资于高端产业的能力往往有限，此时出口对出口技术复杂度的作用力有可能超越其经济增长的推动力（黄先海、陈晓华，2010），从而使得出口将成为该国出口技术复杂度提升的主要动力。

关于产业出口技术复杂度演进的动因的研究，除了上述两种代表性观点外，部分学者也开始逐渐提出新的观点，具体有：

一是FDI流入推动型。Wang & Wei（2008）指出部分国家由于吸收了大量的FDI，特别是来自发达国家（如OECD成员国）的FDI会对一国产业的出口技术复杂度产生较大的正向影响。根据学术界现有研究可知，FDI对产业出口技术复杂度升级的影响途径主要有：①FDI对经济增长的正向效应，有利于出口技术复杂度的深化。FDI对一国人力资本水平和全要素生产率的提升具有显著的促进作用[1]，因而FDI是内生经济增长的重要源泉[2]（程惠芳，2002）。根据Hausmann et al.等人的研究，经济增长将推动出口技术复杂度的提升，即FDI可以通过对经济增长发生影响的途径对出口技术复杂度产生正向影响。②FDI对出口能力的正向效应，有利于出口技术复杂度的深化。发达国家跨国公司在对发展中国家进行外投资时，往往会对东道国子公司所生产的产品有"回购"的行为，而发达国家的跨国公司与当地企业相比具有更大的优势（Assche & Gangnes，2008），因而发达国家跨国公司的"回购"行为，会在较大程度上提高一国的出口技术复杂度。并且FDI与本国企业之间的竞争所带来的高端产品多元化，也是实现出口技术复杂度深化的途径之一。③FDI对一国生产能力的正向作用，对其经济增长和出口都将产生深远影响，进而提高其出口技术复杂度。高技术含量FDI的流入会产生技术溢出效应（如Gorg & Greenaway（2004），Hale & Long（2006）和蒋殿春、张宇（2008）等）、产业集聚效应（如Ciccone & Hall（1996），Cingano & Schivardi（2004）和赵伟、张萃（2007）等）和国内企业技术创新效应（如Grossman & Helpman（1991），Fan & Hu（2007）和范承泽、胡一帆（2008）

---

[1] 这一功能主要通过FDI具有的内生技术溢出和技术进步效应来实现。

[2] Rome（1986）也有类似表述，其指出发展中国家在研发方面的经费投入较少，难以形成较为有效的技术创新体系，进而引起经济增长速度较慢，甚至导致经济增长趋于停滞，此时如有外部正向推力，将有效地推动其经济发展。

等)等,会促使一国的生产能力得到较大的提升,进而推动其出口能力的提升,并优化其产业出口技术复杂度①。

二是国内要素禀赋变迁推动型。国际贸易理论指出,一国或产业的出口商品篮子是该国的要素禀赋的真实反映,即各国或产业所能生产的具有水平差异的产品种类,其实是其资源禀赋函数的直接体现(Schott,2008;祝树金,2010)。当一国或产业的生产结构(production structures)具有非多元性(undivesified),当地企业家(entrepreneur)试图生产新产品时,由于成本探索(cost discovery)的存在,再加上当地的要素禀赋(factor endowment)和制度质量(institutional realities)的制约,将使得新产品的生产成为一个难题(Evenson & Westphal,1995;Lall,2000),但当一国的要素禀赋发生变迁时,这种新产品的生产将成为可能(Hausmann et al.,2005)。可见,出口国要素禀赋的变迁也会推动其产业出口技术复杂度的变迁。

Hausmann et al.(2007)指出广义的要素禀赋主要包括自然资源、劳动力、物质资本、知识资本和制度质量等(祝树金,2010)。Redding(1999)研究认为要素禀赋引致的比较优势由过去的发展内生决定,同时影响现在的创新能力(rate of innovation),为此,要素禀赋的变迁多源于国内有选择性的干预(selective intervention)。而有选择性的干预只能对部分"非自然"的要素产生效应,如通过适当的干预政策,使得企业家的数目增多,在这种情况下,在现代经济部门从事成本探索的企业家越多,该经济体与其生产可能性边界(productivity frontier)越近,使得其经济增长能力得到提高,拓展,该国生产和出口产品的范围(range of product)。Hausmann et al.(2007)指出人力资本和劳动力规模变迁是产业出口技术复杂度两个主要决定因素,人力资本拓展了产品的种类,劳动力规模通过降低工资来改善探索成本。

要素禀赋的变迁对出口技术复杂度深化的影响机理可能体现于两个方面:一方面是要素禀赋的变迁对其经济增长速度产生影响。要素禀赋的变迁多体现在劳动力、物资资本、知识资本和制度质量等方面的变迁,而这些要素的增加都将对其经济增长具有较为明显的正向影响,使得一国在高端产业上的投资能力增强,进而推动其出口技术复杂度的提升。另一方面是对其高端产品生产和出口能力的正向影响,高端要素禀赋的升级,促使一些原本无能力生产的产品在该国的生产成为一种可能,进而提高该国出口品中高端产品的比例,这实际上推动了该国产业出口技术复杂度的提升。

---

① Feenstra et al.(1999)指出出口种类(即出口技术复杂度)和生产力之间有着直接的联系(direct link)。

三是加工贸易推动型。这一观点主要源于学者对类似于中国这样的具有大量加工贸易的国家进行研究后得到的。归纳国内外学者现有研究可知,加工贸易对一国产业出口技术复杂度深化的影响主要有三种机制:首先,"统计假象"引致产业出口技术复杂度提升。Assche(2006)指出当某一产品的出口被加工贸易所主导(dominated)时,发包方(发达国家)在高技术含量、高附加值的原材料和零配件上的提供,会使得该国该产品的出口技术含量得到提升,从而提高一国产业出口技术复杂度,而这种提升实际上是源于外部高端中间品的提供,并非其本国实际生产能力或产业出口技术复杂度的提升,因而该种提升往往被学术界称为"统计假象"式提升(黄先海、杨高举,2010)。其次是加工贸易带来的利润会在一定程度上推动当地经济的发展,使得厂商投资于高端产品的能力得到提升的同时,国内消费者也对高端产品提出了更多的需求,从而使得国内产品的复杂度得到提升,进而推动其出口技术复杂度的提升。值得一提的是,多数情况下,加工贸易的利润非常得薄,为此,加工贸易在这方面的推动能力还是相对有限的。最后,加工贸易中引进的高端中间品会形成一定的生产示范效应(徐康宁、陈健,2008)和外溢效应,并且由于生产量的增大会使得国内员工从"干中学"中获益,进而提高其出口能力,改善其产业出口品的复杂度。

四是价格因素推动型。Hallak & Schott(2008)在对出口产品质量进行研究时,假定出口价格对质量有重要影响,并猜测出口价格对出口产品的技术含量(即复杂度)可能有一定的影响。对于出口价格与质量的关系,其将价格分解为质量(quality)和质量调整价格(quality adjusted-price)进行了论证,发现出口质量与出口价格有明显的正向相关关系。根据最近国内外学者的研究,价格因素对出口技术复杂度具有双向作用:一方面表现为正向作用,当出口品具有高质量和刚性需求时,出口高价对其出口增长和本国经济增长均具有显著的推进作用,进而推进其出口技术复杂度的提升(Van Assche& Chang Hong,2008);另一方面,出口品的需求并不是刚性的,且出口品质量较低,此时出口高价反而会导致产品在出口市场上滞销,对其出口和经济增长均产生负面作用,进而对该产品或产业的出口技术复杂度产生负面影响。正是由于价格因素对产业出口技术复杂度所具有的独特功能,Kaplinsky & Santos Paulino(2005)甚至还打算通过产品的单位价格变动来衡量产业出口技术复杂度的变迁,其假设创新性比较强的产品将提高产品的价格,而无创新性的产品单位价格将下降,再通过加权平均的方式将产品的价格汇总于产业层面,使得产品得到一个产业的加权平均价格,用该价格表示产业出口技术复杂度。当然其做法也是有较大的缺陷的:一是一旦出现成本节约型(cost-reducing)技术进步,测量结果将出现偏差。二是该衡量方法并未考虑产品生产环节的细分,因为不同的生产环节其包含的技术含量是不一样的。

## 2.3　产业出口技术复杂度演进的实证研究

### 2.3.1　经济增长与产业出口技术复杂度

产业出口技术复杂度的提升主要源于新产品种类,特别是高端新产品种类的扩展(Hummels & Klenow,2005;Broda & Weinstein,2006;Amiti & Freund,2008),而在全球价值链下出口高生产率产品的国家往往具有更快的经济增长速度(Hausmann et al.,2007;祝树金,2008),因而很多学者认为经济增长是出口技术复杂度深化的源泉,为此国内外学者对经济增长的产业出口技术复杂度提升效应进行了大量的研究。

在 Hausmann et al.(2003)提出出口技术复杂度这一概念后,Herzer(2005)就基于智利的出口数据就经济增长对产业出口技术复杂度的影响力进行了实证分析,发现从长期统计上(long-run statistical)看,经济增长对产业出口技术复杂度具有明显的作用。Hwang & Rodrik(2005)指出由于外部性的存在,出口技术复杂度并非完全取决于国内要素禀赋,其还表现出路径依赖,而这种路径依赖的延续主要依靠经济未来增长的推动(Klinger,2007)。Hidalgo,Klinger,Barabasi & Hausmann(2007)通过构建产品范围(product space)的形式测度产业出口技术复杂度与经济增长的关系后发现,经济增长对产业出口技术复杂度具有强劲的作用力。Céline Carrère(2007)运用 159 个国家的出口数据(基于 HS 6 位码水平,共 4998 种产品)研究了经济发展路径(economic development path)对出口多元化模式的影响,并进行了实证分析,发现高收入国家出口品的多元化集中于高复杂度产品,而低收入国家出口品的多元化集中于低复杂度产品。这一结论与 Imb & Waczuarg(2003)、Schott(2004)的研究结论是一致的。

正是因为经济增长对产业出口技术复杂度具有显著的促进作用,经济增长被认为是产业出口复杂深化的源泉(Rodrik,2006),但是多数学者进一步研究后指出:不同国家的经济增长对其产业出口技术复杂度深化的作用力是不一致的。如 Hausmann et al.(2005)研究发现:一国的人均 GDP 对其出口具有显著的正效应,产业出口技术复杂度与人均 GDP、收入水平之间的关系,因国家不同而变化很大。钱学锋、熊平(2010)以中国 1995—2005 年

HS 6 位数国际贸易数据对中国出口增长的二元边际进行实证分析后指出：中国的经济增长对集约边际(intensive margin)具有显著的正效应,而对出口广化(extensive margin)具有显著的负效应,即在 1995—2005 年从整体上看,经济增长对中国产业出口技术复杂度高端化作用力并不显著。

值得一提的是,由于经济增长对产业出口技术复杂度所具有的正向关系,经济发展水平不仅成为学术界测度产业出口技术复杂度基本指标之一,还成为检验一国产业出口技术复杂度是否正常的标准。

## 2.3.2　出口增长与产业出口技术复杂度

早期关于出口增长的研究多关注于出口量如何扩张上,在产业出口技术复杂度提出后,有学者认为:理解出口增长对本国产业出口技术复杂度提升的作用力,比理解出口数量增长显得更为重要(如 Rodrik,2006;Schott,2006;Xu,2006;姚洋、章林峰,2007)。Klinger & Lederman(2006)指出出口增长对产业出口技术复杂度深化的作用方向是不清晰的,高端产品的出口广化式增长和出口深化式增长均有利于一国产业出口技术复杂度的提升,而一旦这种增长发生在低端产品,则该国产业出口技术复杂度反而会出现恶化。当然,过度的深化式增长会促使出口本身易受外部冲击影响,使得出口增长对产业出口技术复杂度的作用机制产生扭曲。如钱学锋(2010)指出:中国出口的增长主要依赖于集约的边际,扩展边际在总出口中所占据的比重很小,这使得中国在金融危机中表现出非常明显的脆弱性,进而降低出口的功能。

Hausmann & Klinger(2006)在研究产品范围(product space)及结构变迁过程(the process of structural transformation)对产业出口技术复杂度影响的基础上,指出产业出口技术复杂度优化速度取决于所出口的产品范围内部密度(density)是否集中于该国的比较优势附近,一旦出口增长集中于该国的比较优势附近,则该国出口增长对其产业出口技术复杂度产生较大的正向效应,而偏离过大时,正效应往往不明显,甚至有可能为负。Xiang(2007)猜测导致这一现象出现的原因可能在于:一国生产结构(productive structure)转型和产业出口技术复杂度的升级取决于该国能否生产那些具有不断增长的高附加值产品(increasable of high values),而偏离比较优势的出口不断扩大,反而使得其劣势更为显著,使得出口增长的促进效应逐渐减弱。

祝树金等(2010)则认为应该理性地看待出口增长的正效应。出口增长的正效应,有可能是全球价值链分割和生产外包对东道国带来的短期效应。

在长期内则有可能陷入被发达国家主导的全球价值链"锁定"在低附加值生产环节的局面(张杰、刘志彪,2008),此时的出口增加所引致产业出口技术复杂度提升并不能反映一国出口增长的真实机制,而只是反映一国购进高端技术的能力(Assche & Gangnes,2006)。

### 2.3.3 外商直接投资与出口技术复杂度

跨国公司在成本探索(cost discovery)过程中,会将其产品置于利润最优处进行生产,使得跨国公司的生产技术在全世界范围内开始传播,推动东道国产业出口技术复杂度的提升。如 OECD(2005)指出 15 年前中国出口的产品多为低技术产品如纺织品、玩具以及鞋等,但现今中国已经成为世界上最大的电子产品出口国,中国不仅在技术阶梯(technology ladder)里表现出快速的进步,还在发达国家的比较优势领域(area of comparative advantage)越来越具有竞争力(Assche & Gangnes,2008)。Feenstra & Wei(2009)指出中国作为世界企业(Firm worldwide)的制造业基地,其惊人的增长速度和规模对于其竞争对手而言已经构成一定的挑战。Fontagne et al.(2007)认为导致这一现象出现的原因在于中国吸收了大量的 FDI,其指出自 2001 年起,中国有超过一半的高技术产品是由外商投资公司(Foreign invested enterprise)出口的,而从 2003 年起这一指标已经超过了 85%。Xu& Lu(2009)运用 Hausmann(2005)模型对产业出口技术复杂度进行研究后指出:最近几年,中国的出口向更复杂(more sophistication)产业快速转移(rapid shift),而导致这一变化的根本原因之一就是外商直接投资,特别是来自OECD 成员国的外商独资企业(wholly foreign owned enterprise)。

虽然现在众多研究表明外商直接投资会对一国产业出口技术复杂度具有显著的促进作用,但这些提升往往是纯(pure)外资出口带动的(Hale & Hong,2006),而将这些外资在东道国产业中剔除,则会发现东道国产业出口技术复杂度的提升幅度并不明显(Gaulier et al.2005)。甚至有学者指出,外商直接投资的进入反而使得本土企业的出口技术复杂度大幅度降低。如 Bransttter & Lardy(2006)以中国电子和信息产品为研究对象进行实证后发现,外资公司把中国作为出口平台(export platfo-rm)的发展方式,实际上是挤压了中国本土企业出口的空间,使得部分外资较为密集的产业本土出口技术复杂度呈现不断弱化的趋势,一旦外资撤走,则这些产业的出口技术复杂度将大幅下降。姚洋、章林峰(2008)指出由于跨国公司的选择性进入,使得中国本土企业的国际竞争优势非常的弱,整个高新技术产业中,除了电子电力类产品的竞争优势和出口技术复杂度呈逐年上升趋势外,其他高新技术产业均呈下滑趋势,而在外资进入相对较少的中技术制品领域和低技术制品领域的技术含量呈略微的上升趋势。

从外商直接投资对一国产业出口技术复杂度的深化效应可以看出,外商直接投资对于东道国出口技术复杂度的整体提升,具有非常明显的正作用,但是对于其本土企业出口技术复杂度的提升作用力并不清晰。

### 2.3.4 加工贸易与产业出口技术复杂度

加工贸易对产业出口技术复杂度深化效应的研究,多出现在 Rodrik(2006)发现中国和印度的产业出口复杂度存在异常性之后。Fontagne et al.(2007)指出:从 1996 年起,中国出口的高技术产品(advanced technology products)中的 92% 是通过加工贸易的形式出口的,而 2002 年以后这一比例已经超过了 95.5%,于是其猜测加工贸易可能是导致中国出口技术复杂度快速深化的主要原因。这一推论吸引了很多学者对加工贸易的产业出口技术复杂度深化效应进行研究,如 Asier Minondo(2008)运用西班牙巴斯克(Basque)自治区 1996—2005 年的出口数据,在对出该地区的出口技术复杂度进行测度的基础上,分析了加工贸易对产业出口技术复杂度的深化作用,其发现来自于发达区域的加工贸易比其他区域表现出更大的正作用。Jarreau& Poncet(2009)指出从事加工贸易的外国投资者不仅促进了东道国的全球化升级(global upgrade),还对东道国产业出口技术复杂度的提升具有一定的促进作用。Guerson & Parks(2007)以阿根廷为例,研究出口结构与经济增长的关系时,发现不仅经济增长对出口品的复杂度具有正相关性,加工贸易也表现出较为明显的正效应。

也有学者通过实证后认为加工贸易对产业出口技术复杂度的作用并不明显,如 Wang & Wei(2007)运用中国各城市产品层面(product level)的出口数据,对加工贸易的出口技术复杂度深化作用进行实证分析后发现:加工贸易并不是整体产业出口技术复杂度的主要原因,仅仅对出口加工区等政策支持性区域出口技术复杂度具有非常显著的促进作用;Xu & Lu(2009)运用中国制造业出口数据,对 FDI 与加工贸易对产业出口技术复杂度的影响进行实证研究后发现,中国本土企业(indigenous Chinese enterprises)的加工贸易对制造业出口技术复杂度表现出明显的负作用。

国内学者在该领域的研究则更多地关注于加工贸易对本土企业出口技术复杂度深化的作用。如姚洋、张晔(2008)运用全国及江苏省、浙江省1997—2002 年进出口数据进行实证研究后发现,在投入产出表中剔除加工贸易的投入品引进后,全国及江苏省出口品复杂度的国内贡献度迅速下降,而且国内出口技术复杂度也没有显著提高,但是广东省出口品的国内技术含量呈现先下降后上升的 V 形变化,为此其推断:在短期内,加工贸易会对产业出口复杂度表现出负作用,但在长期内,将表现出正作用。朱诗娥、杨汝岱(2009)基于 1993—2005 年的全国样本和东部地区、中西部地区子样本面板数据的实证研究表明:加工贸易通过经济开发区等政策性区域对本土企业出口技术复杂度产生促进作用,但其在东部地区的促进作用已经明显低于中西部地区。

### 2.3.5　要素禀赋与产业出口技术复杂度

虽然要素禀赋对一国产业出口技术复杂度深化具有非常重要的作用,但是由于各国要素禀赋方面的数据相对难以获得,为此,目前关于要素禀赋对产业出口技术复杂度的实证研究多集中在了自然资源方面。

根据资源禀赋理论,一国应该生产和出口其要素丰裕度具有优势的产品,而进口其不具备要素丰裕度优势的产品。Zhu et al.(2009)运用 1992—2006 年各国面板数据进行实证研究后指出自然资源对产业出口技术复杂度的作用取决于制度质量(quality of institutions)[①],在缺乏有效制度约束的情况下,丰富的资源会阻碍产业出口技术复杂度提升,在有效制度的影响下,丰富的自然资源将极大地促进产业出口技术复杂度的提升。Hausmann et al.(2007)在研究产业出口技术复杂度时也有相似的发现,其实证结果显示,各国陆地面积的对数对产业出口技术复杂度具有非常显著的负作用。

自然资源禀赋的富裕程度对出口技术复杂度的深化作用表现为负作用,而 Hausmann et al.(2007)和 Zhu et al.(2009)均未对这一现象的内在原因作进一步的解释。祝树金等(2010)在归纳前人研究的基础上认为导致这一实证结果出现的根本原因可能在于"资源诅咒",根据"资源诅咒"的经验分析文献,丰富的自然资源并不利于经济体的经济长期增长和技术水平提升(Sachs & Warner,2001;Leamer 等,1999),这是由于自然资源密集型生产部门(如农业),吸收了流向普通工业和高端工业的资本,进而降低了工业部门从业人员积累技术和人力资本的动力,延缓了高新技术产业化的过程(祝树金,2010)。

Hausmann et al.(2007)认为广义的要素禀赋不仅包含了自然资源,还包含了劳动力、物质资本、知识资本和制度质量等。而 Leamer(1987)指出一

---

① 这一研究结论与 Roll & Tallbott(2001)的研究结论颇为相似,其指出一旦一国政府建立平等的市场规则,并保证其实行,那么该国就可以享受经济的自我生产型增长(self-generating growth)。

国在起点处拥有不同的要素禀赋,随着资本的积累和产品多元化顶点(cones of diversification)的变更(switch),其会经历不同的产品组合①。这种组合的转变正好表明其要素禀赋的变迁,而这一变迁不仅会对一国经济增长产生长远影响,而且会对一国的产业出口技术复杂度产生作用。为此,仅仅关注一国国内自然资源来研究要素禀赋对产业出口技术复杂度的作用力是远远不够的。

## 2.4　中国产业出口技术复杂度异常性的研究

关于中国产业出口技术复杂度异常性的实证研究,主要源于 Rodrik (2006)和 Schott(2006)的实证结果。Rodrik(2006)按照比较优势的方法(即 Hausmann et al.(2005)的测度方法),对部分国家的产业出口技术复杂度进行测度后,将各国所得结果与人均 GDP 进行线性拟合后发现,表示中国的点远远偏离拟合曲线,其产业出口技术复杂度偏离了其经济发展阶段应有的水平,而与 3 倍于其人均收入的国家相同。Schott(2006)基于 Finger & Kreinin(1979)的研究,运用相似度指标测度了中国与技术和资本丰裕型 (skill-and capital abundant)OECD 成员国的出口篮子(export bundle)的相似性,结果显示中国的出口构成与这些发达国家非常相似,而且相似度有进一步提升的趋势,并已经超越了其经济发展阶段应有的水平。

继 Rodrik(2006)和 Schott(2006)两位学者的研究结论之后,国内外学者开始深入分析中国产业出口技术复杂度出现异常性的内在原因,最具代表性的观点有以下两种:

一是认为 Rodrik(2006)和 Shott(2006)的测度方法存在缺陷,使得中国产业出口技术复杂度存在异常性偏高的现象。如 Baldone 等(2006)和 Assche(2006)指出:Rodick(2006)和 Schott(2006)等人得出中国拥有较高产业出口技术复杂度的主要原因在于:Rodick(2006)和 Schott(2006)简单地使用出口流量数据来衡量一国的出口技术复杂度,并不能区分外国附加值 (foreign value added)部分,由此得到的结果存在所谓的"统计假象"。因此不能简单地用一国出口总量来衡量其产业出口技术复杂度,而应尽量将外国附加值对出口国产业出口技术复杂度造成的影响消除(Grossman & Rossi-Hansberg,2006)。Assche & Gangnes(2008)构建了一个与 Rodrik (2006)相似的产业出口技术复杂度测度指数,但该指数排除了加工贸易的

---

① 该产品为该国运用其要素禀赋,所能生产的各种产品的组合。

影响,其通过实证研究后发现:中国产业出口技术复杂度并没有表现得出奇高(Exceptionally high)。Amiti & Freund(2008)的实证研究表明:虽然1992—2005年间中国商品的出口技术复杂度具有显著(significant)的提高,但在剔除(excluding)加工贸易后,却无证据(no evidence)表明中国的出口品存在显著的技术进步。

二是中国的对外贸易模式并非按照普通的比较优势来进行,而是另辟蹊径,发展了一条不同于普通发展中国家的发展模式(Rodrik,2006),使得中国产业出口技术复杂度表现出一定的异常。中国政府的产业政策长期致力于鼓励企业生产较高生产率的产品、努力开拓高技术产品出口的发展模式(Rodrik,2006),这使得作为经济发展大国的中国有能力在高技术产业站稳脚跟,进而发展有逆于其比较优势的产业。杨汝岱、姚洋(2008)在Hausmann et al.(2005)研究的基础上,测度了112个国家(地区)1965—2005年出口技术复杂度,构建了有限赶超指数进行实证后发现:在经济发展较为成功的经济体中,很少有完全按照比较优势发展本国对外贸易的国家和地区,而且有限赶超指数①越高的经济体,经济增长速度显著高于无有限赶超的经济体,其指出中国属于逆向比较优势比较成功的经济体之一。

第一种观点虽然逐渐被学术界认可,但是在测度中剔除加工贸易的方法会面临以下问题:①加工贸易普遍存在于世界各国中,剔除所有出口国的加工贸易量往往工作量较大,不仅如此,各国产业层面的加工贸易数据往往难以获得,且数据的统计口径差异较大,并且采用跨国大样本容量继续测度时,加工贸易等有偏影响会变得很小。②加工组装高端产品的能力也是一国产业出口技术复杂度的体现,为此简单地将加工贸易从出口数据中剔除是不妥当的,这相当于是忽略了出口国的高端产品组装能力,实际上应该剔除以加工贸易形式引进的贸易品。为此很多学者在产业出口技术复杂度及其异常性的跨国经验研究中往往不剔除加工贸易数据(唐海燕、张会清,2009;黄先海、杨高举,2010),而在一国国内层面出口技术复杂度方面的研究,由于数据口径较为统一,且数据可能相对容易获取,往往采用剔除中间品的方法来降低其异常性。

---

① 该指数表示的是一国出口发展偏离比较优势的拟合曲线的程度,该指数越高表明该国的发展模式偏离其自身的比较优势越远,而该指数越低,则表明该国越按照其自身的比较优势发展。

## 2.5 简要的评论

综上所述,随着国内外学者对出口贸易的研究重点逐渐由出口贸易数量向出口贸易的质量转移,引发了众多学者关于产业出口技术复杂度及其演进的决定因素的思考。前期学者们对这一领域的研究,为后期研究赋予了大量富有开创性和现实意义的理论与经验研究成果。但是,由于该领域的研究历史不长,目前仍存在以下一些不足:

一是目前学术界尚未形成解释一国产业出口技术复杂度动态演进机制的理论模型。在产业出口技术复杂度概念提出之初,该领域的研究多集中于复杂度测度指标的构建,即基于一定的理论基础提出相应的测度方法(如Hausmann et al. 2005;Lall et al. 2005;Schott,2006)。在测度指标确定之后,产业出口技术复杂度研究的重心慢慢地转向了各国特别是中国与发达国家之间的产业出口技术复杂度的对比分析(Rodrik,2006;Amiti & Freund,2008),虽然最近有学者试分析产业出口技术复杂度演进的机制和决定因素(Xv & Lu,2009;Zhu et al. 2009),但均仅基于指标间相互影响的经验分析,并未形成一套解释产业出口技术复杂度动态演进机制的理论模型。

二是现有研究多关注各因素对产业出口技术复杂度演进的影响,却忽视了产业出口技术复杂度的变迁可能对其他因素产生效应。产业出口技术复杂度的演进意味着一国产业劳动生产率和出口品技术含量的提升,而该变迁可能会对经济增长、出口以及要素收入等产生一定影响,有必要在研究产业出口技术复杂度演进机制的基础上,深入分析产业出口技术复杂度变迁所带来的效应,以完善该领域的研究。

三是由于产业出口技术复杂度的测度需大量的数据,研究产业出口技术复杂度的动态演变难度较大,因此,现有研究几乎都是从静态的角度分析出口复杂程度的,如 Dani Rodrik(2006)仅分析 1992 年各国的出口复杂程度。即使有进行动态性研究的尝试,时间也很短,如 Lall(2005)等尝试动态对比,但仅分析 1999—2000 年的数据,姚洋、张晔仅运用 1992、1997 和 2002 年的三个点来表示出口技术复杂度的国内贡献度的变化。运用较短的时间进行对比分析,很难准确地反映出口复杂程度的动态性演进过程。另外鲜有学者对不同发展阶段经济体产业出口技术复杂度演进动力进行对比分析,这实际上是忽略了动力机制的国别差异。

四是现有研究多表明发展中国家如中国、印度等国家层面的产业出口技术复杂度存在异常(Rodrik,2006;Schott,2006),但发达国家的出口技术复杂度亦可能存在异常,而关于发达国家异常性的研究尚为空白,并且关于发达国家和发展中国家产业出口技术复杂度异常性的未来发展趋势,也尚无学者深入探讨。

　　五是目前的研究多基于跨国层面,尚无学者全面深入地分析中国自身产业出口技术复杂度深化的动力机制,以及该机制与世界其他国家之间的区别。中国内部层面的研究不同于跨国层面,所能获得的数据指标往往相对更多,因此,深入研究中国产业出口技术复杂度的演进机制,可以为该领域的研究深化提供新的经验证据,与此同时,还能为中国企业战略和政府政策的制定提供有意义的借鉴。

# 3 产业出口技术复杂度演进动因及其效应的理论分析

Hausmann et al.（2003）在 Nelson（2000）、Evenson & Westphal（1995）、Lall（2000）研究的基础上提出了复杂度的基本含义。在随后（2005年）的研究中其将这一概念运用于产品出口领域,并指出:出口技术复杂度可以反映一个国家某产业出口商品质量,一国出口产品的复杂度越高,该国出口产品的技术水平越高。产业出口技术复杂度实际上为分析国际贸易、国际生产布局、出口结构以及发展中国家的出口竞争力提供了一种全新的研究方法(Lall et al. 2005)。正是因为复杂度在国际贸易研究中具备的独特优势,在这一概念提出之后,国内外学者对出口技术复杂度进行了大量的研究。在这些研究中,虽然有学者尝试从理论深度对出口技术复杂度演进的动因进行分析,但并未形成解释一国出口技术复杂度演进的理论模型,而对出口技术复杂度演进效应的机理分析目前尚为空白。因此,本章首先从二元边际和三部门视角分别构建出口技术复杂度演进的理论分析框架,其次通过拓展 Namini et al.（2011）分析框架的形式,就出口技术复杂度演进对要素收入、经济增长及出口的影响机理进行分析。

## 3.1　产业出口技术复杂度演进动因的理论分析

产业出口技术复杂度演进动因的理论分析一直是出口技术复杂度研究领域的热点,该研究虽经多人尝试（如 Hausmann et al. 2003;Zhu et al. 2010）,但所形成的分析框架解释能力相对有限,因此,本部分结合已有研究,从二元边际和三部门视角分别构建理论模型,以揭示出口技术复杂度演进的动因。

### 3.1.1　基于二元边际视角的出口技术复杂度演进机理

二元边际理论原本是用于解释一国产品出口扩张的原因的,新贸易理

论赋予出口类别增加一个重要的角色（钱学锋，2009），Debaere &
Mostashari(2007)指出学界真正重视二元边际对出口及出口技术复杂度的
作用是在 Melitz(2003)的企业异质性贸易理论的提出之后。Melitz(2003)
理论的启示性观点在于：一国的出口增长及复杂度深化是通过贸易边际广
化和边际深化共同作用实现的。

Anderson & Wincoop(2003)指出一国总出口额主要有两方面组成，一
是从一国运往另一国的船次 N(the number of shipment)；二是每船货物的
平均价值 e，那么从 o 国出口到 d 国的量可以表示为：

$$E_{od} = e_{od} \times N_{od} \tag{3.1}$$

Hummels & Klenow(2005)指出式(3.1)也可以用于分解一国的总出口
(aggregate trade)，其认为一国的出口增长可以分为两部分，一是在行业内
原有企业(incumbent firms)调整其出口量，即边际深化(intensive margin)；
二是贸易品种类的变化或增加，即出口边际广化(extensive margin)。
Hummels & Klenow(2005)和 Kancs(2007)指出 $e_{od}$ 可以用于描述边际深化
部分的增长，而 $N_{od}$ 则可以用于边际广化部分的增长。Waugh(2008)指出
$e_{od}$ 和 $N_{od}$ 的变动都有可能引致一国出口到另一国产品复杂度发生变迁，$e_{od}$
变动对一国出口技术复杂度的影响表现为：出口中高技术含量产品的量增
加，而低技术含量产品出口量萎缩，进而使得出口技术复杂度得到整体性提
升。$N_{od}$ 对一国出口技术复杂度的具体影响体现为，出口品品种的增加，进而
使得一国出口品中新产品（往往拥有更高的技术含量）增多，进而提高其出
口技术复杂度。

为了对式(3.1)进一步分解，以分析出口技术复杂度的影响因素，我们
借鉴 Kancs(2007)的研究从偏好和技术着手进行分析。假设所有生产出来
的产品均被其生产者最终消费，即消费者与生产者相同，所有消费者对传统
产品和制造品的效用函数均为 CES 形式，其中传统产品之间是无差异的，而
制造品间是存在差异的，那么消费者消费 $C_a$ 单位传统产品，且消费制造业行
业 $j$ 的产品数量为 $x_j$ 时，其效用函数可以表示为：

$$U = C_A^{cA} \left( \int_0^N (x_j)^{\frac{\sigma-1}{\sigma}} dx \right)^{\frac{\sigma}{\sigma-1} ax} \tag{3.2}$$

其中，$ax$ 表示制造业产品之间的替代弹性，$a$ 表示消费者在不同消费品
上的支出比例，可知 $aA + ax = 1$，且 $\sigma$ 大于1。当将产品从出口国运到进口国
时，需要可变贸易成本 $\tau_{od}$ (variable trade cost)和固定贸易成本 $FC_{od}$ (fixed
trade cost)，其中可变成本的形式为"冰山成本"，即每从出口国运一单位产
品到进口国，只有 $1/\tau_{od}$ 可以抵达。根据 Samuelson(1954)的研究，假设产品
的价格越高，可变成本越大。

假设每个制造品生产企业随机雇用生产效率为 $\varphi$ 的劳动力（$\varphi$ 反映到该劳动力所生产和出口的产品层面时，表现为产品的出口技术复杂度），则其生产每单位的制造品的固定成本为：

$$c(x) = \frac{x}{\varphi} + FC_{od} \tag{3.3}$$

结合普通的垄断竞争分析框架，生产者是价格的制定者（price setters），假设需求函数是不变弹性的，那么一个公司出口的最优价格为单位生产成本的基础上加一个确定的常数（含运输成本），可以表示为：

$$p_{od}(\varphi) = \frac{\sigma}{\sigma - 1} \cdot \frac{\tau_{od}}{\varphi} \tag{3.4}$$

其中，$p_{od}(\varphi)$ 表示 o 国生产的产品在 d 国的销售价格。另外，假设制造业的生产能力与一国的劳动力（$L_r$）要素禀赋成正比，根据 Melitz(2003) 的研究，我们假设制造业内企业的生产力服从参数为 $\gamma$ 的帕勒托分布，则制造业公司的产品价格可以表示为：

$$p(\varphi < \varphi) = F(\varphi) = 1 - \varphi^{-\gamma} \tag{3.5}$$

其中，$\gamma$ 表示制造业内企业异质性的相反数（inverse measure）。

Kancs(2007) 在边际广化和边际深化的研究中通过推导，得出在生产者最优定价策略和消费者最优需求策略的作用下市场达到均衡时，出口量可以表示为：

$$e_{od}(\varphi) = p_{od}(\varphi) x_{od}(\varphi) = a L_d \left( \frac{p_{od}(\varphi)}{P_d} \right)^{1-\sigma} \tag{3.6}$$

其中，$P_d$ 为进口国 d 制造业情况下的价格指数。根据 Melitz(2003) 的研究，只有企业生产效率 $\varphi$ 大于临界值 $\bar{\varphi}_{rd}$ 时，企业才有能力出口。Kancs(2007) 将最优价格指数定义如下：

$$P_d = \Big[ \sum_{r=1}^{R} L_r \int_{\bar{\varphi}_{rd}}^{\infty} (\frac{\sigma-1}{\sigma} \frac{\tau_{od}}{\varphi})^{\sigma-1} \, dF(\varphi) \Big]^{\frac{-1}{\sigma-1}} \tag{3.7}$$

$$\Rightarrow P_d^{1-\sigma} = \sum_{r=1}^{R} L_r \int_{\bar{\varphi}_{rd}}^{\infty} (\frac{\sigma-1}{\sigma} \frac{\tau_{od}}{\varphi})^{\sigma-1} \, dF(\varphi) \tag{3.8}$$

根据经济学的最基本原理可知，只要净利润足以抵销出口的固定成本，就有生产企业会出口产品，假设出口到 d 国的利润为：

$$\pi_{od}(\varphi) = \frac{r_{od}(\varphi)}{\sigma} - FC_{od} \Rightarrow \pi_{od}(\bar{\varphi}_{od}) = FC_{od} \tag{3.9}$$

则可得出口企业效率的临界值为：

$$\bar{\varphi}_{od} = \left( \frac{\sigma}{a} \right)^{\frac{1}{\sigma-1}} \left( \frac{\sigma}{\sigma-1} \right) FC_{\overline{od}}^{\frac{\sigma}{\sigma-1}} (p_d^{\sigma-1} L_d)^{\frac{-1}{\sigma-1}} \tau_{od}$$

$$= \lambda_1 FC_{\overline{od}}^{\frac{\sigma}{\sigma-1}} (P_d^{\sigma-1} L_d)^{\frac{-1}{\sigma-1}} \tau_{od} \tag{3.10}$$

其中，$\lambda_1 = (\frac{\sigma}{a})^{\frac{1}{\sigma-1}}(\frac{\sigma}{\sigma-1})$，将式(3.9)的出口临界值代入式(3.8)，可得均衡状态下的价格指数为：

$$P_d = \lambda_2 \left(\frac{L_d}{L}\right)^{\frac{1}{r}} L^{\frac{-1}{\sigma-1}} \theta_d \text{ ①}\qquad(3.11)$$

企业异质性对出口者在目的市场的平均生产率具有明显的影响，市场规模越大和一体化程度越高，会吸收越多的企业出口，而且对于刚进入国际市场者而言，区域企业的生产率相对较低，随着新企业的进入会使得国际目的市场供应者平均生产率呈现下降趋势，从方程式(3.9)和式(3.11)可知，出口企业与非出口企业生产效率的临界值是固定成本($FC_{od}$)、两国的距离($\theta_d$)、目标国市场规模($\frac{L_d}{L}$)以及双边单位交易成本($\tau_{od}$)的函数，为此出口贸易企业生产效率的临界值可以表示为：

$$\overline{\varphi}_{od} = f(FC_{od}, \theta_d, \frac{L_d}{L}, \tau_{od})\qquad(3.12)$$

Melitz(2003)指出只有生产率超过临界值的企业才有能力出口，为此，随着一国国内企业生产率的提升，出口型企业的数量会不断增加，进而出现出口边际深化和边际广化，即式(3.1)可以表示为：

$$E_{od} = e_{od}(\varphi_{od} > \overline{\varphi}_{od}) \times N_{od}(\varphi_{od} > \overline{\varphi}_{od})\qquad(3.13)$$

出口量的扩大由边际深化($e_{od}(\varphi_{od} > \overline{\varphi}_{od})$)和边际广化($N_{od}(\varphi_{od} > \overline{\varphi}_{od})$)引致，而边际深化和广化的根本原因是出口企业生产率的提升，使得原本企业出口更多以及原本不能出口的企业有能力出口，而企业生产率的提升在出口中会直接表现为一国出口技术复杂度的变迁。为此，出口技术复杂度的变迁的函数实际上可以表示为：

$$fzd_{od} = f(\varphi_{od}) = f(FC_{od}, \theta_d, \frac{L_d}{L}, \tau_{od})\qquad(3.14)$$

可见，一国出口技术复杂度的影响因素主要包含固定成本、距离、经济规模和单位交易成本。结合式(3.7)和式(3.11)可知固定成本、距离和交易成本都会包含在产品的销售价格中，为此式(3.14)实际上可以转变为：

$$fzd_{od} = f(\varphi_{od}) = f\left(P_{od}, \frac{L_d}{L}\right)\qquad(3.15)$$

Head & Mayer(2004)指出目的国的市场规模的主要功能表现为吸纳出口国产品的能力，由于有众多的出口国，因此，目标国对某一出口国的吸

---

① 其中 $\lambda_2 = (\frac{\gamma-(\sigma-1)}{\gamma})(\frac{\sigma}{a})^{\frac{1}{\sigma-1}-\frac{1}{\gamma}}(\frac{\sigma}{\sigma-1})$，$\theta_d = \sum\limits_{r=1}^{R} \frac{L_r}{L} \tau_{od}^{-\gamma} FC_{od}^{1-\frac{\gamma}{\sigma-1}}$

引力将由出口国的生产能力和产品的品质决定,生产能力越强,剩余产品越多,则出口能力越大,产品的品质越高,规模大的目标国的需求量越大,因而 $\dfrac{L_d}{L}$ 实际上可以由出口国的出口能力和经济发展水平来表示,为此式(3.15)可以修正为:

$$fzd_{od} = f(\varphi_{od}) = f(P_{od}, DV_o, E_{od}) \qquad (3.16)$$

其中,$DV_o$ 表示的是出口国经济发展水平。

结合式(3.16)可知,在出口二元边际扩张的视角下,一国出口技术复杂度的深化机制主要有以下几种:出口增长推动型、经济增长推动型和价格变迁推动型。

基于出口二元边际扩张视角的出口技术复杂度演进模型,从国家层面较好地分析了一国出口品复杂度变迁的主要影响因素,推导出了一国出口技术复杂度演进的基本类型,因而该模型在分析国家层面出口技术复杂度演进动因时具有较强的解释能力。因此,可以用于国别层面出口技术复杂度演进的实证分析。

### 3.1.2 基于三部门视角的出口技术复杂度演进机理

基于二元边际视角的出口技术复杂度演进模型主要从国别层面进行研究,从理论上较好地解释了一国出口技术复杂度演进的动因,本部分将从国内因素视角对出口技术复杂度演进机制的影响进行理论分析。

Long et al.(2001)在研究国际分工与服务之间关系时,构建了一个两部门理论模型,其假设最终消费品的生产部分需要两个部门的合作,即最终产品生产部门和服务性资本生产部门,在此基础上分析了国际分散化生产(fragmentation of production)和外包(outsourcing)的影响下服务部门的专业化对国际分工模式的影响[①]。国内学者唐海燕、张会清(2009)对这一研究模型进行了适当的完善。笔者结合本书的研究目的,在前两者研究的基础上将该模型拓展为三部门分析框架,具体如下。

在 Long(2001)和唐海燕、张会清(2009)的研究中,其假定考虑到最终产品的生产还需要生产性资本,而且生产性资本和服务性资本一样,都对产品出口技术含量和质量的提升具有重要作用,为此我们假定最终产品生产还需第三个部门,即生产性资本生产部门,使 Long(2001)的模型更贴近产品生产实际。在生产过程中,由于资本投入有利于产品技术创新能力的提升,而

---

① Long et al.(2001)的研究表明,服务部门专业化加深对国际分工模式的影响表现为,服务部门的专业化分工不利于国际分散化生产模式的推广。

熟练劳动力是进行技术创新的主体,非熟练劳动力在实际生产中对熟练劳动力的技术创新具有一定的协助作用,为此笔者假设产品生产时需投入资本、非熟练劳动力和熟练劳动力三种生产要素,同时假设熟练劳动力在资本性部门服务,最终生产部门只需非熟练劳动力。

假设一国通过参与国际分工形式,与世界上其他国家共同生产最终产品 Y,该国生产该产品出口技术复杂度为 $n_1$,即该国能生产和出口的 Y,其技术含量范围为 $(0, n_1)$;世界其他国家的出口技术复杂度为 $n_2$,即技术含量范围为 $(0, n_2)$。很明显 $n_2 > n_1$。令每生产一单位 Y 产品需一单位非熟练劳动力、$b_z j$ 单位生产性资产和 $b_e j$ 单位服务性资产[①],则该国与其他国家生产 Y 的单位成本分别如下:

$$C_d = \int_0^{n_1} [w^L + (b_z P_z + b_e P_e)j] \mathrm{d}j$$
$$= w^L n_1 + (b_z P_z + b_e P_e) n_1^2 / 2 \tag{3.17}$$

$$C_f = \int_0^{n_2} [w^{L^*} + (b_z P_z^* + b_e P_e^*)j] \mathrm{d}j$$
$$= w^{L^*} n_2 + (b_z P_z^* + b_e P_e^*) n_2^2 / 2 \tag{3.18}$$

其中,$w^L$、$P_z$、$P_e$ 和 $w^{L^*}$、$P_z^*$、$P_e^*$ 分别是国内外非熟练劳动力、生产性资本和服务性资本的价格,d 和 f 分别为本国和世界其他经济体,则本国生产 X 单位 Y 产品时对非熟练劳动力、生产性资本和服务性资本的需求分别为:

$$L_Y = n_1 X \tag{3.19}$$

$$K_z = X \int_0^{n_1} b_z j \, \mathrm{d}j = X b_z n_1^2 / 2 \tag{3.20}$$

$$K_e = X \int_0^{n_1} b_e j \, \mathrm{d}j = X b_e n_1^2 / 2 \tag{3.21}$$

假定任意两个经济体生产相同技术含量的产品 Y(令技术含量同为 $n$)时,其单位成本是相等的,即:

$$w^L + (b_z P_z + b_e P_e)n = w^{L^*} + (b_z P_z^* + b_e P_e^*)n \tag{3.22}$$

假设本国生产 $K_z$ 单位生产性资本,需要投入熟练劳动力 $H_z$ 和非熟练劳动力 $L_{zs}$,令其生产函数为柯布—道格拉斯函数即 $K_z = aH_z^\lambda L_{zs}^{1-\lambda}(0 < \lambda < 1)$,在成本函数约束下,生产性资产部门根据利润最大化原则进行生产和定价,可得最优生产条件为:

---

① Long(2001)研究目的是考察服务和国际分工的关系,所以在构建模型时仅考虑了最终生产部门和服务提供部门,并未考虑生产性资本部门。唐海燕、张会清(2009)对这一模型进行了完善,但也仅从服务部门和最终生产部门出发。

$$\frac{L_{zs}}{H_z} = \frac{w^{H_z}}{w^{L_{zs}}} \cdot \frac{1-\lambda}{\lambda} = \theta \tag{3.23}$$

$$P_z = \frac{w^{L_{zs}}\theta^{\lambda}}{a(1-\lambda)} \tag{3.24}$$

$$K_z = aH_z\theta^{1-\lambda} \tag{3.25}$$

其中，$w^{H_z}$、$w^{L_{zs}}$ 分别为生产性资本部门熟练劳动力和非熟练劳动力的报酬。同理，假设在服务性资本生产部门，本国需投入熟练劳动力 $H_e$ 和非熟练劳动力 $L_{es}$，才能形成 $K_e$ 单位服务性资本，则服务性产品生产部门根据利润最大化原则可得：

$$\frac{L_{es}}{H_e} = \frac{w^{H_e}}{w^{L_{es}}} \cdot \frac{1-\gamma}{\gamma} = \sigma \tag{3.26}$$

$$P_e = \frac{w^{L_{es}}\sigma^{\gamma}}{\beta(1-\gamma)} \tag{3.27}$$

$$K_e = \beta H_e\sigma^{1-e} \tag{3.28}$$

与两部门模型不同的是，我们假设熟练劳动力和非熟练劳动力在各个部门可以自由流动，那么相同熟练程度的劳动力在不同部门的报酬相等，即 $w^{H_z} = w^{H_e} = w^H$，$w^{L_{es}} = w^{L_{zs}} = w^L$。在完全就业假设条件下，市场均衡的条件有两个：一是劳动力收入和消费者支出相等，即 $Hw^H + Lw^L = PX$，$P$ 为该产品的销售价格，考虑到出口价格可能对出口技术复杂度具有一定的作用，所以与以往研究不同的是，笔者在此处不假定 $P$ 为1；二是熟练和非熟练劳动力市场出清即 $H = H_z + H_e$ 和 $L = L_Y + L_{zs} + L_{es}$，$L_Y$ 为最终生产部门的非熟练劳动力就业量。为了计算简便，我们令 $\gamma = \lambda = 0.5$，此时 $\theta = \sigma$，根据式(3.19)、式(3.23)、式(3.26)和劳动力市场均衡的两个条件我们可求得本国非熟练劳动力工资与出口技术复杂度之间的关系：

$$\begin{aligned} w^L &= \frac{P(L - \theta H_z - \sigma H_e)}{n[(\theta H_z + \sigma H_e) + (L_Y + L_{zs} + L_{es})]} \\ &= \frac{P(L - H\sigma)}{n(H\sigma + L)} \end{aligned} \tag{3.29}$$

由式(3.19)、式(3.20)、式(3.27)和式(3.28)可得生产性资本生产部门熟练劳动力投入以及服务性资本生产部门熟练劳动力投入与出口技术复杂度之间的关系：

$$2aH_z\sigma^{1/2} = b_z n(L - \theta H) \tag{3.30}$$

$$2\beta H_e\sigma^{1/2} = b_e n(L - \sigma H) \tag{3.31}$$

将式(3.24)、式(3.27)和式(3.29)代入式(3.22)并整理可得：

$$\frac{P(L - H\sigma)}{n(H\sigma + L)} + \left(\frac{b_z\sigma^{1/2}}{a} + \frac{b_e\sigma^{1/2}}{\beta}\right)\frac{P(L - H\sigma)}{(H\sigma + L)}$$

$$= w^{L^*} + (b_z P_z^* + b_e P_e^*)n \qquad (3.32)$$

由式(3.32)可知与两部门模型不同的是,在引入资本生产性部门后,产品技术含量的影响因素不仅有两部门模型所提出的服务性资本投入与劳动力,还包括生产性资本投入、产品销售价格 $P$、国外非熟练劳动力的工资以及国外资本品的价格变动等。

对式(3.30)、式(3.31)和式(3.29)关于熟练和非熟练劳动力求偏微分可得以下等式:

$$\frac{\partial n}{\partial H_z} = \frac{2a\sigma^{1/2}}{b_z(L - \theta H)} \qquad (3.33)$$

$$\frac{\partial n}{\partial H_e} = \frac{2\beta\sigma^{1/2}}{b_e(L - \sigma H)} \qquad (3.34)$$

$$\frac{\partial n}{\partial L} = \frac{P - w^L n}{w^L(L + \sigma H)} \qquad (3.35)$$

综合式(3.33)、式(3.34)和式(3.35)可得命题 1 和 2。

**命题 1** 一国(区域)熟练劳动力对出口技术复杂度的作用方向,取决于生产性资本生产部门和服务性资产生产部门的非熟练劳动力和熟练劳动力之比,当这一比例较低时(如 $\frac{L_{zs}}{H_z} < \frac{L}{H}$ 或 $\frac{L_{es}}{H_e} < \frac{L}{H}$),熟练劳动力能有效地促进出口技术复杂度的升级;当这一比例过高时(如 $\frac{L_{zs}}{H_z} > \frac{L}{H}$ 或 $\frac{L_{es}}{H_e} > \frac{L}{H}$),会使得熟练劳动力对出口技术复杂度升级呈负作用。

两部门模型推导中能得到以下结论:熟练劳动力对本国产品技术含量具有明显的提升作用。而根据开放型三部门模型得到的命题 1 表明:熟练劳动力对出口品技术含量的提升作用,取决于部门中非熟练劳动力和熟练劳动力的比值,非熟练劳动力的比例越小,熟练劳动力对出口品技术含量提升的作用越大。并且从式(3.23)和式(3.34)还可以看出社会非熟练劳动力的快速增长,会降低熟练劳动力对出口品技术含量的提升力度,这一点与两部门结论是一致的,可见三部门模型既证实了两部门模型部分观点的正确性,也使得熟练劳动力对出口技术复杂度提升作用分析更具体化,这完善了Long(2001)和唐海燕、张会清(2009)等人的研究。

**命题 2** 在出口技术复杂度相同的情况下,一国(区域)非熟练劳动力对出口技术复杂度升级的影响取决于两个因素:一是出口价格,二是非熟练劳动力的工资。当应有的出口价格水平低于生产相应技术含量产品非熟练劳动力应有的工资水平时,会使得非熟练劳动力对出口技术复杂度升级表现为负作用,而出口价格水平高于非熟练劳动力应有的价格水平时,非熟练劳动力会对出口品技术含量起正作用。

两部门模型指出:产品技术含量关于非熟练劳动力求偏微分将得到一个负值,即非熟练劳动力的增长会降低产品的技术含量。而命题2实际上修正了两部门模型的上述观点,即开放型三部门条件下,非熟练劳动力只有在出口价格低于一定水平的情况下,才可能对出口技术含量提升起负作用,而出口价格足够高时,非熟练劳动力将表现为正作用。甚至当非熟练劳动力作用为负时,非熟练劳动力增加足够多,出口价格上涨足够快,也有可能使得式(3.35)由负转正,即使得非熟练劳动力的作用由负转正。

对(3.32)式关于国外生产性资本和服务性资本的价格求偏微分,并整理可得:

$$\frac{\partial n}{\partial P_z^*} = -\frac{b_z n^2}{(L+\sigma H)w^{L^*} + 2(b_z P_z^* + b_e P_e^*)n - (b_z P_z + b_e P_e)} < 0$$

(3.36)

$$\frac{\partial n}{\partial P_e^*} = -\frac{b_e n^2}{(L+\sigma H)w^{L^*} + 2(b_z P_z^* + b_e P_e^*)n - (b_z P_z + b_e P_e)} < 0$$

(3.37)

由式(3.36)和式(3.37)可得命题3。

**命题3** 其他国家生产性资本和服务性资本品价格上涨,对中国的出口技术复杂度升级具有负作用。

这一命题出现的原因可能在于:资本都具有逐利性,资本品价格上涨其实是资本品的收益上涨。当其他国家资本品收益上涨时,一方面流向中国的资本将减少,即 FDI 减少;另一方面中国的资本可能流向国外,这将不利于生产水平的提高,进而对中国出口技术复杂度产生负面影响。

## 3.2 出口技术复杂度演进效应的理论分析

出口技术复杂度演进的动因一直是该领域研究的热点,国内外学者对该领域进行过大量的研究,而鲜有学者关注出口技术复杂度变迁带来的经济效应。事实上出口技术复杂度变迁给经济发展带来的影响是显而易见的,出口技术复杂度的提升会使得一国产品在国际市场上更具竞争力,进而提高其获利能力,从而加快一国出口产业的资本积累,并推动该国经济发展,而且出口技术复杂度的变迁会使得部分产品的出口更加畅销,进而使得其国内要素市场发生一定的变动。为弥补这一研究的空白,本部分拟通过构建出口技术复杂度演进效应的理论分析框架,也为后面的实证研究提供理论基础。

### 3.2.1 Namini et al. (2011)分析框架的引入

现有的实证研究多表明：部门出口的增加降低了出口者的存活率（survival probability），但是非出口者并未受影响（Namini et al. 2011）；而基于企业异质性视角的全要素生产率模型却得到了相反的研究结论，即出现了理论与实证分析相悖的情况，为了解决这一问题，Namini et al.（2011）在企业异质性模型的基础上构建了两要素分析框架（框架中企业拥有的要素份额不同），来分析出口的增加对不同要素密集型厂商的影响，以期揭示这一悖论出现的内因。

假设出口国由一个代表性消费者和一个垄断竞争产业组成，Namini et al.（2011）模型由需求方和供应方的基本条件推导出不同技术含量（产品复杂度）的企业介入市场的行为。为此其假设代表性消费者的偏好函数为CES，则消费者的效用函数表示如下：

$$U = \left[ \int_{v \in \gamma} q(v)^{\frac{\sigma-1}{\sigma}} \, dv \right]^{\frac{\sigma}{\sigma-1}} \tag{3.38}$$

其中，$\sigma$ 大于 1，表示的是不同类型产品之间的替代弹性，$\gamma$ 表示的是一揽子产品，即能获得产品的种类数之和，$v$ 是指 $\gamma$ 类产品中某一具体产品。

假设代表性消费拥有固定的要素禀赋，即拥有固定数量的资本 $\overline{K}$（包括人力资本和物质资本）和固定的劳动力 $\overline{L}$，又假设这两种要素可以在一国国内自由流动，但在国家之间不能流动，则该消费者的消费约束线可以表示为：

$$I = w\overline{L} + r\overline{K} \tag{3.39}$$

其中，$w$ 为劳动力的工资，$r$ 为资本回报率。在上述消费约束及消费者效用最大化条件下，消费者对每个产品的需求可以表示为：

$$q(v) = IP^{\sigma-1} p(v)^{-\sigma} \tag{3.40}$$

其中，$P$ 为所有产品的价格指数，具体形式为 $P = \left[ \int_{v \in \gamma} p(v)^{\sigma-1} dv \right]^{\frac{1}{\sigma-1}}$。

假设有一系列的生产型和潜在生产型企业，每个企业生产同一产品的不同类型，即产品存在差异。其生产函数也表现为CES的形式，在资本 $K$ 和劳动力 $L$ 的作用下其产量可以表示为：

$$q(\varphi) = \left[ \varphi^{1-a} K^a + (1-\varphi)^a L^{1-a} \right]^{1/a} \tag{3.41}$$

其中，$0 < a < 1$，$\varphi \in [0, 1]$ 表示的是生产中各要素所用的比例，主要体现了该企业生产产品的技术，而所用企业生产技术体现到出口产品层面时则表现为一国的出口技术复杂度，此时投入品之间的替代弹性可以表示为：

$$\varsigma = \frac{1}{1-a}$$

当企业决定生产时,它将面对两种成本,即固定成本和边际成本,Namini et al.(2011)假设边际成本的具体形式如下:

$$c(\phi) = [\phi r^{1-\varsigma} + (1-\phi)w^{1-\varsigma}]^{1/(1-\varsigma)} \tag{3.42}$$

在劳动力价格和资本价格不同的情况下,只要生产技术 $\phi$(当体现在出口层面时,为出口技术复杂度)不同,每个企业所面对的边际成本就不同,假设企业生产的固定成本和其边际成本密切相关,借鉴 Markusen & Venable (2000)的研究,Namini et al.(2011)将固定成本表示为:

$$F(\phi) = c(\phi)f(\phi) \tag{3.43}$$

Namini et al.(2011)还假设 $f(\phi)$ 为增函数,即当 $\phi_1 > \phi_2$ 时,$f(\phi_1) > f(\phi_2)$。一般而言 $\phi$ 越大,该企业生产中资本的密集度越高,可知资本密集度越高的企业(行业)其所需要的固定成本越多。

假设市场进入的程序如下:在进入市场前所有的企业是同质的,此时市场进入成本为 0,当企业进入市场生产后,企业可以选择两种技术进行生产:一是资本密集型(capital intensive)生产技术,表示为 $\phi_K$;二是劳动密集型(labor intensive)生产技术,表示为 $\phi_L$,由于资本密集型产业的生产率和生产技术往往高于劳动密集型产业,于是有 $\phi_K > \phi_L$,结合式(3.40)和式(3.43)可知不同类型企业的利润为:

$$\pi(\phi_i) = q(\phi_i)[p(\phi_i) - c(\phi_i)] - F(\phi_i)$$
$$= \frac{Ip(\phi_i)^{-\sigma}}{P^{1-\sigma}}[p(\phi_i) - c(\phi_i)] - c(\phi_i)f(\phi_i) \tag{3.44}$$

## 3.2.2 出口技术复杂度演进效应的动态分析:Namini et al. (2011)模型的拓展

前面的研究,从需求者和供给者视角,给出了 Namini et al.(2011)模型的基本分析框架,以及均衡状态下的供应者利润。值得一提的是,以上推论都是在封闭经济条件下得到的。而出口技术复杂度的研究需要在开放经济条件下,为此,在本部分,笔者主要将开放经济引入该分析框架,并从动态视角对出口技术复杂度演进的效应进行分析。

式(3.44)得到的是在封闭状态下厂商的利润,假设在开放状态下,厂商所面临的剩余需求(即开放经济中的实际需求)为:

$$q_{hf}(v) = I_{hf}P_{(hf)}^{\sigma-1}p(v)^{-\sigma} \tag{3.45}$$

其中,$q_{hf}(v)$ 表示开放条件下,该厂商面临的实际需求,由国内需求和国际需求两部分构成,$I_{hf}$ 和 $P_{hf}$ 分别表示国内外总收入和产品价格指数。同时在开放条件下,企业面临国内国外的竞争压力,其成本将发生一定的变化,假设这一变化将主要体现在固定成本上,将这一固定成本表示为 $c(\phi)[f_{hf}(\phi) - f(\phi)]$,则开放条件下固定成本实际上为:

$$F_{hf}(\phi) = c(\phi)f_{hf}(\phi) \qquad (3.46)$$

可知开放经济条件下,利润函数式(3.44)表示为:

$$\pi_{hf}(\phi_i) = \frac{I_{hf}p(\phi_i)^{-\sigma}}{P_{hf}^{1-\sigma}}[p(\phi_i) - c(\phi_i)] - c(\phi_i)f_{hf}(\phi_i) \qquad (3.47)$$

开放经济下,利润达到最大化时,可得 $\frac{\partial \pi_{hf}}{\partial p} = 0$ 成立,即:

$$\frac{\partial \pi_{hf}}{\partial p} = -\sigma \frac{I_{hf}p(\phi_i)^{-\sigma-1}}{P_{hf}^{1-\sigma}}[p(\phi_i) - c(\phi_i)] + \frac{I_{hf}p(\phi_i)^{-\sigma}}{P_{hf}^{1-\sigma}} = 0$$

$$-\sigma p(\phi_i)^{-\sigma-1}[p(\phi_i) - c(\phi_i)] + p(\phi_i)^{-\sigma} = 0$$

$$\sigma \frac{p(\phi_i) - c(\phi_i)}{p(\phi_i)} = 1$$

$$\sigma c(\phi_i) = (\sigma - 1)p(\phi_i)$$

$$p(\phi_i) = \frac{\sigma c(\phi_i)}{(\sigma - 1)} \qquad (3.48)$$

在上述研究的基础上,为了推导方便,我们进一步假设劳动力价格为1,则 $r$ 实际上是资本的相对价格。在均衡条件下,要素市场是出清的,借鉴 Namini et al. (2011)的研究可以推导出如下等式:

$$\bar{L} = \sum_{i=L,K} a_{Li}[q_{hf}(\phi_i) + f_{hf}(\phi_i)]\eta_i \qquad (3.49)$$

$$\bar{K} = \sum_{i=L,K} a_{Ki}[q_{hf}(\phi_i) + f_{hf}(\phi_i)]\eta_i \qquad (3.50)$$

其中,$\eta_i$ 表示 $i$ 型企业的数量,$a_{Li} = (1-\phi_i)c(\phi_i)^\varsigma$,$a_{Ki} = \phi_i r^{-\varsigma}c(\phi_i)^\varsigma$,在自由贸易条件下,均衡时企业的利润为零,即式(3.47)为0,将式(3.48)代入,可得:

$$\pi_{hf}(\phi_i) = \frac{I_{hf}p(\phi_i)^{-\sigma}}{P_{hf}^{1-\sigma}}[p(\phi_i) - c(\phi_i)] - c(\phi_i)f_{hf}(\phi_i) = 0$$

$$\frac{I_{hf}p(\phi_i)^{-\sigma}}{P_{hf}^{1-\sigma}}\Big[\frac{\sigma c(\phi_i)}{(\sigma-1)} - c(\phi_i)\Big] - c(\phi_i)f_{hf}(\phi_i) = 0$$

$$\frac{I_{hf}p(\phi_i)^{-\sigma}}{P_{hf}^{1-\sigma}}\frac{1}{(\sigma-1)} - f_{hf}(\phi_i) = 0$$

$$\frac{I_{hf}p(\phi_i)^{-\sigma}}{P_{hf}^{1-\sigma}} = q_{hf}(\phi_i) = (\sigma - 1)f_{hf}(\phi_i) \qquad (3.51)$$

上述分析均是静态条件的利润及固定成本与产量之间的相互关系,由于 $\phi_i$ 的增大其实是出口技术复杂度提升的主要表现,为此,我们以其作为复杂度的代表性符号，进行动态分析以揭示出口技术复杂度动态演进的经济效应。

将式(3.49)除以式(3.50)并将式(3.51)代入可得：

$$
\begin{aligned}
\frac{\bar{L}}{\bar{K}} &= \frac{\sum_{i=L,K} a_{Li}\left[q_{hf}(\phi_i)+f_{hf}(\phi_i)\right]\eta_i}{\sum_{i=L,K} a_{Ki}\left[q_{hf}(\phi_i)+f_{hf}(\phi_i)\right]\eta_i} \\
&= \frac{a_{LL}\left[q_{hf}(\phi_L)+f_{hf}(\phi_L)\right]\eta_L + a_{LK}\left[q_{hf}(\phi_K)+f_{hf}(\phi_K)\right]\eta_K}{a_{KL}\left[q_{hf}(\phi_L)+f_{hf}(\phi_L)\right]\eta_L + a_{KK}\left[q_{hf}(\phi_K)+f_{hf}(\phi_K)\right]\eta_K} \\
&= \frac{a_{LL}\left[q_{hf}(\phi_L)+\frac{q_{hf}(\phi_L)}{\sigma-1}\right]\eta_L + a_{LK}\left[q_{hf}(\phi_K)+\frac{q_{hf}(\phi_K)}{\sigma-1}\right]\eta_K}{a_{KL}\left[q_{hf}(\phi_L)+\frac{q_{hf}(\phi_L)}{\sigma-1}\right]\eta_L + a_{KK}\left[q_{hf}(\phi_K)+\frac{q_{hf}(\phi_K)}{\sigma-1}\right]\eta_K} \\
&= \frac{a_{LL}q_{hf}(\phi_L)\eta_L + a_{LK}q_{hf}(\phi_K)\eta_K}{a_{KL}q_{hf}(\phi_L)\eta_L + a_{KK}q_{hf}(\phi_K)\eta_K}
\end{aligned}
\tag{3.52}
$$

令 $\dfrac{\bar{L}}{\bar{K}}=M$，对式(3.52)关于 $q_{hf}(\phi_K)\eta_K$ 求导并整理可得：

$$
\frac{\partial M}{\partial q_{hf}\eta_K} = \frac{q_{hf}(\phi_L)(a_{KL}a_{LK}-a_{KK}a_{LL})}{\left[a_{KL}q_{hf}(\phi_L)\eta_L + a_{KK}q_{hf}(\phi_K)\eta_K\right]^2}
\tag{3.53}
$$

很明显式(3.53)中分母大于零，$q_{hf}(\phi_L)\eta_L$ 大于零，决定该式正负号的其实是代数式 $a_{KL}a_{LK}-a_{KK}a_{LL}$，结合前述可知：

$$
\begin{aligned}
a_{KL}a_{LK}-a_{KK}a_{LL} &= \phi_L r^{-\varsigma}c(\phi_L)^\varsigma(1-\phi_K)c(\phi_K)^\varsigma - \\
&\quad \phi_K r^{-\varsigma}c(\phi_K)^\varsigma(1-\phi_L)c(\phi_L)^\varsigma \\
&= \left[\phi_L(1-\phi_K)-\phi_K(1-\phi_L)\right]r^{-\varsigma}c(\phi_K)^\varsigma c(\phi_L)^\varsigma \\
&= \left[\phi_L-\phi_K\right]r^{-\varsigma}c(\phi_K)^\varsigma c(\phi_L)^\varsigma
\end{aligned}
\tag{3.54}
$$

由前述可知，资本密集型产业生产率往往高于劳动密集型产业，因此，$\phi_L<\phi_K$，即式(3.54)中 $\phi_L-\phi_K<0$，因而 $a_{KL}a_{LK}-a_{KK}a_{LL}<0$，由此，可知式(3.53)的符号为负。当一国资本密集产品出口技术复杂度提升时（即 $\phi_K$ 上升），会导致 $q_{hf}(\phi_K)\eta_K$ 的上升，而 $q_{hf}(\phi_K)\eta_K$ 的上升使本国资本和要素市场发生变动，进而使得一国资本和劳动力价格发生变化。基于上述推导与分析我们可以得到命题4。

**命题4** 一国资本密集型产业出口技术复杂度的提升，会使得该国的资本需求增加，进而导致该国的资本价格上涨，对劳动力则表现出相反的作用，即资本密集型产业出口技术复杂度提升将对劳动力的需求降低，进而使得劳动力的价格下降。反映到国民经济中，命题4可以表述为：资本密集型产业出口技术复杂度的提升有利于提高资本要素收入占国民经济的比重，降低劳动收入占比。

对式(3.52)关于 $q_{hf}(\phi_L)\eta_L$ 求导并整理可得:

$$\frac{\partial M}{\partial q_{hf}(\phi_L)\eta_L}$$

$$= \frac{[a_{LL}(a_{KL}q_{hf}(\phi_L)\eta_L + a_{KK}q_{hf}(\phi_K)\eta_K)] - a_{KL}[(a_{LL}q_{hf}(\phi_L)\eta_L + a_{LK}q_{hf}(\phi_K)\eta_K)]}{[a_{KL}q_{hf}(\phi_L)\eta_L + a_{KK}q_{hf}(\phi_K)\eta_K]^2}$$

$$= \frac{a_{LL}a_{KK}q_{hf}(\phi_K)\eta_K - a_{KL}a_{LK}q_{hf}(\phi_K)\eta_K}{[a_{KL}q_{hf}(\phi_L)\eta_L + a_{KK}q_{hf}(\phi_K)\eta_K]^2}$$

$$= \frac{(a_{LL}a_{KK} - a_{KL}a_{LK})q_{hf}(\phi_K)\eta_K}{[a_{KL}q_{hf}(\phi_L)\eta_L + a_{KK}q_{hf}(\phi_K)\eta_K]^2} \tag{3.55}$$

由式(3.54)可知 $a_{LL}a_{KK} - a_{KL}a_{LK} > 0$,很明显式(3.55)大于零,一国劳动力密集型产业出口技术复杂度上升时(即 $\phi_L$ 上升),会促进 $q_{hf}(\phi_L)\eta_L$ 提升,而这一式子的提升促使本国市场对劳动力需求增加、对资本需求减少。归纳上述推导,我们可以得到命题5。

**命题5** 一国劳动密集型产业出口技术复杂度的提升,会促使该国劳动力的资本需求增加,进而导致该国劳动力价格上涨;对资本要素的影响则表现为:出口技术复杂度的提升,降低资本要素的需求,使得资本要素价格可能出现下降的趋势。反映到宏观经济中,命题5可以表述为:劳动密集型产业出口技术复杂度的提升,会提高劳动力要素收入在国民经济中的比重,在一定程度上降低资本要素在国民经济中的比重。

假设资本要素密集型产业与劳动密集型产业的产出之比为 $\Omega$,即 $q_{hf}(\phi_L) = \Omega q_{hf}(\phi_K)$ 为了便于计算,假设资本密集型企业数量和资本密集型产业内企业的数量相等,即 $\eta_K = \eta_L = \eta$,运用上述假设将式(3.56)展开可得:

$$L = a_{LL}\left[q_{hf}(\phi_L) + \frac{q_{hf}(\phi_L)}{\sigma-1}\right]\eta + a_{LK}\left[q_{hf}(\phi_K) + \frac{q_{hf}(\phi_K)}{\sigma-1}\right]\eta \tag{3.56}$$

$$= \frac{\sigma}{\sigma-1}[a_{LL}q_{hf}(\phi_L)\eta + a_{LK}q_{hf}(\phi_K)\eta]$$

$$= \frac{\sigma}{\sigma-1}[a_{LL}\Omega q_{hf}(\phi_K)\eta + a_{LK}q_{hf}(\phi_K)\eta]$$

$$= \frac{\sigma}{\sigma-1}q_{hf}(\phi_K)(a_{LL}\Omega\eta + a_{LK}\eta)$$

$$q_{hf}(\phi_K) = \frac{(\sigma-1)L}{\sigma(\Omega a_{LL} + a_{LK})\eta} \tag{3.57}$$

可知该国的总产量可以表示为:

$$Q_{hf}(\phi) = \frac{(1+\Omega)(\sigma-1)L}{\sigma(\Omega a_{LL} + a_{LK})\eta} \tag{3.58}$$

对式(3.58)关于 $\Omega$ 求导可得：

$$\frac{\partial Q_{hf}}{\phi\Omega} = \frac{(\sigma-1)L\sigma(\Omega a_{LL}+a_{LK})-\sigma a_{LL}(1+\Omega)(\sigma-1)L}{[\sigma(\Omega a_{LL}+a_{LK})]^2}\eta \quad (3.59)$$

式(3.59)中分母明显大于零，因此，要判定式(3.59)的正负号，只需判定分子的正负号，对分子进行整理可得：

$$(\sigma-1)L\sigma(\Omega a_{LL}+a_{LK})-\sigma a_{LL}(1+\Omega)(\sigma-1)L$$
$$=(\sigma-1)L\sigma[\Omega a_{LL}+a_{LK}-a_{LL}(1+\Omega)]$$
$$=(\sigma-1)L\sigma[a_{LK}-a_{LL}] \quad (3.60)$$

很明显 $(\sigma-1)L\sigma$ 大于零，因此判定式(3.59)的正负号，只需判定 $a_{LK}-a_{LL}$ 的符号即可，将 $a_{Li}=(1-\phi_i)c(\phi_i)^\varsigma$ 可得：

$$(1-\phi_K)c(\phi_K)^\varsigma-(1-\phi_L)c(\phi_L)^\varsigma \quad (3.61)$$

根据式(3.41)求导关于 $\phi$ 可知[1]，当资本的回报率大于劳动力回报率时，边际成本是增函数；当劳动力回报率大于资本回报率时，边际成本是减函数。

当劳动的回报率大于资本时，很明显 $(1-\phi_K)<(1-\phi_L)$，边际成本函数为减函数，此时，式(3.61)小于零，可知 $\frac{\partial Q_{hf}}{\partial\Omega}$ 的符号为负。由于资本密集型产业产品的复杂度往往大于劳动密集型产业，所以当一国出口技术复杂度增大时 $\Omega$ 会降低，从而使得总产出 $Q_{hf}$ 增加。$Q_{hf}$ 会推动该国经济的发展，根据母市场效应理论，还可知国内产量的增加会推动出口的扩大。为此可以得到命题6。

**命题6** 当劳动回报率大于资本回报率时，一国产业出口技术复杂度的提升有助于推动该国经济的增长，不仅如此，出口技术复杂度的深化还有利于推动该国产品出口量的扩大。

当资本的回报率大于劳动力时，可以通过判定函数 $f=(1-\phi_K)c(\phi_K)^\varsigma$ 的单调性来判定式(3.61)的正负号，为此对该式求导可得：

$$\frac{\partial f}{\partial\phi}=-c(\phi_K)^\varsigma+(1-\phi_K)\varsigma c'(\phi_K)^{\varsigma-1}c(\phi_K)$$
$$=c(\phi_K)^{\varsigma-1}[(1-\phi_K)c(\phi_K)-c(\phi_K)] \quad (3.62)$$

由此可知当资本要素的回报率大于劳动力要素时，出口技术复杂度深化对经济和出口的作用力方向是不确定的，当 $(1-\phi_K)c'(\phi_K)>c(\phi_K)$ 时，出

---

[1] 具体推导过程如下：$\frac{\partial c(\phi)}{\partial\phi}=1/(1-\varsigma)[\phi r^{1-\varsigma}+(1-\phi)w^{1-\varsigma}]^{\varsigma/(1-\varsigma)}(r^{1-\varsigma}-w^{1-\varsigma})$。当 $r>w$ 时，$\frac{\partial c(\phi)}{\partial\phi}>0$；当 $r<w$ 时，$\frac{\partial c(\phi)}{\partial\phi}<0$。

口技术复杂度的深化不利于该国经济及出口的增长;当$(1 - \phi_K)c'(\phi_K) < c(\phi_K)$时,出口技术复杂度的深化有利于促进该国经济及出口的增长。一般而言出口技术复杂度深化会使得一国出口产品更具竞争力,进而使得该国出口产业的出口量进一步扩大,从而推进该国经济的增长。那么出现负效应的原因是什么呢?笔者以为原因可能如下:该国出口技术复杂度的升级体现于非常高端的产品,而该产品的市场认可度还不高,因此在短期内导致产能难以扩大,进而不利于出口的增长,但该国国内在生产这种产品时进行了大量的前期投资,投资收益收回速度较慢的情况下,经济增长速度也会适当放缓。

以上笔者通过拓展 Namini et al. (2011)模型,分析了产业出口技术复杂度深化的要素价格效应(或要素收入占比效应),以及出口技术复杂度深化对经济增长和出口量的影响,解释了出口技术复杂度演进效应的作用机理,为下面的实证研究奠定了一定的基础。

## 3.3  本章小结

经过几年的发展,出口技术复杂度的研究逐渐替代了以往的出口数量研究,因而出口技术复杂度的演进及其效应的理论探索已经成为该领域现有研究的主流趋势。本部分首先在 Melitz(2003)和 Kancs(2007)研究的基础上,基于二元边际视角构建了分析出口复杂演进机理的分析框架,研究显示:从国别层面上看,影响一国出口技术复杂度深化的主要因素有出口价格、出口量及经济发展水平,细化到交易层面则表现为:固定成本、贸易距离、经济规模及单位交易成本等。其次通过将 Long et al. (2001)的两部门模型拓展为三部门模型,分析了生产角度相关因素对出口技术复杂度演进的影响机制,研究显示:①一国(区域)熟练劳动力对出口技术复杂度的作用方向,取决于生产性资本生产部门和服务性资产生产部门的非熟练劳动力和熟练劳动力之比;②在出口技术复杂度相同的情况下,一国(区域)非熟练劳动力对出口技术复杂度升级的影响取决于两个因素:一是出口价格,二是非熟练劳动力的工资;③其他国家生产性资本和服务性资本品价格上涨,对本国的出口技术复杂度升级具有负作用。最后通过拓展 Namini et al. (2011)的理论分析框架对出口技术复杂度演进的相关效应进行了分析,结果显示:不同要素密集型产业出口技术复杂度深化将对要素收入分配产生不同的影响,并且出口技术复杂度深化对经济增长和出口量的影响在一定程度上受制于劳动力和资本要素的回报率之差及其他影响因素。

# 4 产业出口技术复杂度变迁动因的实证分析:基于跨国对比视角

　　Hausmann et al.(2003)提出出口技术复杂度(degree of sophistication)这一概念来衡量一国出口品的技术含量、结构组成后,西方学术界对如何量化复杂度进行了大量的研究。因此,在概念提出初期,这一领域的研究多集中于复杂度测度指标的构建。代表方法有两种:一是基于亚产业层面的测度方法。如 Peter K. Schott(2006)在假设各国出口到美国市场的复杂度能够反映其真实出口技术复杂度的条件下,建立以国际市场占有率为基础的出口技术复杂度测度指标。Sanjaya Lall et al.(2005)建立了基于出口相似度的亚产业层面复杂度指数,并结合 SITC Rev 2 的三位数(3-digit level)和四位数(4-digit level)层面对 1999—2000 年亚洲各国和地区的出口技术复杂度进行了实证研究。二是基于产品层面的测度方法。由于基于产品层面的测度方法被认为更能反映出产品、产业以及国家层面的出口技术复杂度,因此,这一指标一经提出就被广泛应用于国际贸易的研究。

　　在测度指标确定之后,有关复杂度研究的重心慢慢地转向了发展中国家特别是中国与发达国家之间的出口技术复杂度的对比分析、异常性检验和演进动因等方面的研究。顺应该领域现有研究的主要趋势,本章的研究安排如下:首先运用长跨度时间序列数据(17 年共超过 30 万组数据)测度各国和地区金属制品出口技术复杂度,以真正实现复杂度的动态研究,并将研究层面拓展到产业;其次基于前述机理分析,构建计量方程运用 Penal data 模型从整体、发达经济体和发展中经济体三个层面分析了出口产品复杂度动态演进的内在动力;最后构建哑变量回归模型,对比分析不同类型经济体的异常性及其动态趋势。

## 4.1  52 个经济体产业出口技术复杂度的测度 与分析:以金属产业为例

### 4.1.1  数据的来源与处理方法

本部分在研究产业层面上的出口技术复杂度时,以世界各国和地区出口到美国的数据作为复杂度的测度依据,因为美国 2006 年以前的进口额一直占全球进口总额的 15% 以上,为世界最大的进口国,其从各国进口的产品特别是高复杂度产品(因为美国的人均 GDP 位居世界前列),能较好地反映各国出口到世界的产品复杂程度[①],考虑到金属制品是一国出口品复杂度的最直接体现行业之一,是该国产业创新能力的直接体现,相比其他创新性较强的行业(如化工、机械、电子等),金属制品的中间品往往为技术含量较低的初级产品,因而运用 Hausmann et al. (2005)的模型进行测度时,能够产生的"统计假象"非常有限[②],可以在很大程度上确保测度结果的可靠性,为此,笔者此处以金属产业为例进行测度与分析。

本部分所用数据来源于联合国数据库和 NBER 统计数据,采集的是 1993—2009 年的年度美国金属制品进口数据[③],其中 1993—2006 年的数据源自 NBER,2007—2009 年的数据源于联合国统计数据库。笔者在 stata 软件中剔除其他产业的数据后发现:美国历年金属制品进口数据量较大,以 2003—2006 年为例,各国出口到美国市场的金属制品数据分别有 28450、27875、27892、28779 组,有 100 多个国家和地区出口金属制品到美国。为此,笔者延续 NBER 发布的数据中 HS 6 分类标准,并将其数据中 HS 编号前 2 位数字(2-digit level)表示一类产品,第一位数字(1-digit level)表示为产业。Rodrik(2006)指出,一国的经济发展程度与该国出口产品的复杂度存在一定的正比关系,笔者以为基于购买力的人均 GDP 在反映一国发展程度

①  Peter K. Schott(2006)在研究中国国家层面出口技术复杂度时采用了类似的方法。

②  本书采用的是大样本跨国(52)数据,根据前人研究可知,这可以进一步稀释"统计假象",提高测度结果的可靠性。

③  笔者原打算做更长的时间序列,但由于 1992 年及以前捷克和斯洛伐克为一个国家,即仅有一个统计数据,解体后,1993 年起有两国数据,并且 1991 年(含)以前包括俄罗斯在内的很多国家无统计数,据仅有苏联的统计数据,因此,本书采用数据起于 1993 年,舍弃 1993 年前的数据,以提高测度的准确性和可比性。

时,比名义人均 GDP 更为有效,因此,本部分选择联合国公布的基于购买力平价的人均 GDP 来测度产品层面的复杂度[①]。

### 4.1.2 产品层面复杂度的测定

Hausmann(2005)认为出口商品的复杂度和出口国的经济发展水平(实际人均 GDP)正相关,对于某个特定商品来说,其所有出口国加权平均收入水平越高,则该商品复杂度越高。为此,对于商品 $i$,其构建式(4.1)[②]以测度产品层面出口技术复杂度:

$$PRODY_i = \frac{x_{i1}/\sum x_{k1}}{\sum (x_{im}/\sum x_{km})}Y_1 + \frac{x_{i2}/\sum x_{k2}}{\sum (x_{im}/\sum x_{km})}Y_2 + \cdots +$$

$$\frac{x_{in}/\sum x_{kn}}{\sum (x_{im}/\sum x_{km})}Y_n$$

$$= \sum_{c=1}^{n} \frac{x_{ic}/\sum x_{kc}}{\sum (x_{im}/\sum x_{km})}Y_c \tag{4.1}$$

式中:$PRODY_i$ 为商品复杂度,$x$ 为出口额,其中 $c$ 表示国家,$m$ 表示 HS 2 中的种类数,$Y_c$ 是国家 $c$ 的人均 GDP,此处用基于购买力平价的人均 GDP。$Y_n$ 前的式子作为权重,其分子是商品 $i$ 在一国所有出口商品中的份额,其分母是所有出口商品 $i$ 的国家在该商品总出口中的份额。可见,$PRODY_i$ 是用商品 $i$ 在总出口中的份额作为权重的所有出口 $i$ 的国家人均 GDP 的加权平均值(许斌,2007)。

表 4-1  1993—2002 年各经济体金属制品出口到美国的复杂度

| 年份 \ 产品代码 | 1993 | 1994 | 1995 | 1996 | 1997 | 1998 | 1999 | 2000 | 2001 | 2002 |
|---|---|---|---|---|---|---|---|---|---|---|
| 80 | 11422.7 | 13056.1 | 13870.7 | 14389.4 | 15584.9 | 15239.5 | 15841.7 | 15821.8 | 16355.4 | 15670.6 |
| 71 | 10981.2 | 11235.9 | 12450.2 | 12940.1 | 14343.3 | 15723 | 16125.8 | 17724.8 | 18116.1 | 17863.5 |
| 72 | 12696.2 | 12518.1 | 12721.5 | 13714.2 | 13844.3 | 14066.8 | 14797.8 | 15284.1 | 15121.9 | 14737.6 |
| 73 | 11280.3 | 12471.7 | 13492.6 | 13667.9 | 14103.9 | 13989.2 | 14947 | 15824.6 | 16444.6 | 16413.1 |

---

① 由于台湾地区的人均 GDP 未出现在联合国公布的基于购买力平价的人均 GDP 数据中,本书测度时用到台湾地区的人均 GDP 均为中国统计年鉴公布的人均 GDP。

② 该式与前文(2.1)式相同,为了便于读者阅读,作者在此处继续给出。

续表

| 年份<br>产品代码 | 1993 | 1994 | 1995 | 1996 | 1997 | 1998 | 1999 | 2000 | 2001 | 2002 |
|---|---|---|---|---|---|---|---|---|---|---|
| 74 | 10599.3 | 11005.4 | 11738.3 | 12191.2 | 12978.1 | 13523.2 | 14139.9 | 14815.7 | 14681.9 | 15428.4 |
| 75 | 20708.4 | 21997.5 | 21815.2 | 22517.7 | 24988.1 | 26718.4 | 27631 | 28335.7 | 29121.8 | 28901.4 |
| 76 | 12702.6 | 13136.9 | 13193.2 | 13200.7 | 13254 | 14192.6 | 14148.1 | 15072.1 | 15153.9 | 16110.6 |
| 78 | 17658.4 | 18807.4 | 16507.9 | 15858 | 14111.5 | 10961.7 | 12642.5 | 14833.7 | 18313.6 | 24529.3 |
| 79 | 14503.5 | 14573 | 16606.5 | 15862 | 17969.1 | 14086.7 | 15395 | 20213.7 | 18612.8 | 18339.4 |
| mean | 13617 | 14311.3 | 14710.7 | 14926.8 | 15686.4 | 15389 | 16185.4 | 17547.3 | 17991.3 | 18666 |

注:80 为锡及其制品、71 为宝石和贵金属制品、72 为钢铁、73 为钢铁制品、74 为铜及其制品、75 为镍及其制品、76 为铝及其制品、78 为铅及其制品、79 为锌及其制品。

资料来源:根据 NBER 及联合国统计数据库公布数据计算而得。

　　根据公式(4.1)可得金属制品各分类产品的复杂度如表 4-1 至表 4-2 所示。由于数据来源的口径不一致,2007—2009 年的数据与以前的数据有较大的偏差,为此我们分两段进行分析。1993—2006 年间,各国和地区出口到美国的各系列金属制品的复杂度均呈现明显的上升趋势,产品复杂度平均增加了 9675.14 美元,增幅达 74.15%。具体而言,从绝对额上看镍制品的复杂度提升最快,从 1993 年的 20708.4 美元提升到了 2006 年的 34864 美元,增加了 14155.6 美元,其次是钢铁和锡制品,提升最小的是钢铁制品,但也提升了 7387.07 美元;从提升幅度上看,提升幅度最大的是钢铁,提升了 108.77%,其次为锡制品,提升了 103.94%,而提升幅度最低的铅制品也达到了 35.8%。可见,随着经济的发展,各国和地区出口的金属制品的生产率和技术水平都有较大的提高。并且镍制品一直是金属制品复杂度最大的产品系列,其次是铅制品系列,但该系列产品复杂度存在一定的不稳定性,1998—2000 年曾位居倒数第一的位置。产品出口技术复杂度的逐年递增,也印证了 Rodrik(2006)关于人均 GDP 与复杂度相互关系的假设①。

　　2007—2009 年间测度结果显示,金属制品各行业在这期间均表现出一定幅度的上涨。值得一提的是,2009 年出口技术复杂度的测度数据虽与 2007 及 2008 年一致,但是 2009 年各国出口到美国的金属制品平均复杂度出现较大的偏差,除了锡制品有较为明显的上升外,其他金属制品均表现出显著的下降趋势,这表明在美国爆发的金融危机对各国出口到美国的不同技术含量的金属制品产生了较为明显的冲击,其中多数行业的冲击表现为

---

① 其假设 GDP 与复杂度呈现正相关关系,即世界人均 GDP 越高,复杂度越高。

高端金属产品的出口量下降,仅有锡制品表现为高端产品出口量的上升。

表 4-2　2003—2009 年各经济体金属制品出口到美国的复杂度

| 年份<br>产品代码 | 2003 | 2004 | 2005 | 2006 | 2007 | 2008 | 2009 | 变化量 | 变幅 |
|---|---|---|---|---|---|---|---|---|---|
| 80 | 18307.1 | 20100.9 | 21682.5 | 23295.2 | 10406 | 11205.6 | 17232.5 | 11872.4 | 103.94 |
| 71 | 18898.3 | 19879.6 | 21609.5 | 22925.1 | 20673.2 | 22752.6 | 19253.3 | 11943.8 | 108.77 |
| 72 | 16340.2 | 17515.4 | 18975.9 | 20083.3 | 25770.7 | 30624.4 | 27668.8 | 7387.07 | 58.18 |
| 73 | 18378.8 | 19224 | 20070.4 | 21648.8 | 21709.8 | 23031.2 | 22112.7 | 10368.5 | 91.92 |
| 74 | 17125.2 | 17960.8 | 18324.3 | 19091.7 | 17086 | 18036.7 | 16480.8 | 8492.4 | 80.12 |
| 75 | 29833.3 | 32118.3 | 33989.9 | 34864 | 39651 | 47997.4 | 39760.2 | 14155.6 | 68.36 |
| 76 | 16534.7 | 17661.9 | 17657 | 19085.1 | 21715 | 22496.5 | 18886.7 | 6382.55 | 50.25 |
| 78 | 26710.2 | 23166.6 | 28182.1 | 23980.1 | 26922.7 | 28580 | 22755.8 | 6321.73 | 35.8 |
| 79 | 20083 | 20055.3 | 20686.7 | 24655.7 | 29483.7 | 34232.9 | 32701.8 | 10152.2 | 69.99 |
| mean | 20245.6 | 20853.6 | 22353.1 | 23292.1 | 23713.1 | 26550.8 | 24094.7 | 9675.14 | 74.15 |

注:表中变化量、变幅为 1993—2006 年的变化,变化幅度的单位为%。
资料来源:根据 NBER 及联合国统计数据库公布数据计算而得。

### 4.1.3　国别产业层面复杂度的测定

在计算出商品的复杂度后,将商品层面的复杂度加总到产业层面,则得产业复杂度,加总方法如下[①]:

$$PRODYI_n = \frac{x_{1n}}{\sum x_{in}}PRODY_1 + \frac{x_{2n}}{\sum x_{in}}PRODY_2 + \cdots +$$

$$\frac{x_{mn}}{\sum x_{in}}PRODY_m$$

$$= \sum_{i=1}^m \frac{x_{in}}{\sum x_{in}}PRODY_i \qquad (4.2)$$

其中,$PRODYI_n$ 是国家 $n$ 一产业所出口商品的平均复杂度,这里的权重是商品 $i$ 占国家 $n$ 该产业的出口商品总额中的份额。

与 Hausmann(2005)不同的是,本部分对测度方法进行了适当的调整:在测度产品层面的复杂度时将所出口金属制品到美国的经济体都列入考察

---

①　该式与前文(2.2)式相同,为了便于读者阅读,作者在此处继续给出。

范围,而在测度各国产业层面复杂度时,我们剔除了出口种类较少的国家,以提高了测度结果的准确性。我们的测度样本是出口到美国的金属制品种类数排名前 52 的经济体①,具体筛选方法如下:对于出口量和出口种类数较小的国家(部分国家出口到美国的产品种类较少,有的甚至只有一到两种,如 Angola 2005 年出口到美国的金属制品只有 2 种,与数量大、种类多的国家进行复杂度的对比意义不大,而且这种处理方法并不影响结果的可靠性,因为产业层面是本国出口的加权,不必再考虑他国出口量)。具体选的国家和地区有:AE(阿联酋)、ARG(阿根廷)、AUS(澳大利亚)、AUT(奥地利)、BEL(比利时)、BRA(巴西)、CAN(加拿大)、CHI(智利)、CHN(中国)、COL(哥伦比亚)、CZE(捷克)、DEN(丹麦)、DOM(多米尼加)、ECU(厄瓜多尔)、EGY(埃及)、FIN(芬兰)、FRA(法国)、GER(德国)、GRE(希腊)、HK(中国香港)、HUN(匈牙利)、IND(印度尼西亚)、INA(印度)、IRE(爱尔兰)、ISR(以色列)、ITA(意大利)、JPN(日本)、KOR(韩国)、MAL(马来西亚)、MEX(墨西哥)、NED(荷兰)、NOR(挪威)、NZL(新西兰)、PAK(巴基斯坦)、PHI(菲律宾)、POL(波兰)、POR(葡萄牙)、ROM(罗马尼亚)、RSA(南非)、RUS(俄罗斯)、SIN(新加坡)、SLO(斯洛文尼亚)、SPA(西班牙)、SUI(瑞士)、SVK(斯洛伐克)、SWE(瑞典)、THA(泰国)、TUR(土耳其)、UK(英国)、UKR(乌克兰)、TW(台湾地区)、VEN(委内瑞拉)。

在产品复杂度的基础上,运用(4-2)式计算得到 52 个经济体金属制品产业的出口技术复杂度(见表 4-3)。

由表 3 可知,金属制品出口技术复杂度较高的国家多为发达经济体,1996、1999、2002、2006 和 2008 年间排名前五的国家均为发达经济体。另外,各经济体出口技术复杂度的排名变化较大,这也说明世界金属制品的国际竞争比较激烈。就中国而言,历年的产业复杂度呈动态上升趋势,甚至比部分发达经济体的复杂度还高,如瑞典(SWE)、荷兰(NED)和丹麦(DEN)等在部分年份出口技术复杂度明显低于中国。可见,通过金属制品得到的研究结果与部分学者(Dani Rodrik,2006;Peter K. Schott,2006;Zhi Wang & Shang-Jin Wei,2008;Bin Xu & Jiangyong Lu,2009)基于国家层面的研究结论颇具相似性。

从复杂度的绝对额上看,虽然中国历年出口的金属制品复杂度有所提高,但是相对于整体样本而言,中国金属制品的出口技术复杂度并不高,排

---

① 2007—2009 年因统计数据源自联合国,部分国家和地区出口到美国的数据并未获得,实际上进行计算的只有 47 个国家和地区(台湾地区等五地并未获得)。

名一直位于 20 名之外,并且与复杂度最高的国家(挪威)相比,差距呈现逐渐扩大的趋势,由 1996 年的 4930.5 美元扩大到 2006 年的 7435.9 美元,并一直扩展到了 2008 年的 12854.3 美元,与全球排名前 20 位的国家的平均水平相比,中国金属制品的出口技术复杂度的差距亦呈现扩大的趋势,从 1996 年的 601.915 美元扩大到 2006 年的 1541.29 美元,并进一步扩展到 2008 年的 4058.9 美元,这表明:虽然我国金属制品的出口技术复杂度有所提高,但与生产率和技术水平相对较高的经济体相比,进步速度相对较慢,技术更新步伐未能与之保持一致。

表 4-3　各经济体金属制品历年出口技术复杂度

| | | 1996 | | 1999 | | 2002 | | 2006 | | 2008 |
|---|---|---|---|---|---|---|---|---|---|---|
| 1 | NOR | 18607.4 | NOR | 20572.4 | NOR | 19968.2 | NOR | 28595.3 | NOR | 36654.5 |
| 2 | AUS | 16696 | FIN | 16691.4 | FIN | 18401.1 | FIN | 25759.3 | AUS | 30767.3 |
| 3 | FIN | 15169.5 | AUS | 16687.4 | AUS | 18187.8 | AUS | 24431.2 | DEN | 30114.1 |
| 4 | SPA | 14000.1 | ISR | 16104.6 | ISR | 17846.3 | IRE | 23029 | UK | 29527.4 |
| 5 | AUT | 13979.7 | INA | 15900.6 | BEL | 17519.3 | ISR | 22907.2 | SVK | 29105 |
| 6 | RUS | 13951.5 | BEL | 15889.3 | HK | 17451.9 | BEL | 22490.2 | EGY | 28974.6 |
| 7 | PAK | 13928.4 | IRE | 15878.7 | INA | 17385.1 | FRA | 22284.8 | BRA | 28810.5 |
| 8 | FRA | 13925.4 | SUI | 15875.1 | RSA | 17320.2 | RSA | 22278 | RSA | 28102 |
| 9 | CZE | 13899.4 | RSA | 15800.2 | COL | 17219.8 | SUI | 22216 | BEL | 27939.8 |
| 10 | SLO | 13878.1 | AUT | 15760.3 | SUI | 17207.6 | INA | 22203.4 | UKR | 27907.1 |
| 11 | ROM | 13795.4 | COL | 15710.7 | SIN | 17171.4 | HK | 22129.4 | SIN | 27341.1 |
| 12 | GER | 13790.5 | UK | 15666.5 | RUS | 17112.7 | UK | 22003.7 | TUT | 27031.9 |
| 13 | SVK | 13789.5 | HK | 15571.7 | BRA | 16976.6 | COL | 21952.4 | NED | 26549.7 |
| 14 | ITA | 13774.6 | RUS | 15466.7 | PAK | 16879.4 | PHI | 21918.9 | FIN | 26510 |
| 15 | ARG | 13767.6 | ECU | 15436.7 | UK | 16874.5 | HUN | 21806.2 | CAN | 25859.8 |
| 16 | CAN | 13740.5 | CZE | 15415.5 | CAN | 16599.4 | POR | 21728.9 | PAK | 25574.9 |
| 17 | JPN | 13735.4 | SIN | 15375.1 | IRE | 16539 | SVK | 21587.4 | GRE | 25320.1 |
| 18 | EGY | 13730.7 | GER | 15345.5 | GER | 16520.1 | GER | 21582.4 | JPN | 25050.3 |
| 19 | IRE | 13716 | FRA | 15292.1 | AE | 16481.1 | PAK | 21555.8 | VEN | 25045.7 |
| 20 | UKR | 13700.6 | BRA | 15270 | THA | 16433.7 | RUS | 21554.3 | IRE | 24995.9 |

续表

|  | 1996 |  | 1999 |  | 2002 |  | 2006 |  | 2008 |  |
|---|---|---|---|---|---|---|---|---|---|---|
| 21 | SWE | 13689.1 | SWE | 15265.6 | CHN | 16222.7 | ITA | 21526.8 | ITA | 24891.8 |
| 22 | CHN | 13676.9 | PHI | 15247.4 | ECU | 16216.3 | SIN | 21439.6 | FRA | 24874.8 |
| 23 | PHI | 13661.3 | DOM | 15202.1 | JPN | 16133.7 | MEX | 21419.7 | MEX | 24532.1 |
| 24 | KOR | 13652.6 | THA | 15188.6 | TW | 16132.1 | CZE | 21233.8 | KOR | 24523.8 |
| 25 | UK | 13644.7 | ITA | 15162.8 | AUT | 16100.7 | AUT | 21230.8 | AUS | 24404.8 |
| 26 | IND | 13644.2 | CAN | 15155.1 | PHI | 16071.5 | DEN | 21187.4 | NZL | 24365.2 |
| 27 | TW | 13627.3 | AE | 15118.6 | FRA | 16066.8 | JPN | 21186.1 | COL | 24178.9 |
| 28 | DEN | 13622.3 | SLO | 15118.3 | ITA | 16047.3 | CAN | 21179 | THA | 23944.9 |
| 29 | POL | 13616.9 | POL | 15095.5 | MEX | 16044.1 | CHN | 21159.4 | CHN | 23800.2 |
| 30 | POR | 13613.9 | SVK | 15043.3 | POR | 16025.8 | DOM | 21120.5 | POL | 23514.4 |
| 31 | AE | 13613.2 | POR | 15029.2 | SWE | 15994.4 | SWE | 21040.5 | ISR | 23299.1 |
| 32 | NED | 13590.6 | JPN | 15023.7 | DOM | 15959 | THA | 21026.4 | HK | 23296 |
| 33 | TUR | 13584.4 | CHN | 15020.7 | IND | 15938.2 | SPA | 21007.9 | CZE | 23098 |
| 34 | BRA | 13579.2 | ROM | 14978.4 | MAL | 15928.6 | POL | 21001.9 | ARG | 23095.6 |
| 35 | MEX | 13570 | MEX | 14967.6 | DEN | 15926.7 | TW | 20995.8 | RUS | 23049.2 |
| 36 | NZL | 13544.1 | PAK | 14929.6 | KOR | 15877.5 | KOR | 20722.9 | POR | 23010.9 |
| 37 | SIN | 13508.4 | NED | 14915.9 | POL | 15753.9 | ROM | 20662.8 | GEM | 22919.2 |
| 38 | VEN | 13476.3 | DEN | 14884.9 | ARG | 15730.3 | AE | 20657.5 | MAL | 22531.1 |
| 39 | GRE | 13467.6 | TW | 14859.4 | HUN | 15727.7 | ECU | 20641.5 | HUN | 22499.3 |
| 40 | DOM | 13371.3 | KOR | 14857.2 | NZL | 15703.7 | IND | 20531.2 | SPA | 22329.4 |
| 41 | — | 4930.5 | — | 5551.7 | — | 3745.5 | — | 7435.9 | — | 12854.3 |
| 42 | — | 601.915 | — | 964.85 | — | 1082.06 | — | 1541.29 | — | 4058.9 |

注:笔者测度了 1993—2009 年的复杂度,此处仅给出 1996、1999、2002、2006 和 2008 年排名前 40 的国家和地区的测度结果,第 41 项为复杂度排名第一的国家与中国的差额,第 42 项为复杂度世界排名前 20 的国家平均值与中国的差额。由于 2009 年的数据受到金融危机的影响,因此,笔者并未在表格中给出。

资料来源:根据 NBER 及联合国统计数据库公布数据计算而得。

### 4.1.4 测度结果的分析

根据 Dani Rodrik(2006)和 Peter K. Schott(2006)等人提出的关于复杂度与人均 GDP 异常性测度的方法,笔者选取了在考察时间段内异常性均值位居前 5 位的经济体,如表 4-4 所示,该表显示:虽然中国被 Dani Rodrik(2006)和 Peter K. Schott(2006)认为出口技术复杂度存在异常,但中国的异常性并不是最为严重的,因为异常性前 5 位的国家中并未出现中国,1993—2009 年间,巴基斯坦和印度金属制品出口的异常性稳居世界前二,这与 Dani Rodrik(2006)基于国家层面的研究几乎一致[①]。从动态角度来看巴基斯坦异常性一直最为明显(复杂度与人均 GDP 之比稳居世界第一),并且异常性具有进一步扩大的趋势,复杂度与人均 GDP 之比从 1993 年的 7.223 扩展到了 2008 年的 30.98。异常性进一步扩大的还有印度、希腊、厄瓜多尔等国。实际上中国的异常性正在减弱,已经由 1993 年的 5.886 弱化为 2006 年的 2.762,这一点与 Bin Xu & Jiangyong Lu(2009)基于国家层面的研究结论相同。

表 4-4  1993—2009 年复杂度与人均 GDP 之比排名前五位的国家和地区

| | 1993 | 1995 | 1997 | 1999 | 2001 | 2003 | 2004 | 2005 | 2006 | 2007 | 2008 | 2009 |
|---|---|---|---|---|---|---|---|---|---|---|---|---|
| PAK | 7.223 | 7.642 | 8.055 | 8.253 | 8.408 | 8.73 | 8.61 | 8.194 | 8.443 | 27.47 | 30.98 | 26.5 |
| IND | 7.187 | 7.004 | 7.091 | 7.029 | 7.061 | 6.59 | 6.233 | 6.081 | 5.802 | 21.51 | 20.52 | 19.76 |
| EGY | 4.427 | 4.642 | 4.461 | 4.397 | 4.165 | 4.205 | 4.292 | 4.333 | 4.29 | 16.94 | 14.33 | 12.28 |
| PHI | 3.71 | 3.927 | 3.794 | 4.015 | 4.013 | 4.056 | 4.059 | 4.01 | 4.005 | 10.17 | 11.3 | 10.39 |
| ECU | 3.836 | 4.064 | 4.31 | 4.948 | 4.58 | 4.545 | 4.447 | 4.25 | 4.481 | 6.02 | 5.449 | 4.607 |

Rodrik(2006)、Bin Xu & Jiangyong Lu(2009)和 Peter K. Schott(2006)等在国家层面的研究表明中国国家层面出口复杂度存在异常,并将中国国家层面的出口复杂度与 OECD 国家进行比较,笔者亦将中国金属制

---

① Dani Rodrik(2006)基于 1992 年的数据指出印度的出口技术复杂度存在异常,本书由于捷克斯洛伐克及苏联解体带来的数据的缺失,无法计算 1992 年的复杂度,但 1992 年与 1993 年相差一年,复杂度变化量应不会太大,因此本研究 1993 年的研究结果与 Dani Rodrik(2006)的研究结果在一定程度上具有相似性。

品出口技术复杂度、人均 GDP 以及金属制品的出口价格[①]与样本中的
OECD 国家作比较,比较结果如图 4-1 所示,可知我国金属制品出口技术复
杂度的异常性远超过国家层面,金属制品产业复杂度与 OECD 国家相比相
似度达到了 0.95 以上,而国家层面的最大值仅为 0.589(2005 年)。另外,结
合人均 GDP 之比可知我国的经济发展与 OECD 成员国相比,差距呈缩小的
趋势,从 1993 年的 0.118 提升到了 2006 年的 0.255,这同时也说明中国出
口技术复杂度的异常性正在减弱,这和 Rodrik(2006)关于中国出口商品复
杂度和人均 GDP 之间差距在减小的发现是一致的。值得一提的是,中国出
口的金属制品价格远远低于 OECD 成员国出口价格的平均水平,这说明中
国金属制品出口获利能力不强。根据 Juan Carlos Hallak & Peter K.
Schott(2008)的观点:价格高的产品质量相对高一点,因此,中国金属制品出
口技术复杂度还有很大的提升空间。

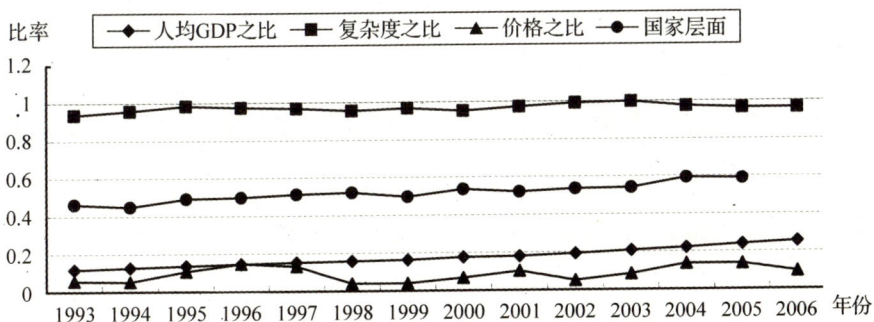

图 4-1　中国与样本中 OECD 成员国的各指标对比[②]
注:其中国家层面复杂度之比来源于 Bin Xu & Jiangyong Lu(2009)的测度结果,
其他数据来源于笔者的测度结果。

---

①　价格为加权平均价格,计算方法为 $P_{it} = \sum (\frac{value_{ijt}}{quantity_{ijt}} \frac{value_{ijt}}{\sum value_{ijt}})$, $value_{ij}$ 为 $i$ 国金属制品 $j$ 类产品的出口额, $quantity_{ij}$ 为 $i$ 国金属制品 $j$ 类产品的出口量, $P_{it}$ 为 $i$ 国金属制品的出口价格指数,由于以重量作为衡量标准的美国金属制品进口量占据了 92.4%(2001 年)以上,为此,笔者以所有数据中计量单位为千克和吨的数据计算价格,并将吨的数据转换成千克。

②　由于联合国统计数据库中,产业层面出口到美国的价格指数计算所需数据缺失较大,因而 2007—2009 年各国出口到美国的金属制品价格,本书并未计算。为此,此图并未更新到 2009 年。后面的实证分析中 2007—2009 年均不含价格指数变量。

## 4.2　跨国层面产业出口技术复杂度演进动因的实证分析

目前多数学者关于复杂度的研究都止步于测度结果的分析,鲜有对各国出口技术复杂度的内在机理作进一步分析的。仅有部分学者做了探索性的研究,如 Wang & Wei(2007)通过研究 1996—2004 年期间中国各个城市出口商品复杂度的差异,分析了教育程度、外国投资、政府政策等因素的作用;Bin Xu & Jiangyong Lu(2009)通过分析加工贸易和外商直接投资对中国出口技术复杂度的影响,试图找出中国国家层面出口技术复杂度异常的原因。此处我们主要依据第三章的基于二元边际视角的出口技术复杂度演进机理的分析,构建相应计量模型,对跨国层面产业出口技术复杂度演进的基本动因进行实证分析,以揭示不同经济体出口技术复杂度演进动因的差异。

### 4.2.1　出口技术复杂度变化动因分析的计量模型构建及检验

根据式(3.15),我们构建以下一般性面板模型(panel data model),在进行回归分析以前我们将所有的变量进行了对数处理[1]。

$$LNPRODYI_{it} = a_{it} + X_{it}\beta_{it} + \mu_{it}, i = 1,2,\cdots,N; t = 1,2,\cdots,t$$
$$(4.3)$$

其中 $X_{it} = (LNEX_{it}, LNPGDP_{it}, LNP_{it})$ 为国家特征(national characteristic),$LNEX$、$LNPGDP$、$LNP$ 分别为一国特定年份的出口额、人均 GDP 和出口价格指数的对数值,$\beta_{it} = (\beta_{1it}, \beta_{2it}, \cdots, \beta_{Kit})$,$K$ 为变量个数,$T$ 是总时期数,$N$ 是样本数,$\mu_{it}$ 为随机扰动项,$LNPRODYI_{it}$ 为各国金属产业复杂度的对数。考虑到 2007—2009 年数据的统计口径与 2007 年前的不一致,且 2007—2009 年数据中并未获得价格因素,此处实证将数据样本分割为 1993—2006 和 2007—2009 两个时间段进行回归,并且 Juan Carlos Hallak & Peter K. Schott(2008)指出的价格因素对出口技术复杂度的影响力及方向,其实还并不确定,为此,我们在具体的实证法分析中,分为含价格因素回归和不含价格因素回归两类。

高铁梅(2006)指出在对时间序列/界面数据进行评估时,使用的样本

---

[1]　J. M. 伍德里奇指出:"严格为正的变量,其条件分布常常具有异方差或偏态性,取对数后,即使不能消除这方面的问题,也可以使之有所缓和。"

包含了个体、指标和时间三个方向上的信息,如果模型形式设定不正确,估计结果将与所要模拟的经济现实偏离甚远。因此,在运用面板模型进行实证检验时,还应判定模型的类型。面板数据模型可以划分为三类,分别为:

变系数模型,回归形式为:

$$Y = a_i + X_{it}\beta_i + \mu_{it}, i = 1,2,\cdots,N;t = 1,2,\cdots T \tag{4.4}$$

变截距模型,回归形式为:

$$Y = a_i + X_{it}\beta + \mu_{it}, i = 1,2,\cdots,N;t = 1,2,\cdots T \tag{4.5}$$

不变系数模型,回归形式为:

$$Y = a + X_{it}\beta + \mu_{it}, i = 1,2,\cdots,N;t = 1,2,\cdots T \tag{4.6}$$

判断样本数据究竟符合哪种模型,可以利用协方差分析构造如下检验统计量:

$$F_2 = \frac{(S_3 - S_1)/[(N-1)(K+1)]}{S_1/[NT - N(K+1)]}$$
$$\sim F[(N-1)(K+1), N(T-K-1)]$$

$$F_1 = \frac{(S_2 - S_1)/[(N-1)K]}{S_1/[NT - N(K+1)]}$$
$$\sim F[(N-1)K, N(T-K-1)]$$

其中,$S_1,S_2,S_3$ 分别为方程式(4.4)、式(4.5)和式(4.6)的残差平方和,魏楚、沈满洪(2007)的研究指出对于时间短而界面较多的数据,可以认定为数据的差异主要表现为横截面的不同个体之间,参数不随时间变动或者变动较小,因而2007—2009年间的数据实际上可以直接采用变截距模型。但对于1993—2006年间的数据,需采用高铁梅(2006)所提的上述方法进行检验,为此,笔者运用上述面板模型的检验方法,对1993—2006年间52个经济体(整体)、30个发达经济体和22个发展中经济体进行回归,回归残差见表4-5。我们利用F统计量公式可得:三种情况下的考虑价格因素的F2值分别为19.736、10.135、44.639,不考虑价格因素的F2值分别为25.174、12.529、58.223,查表可知:在1%的水平下拒绝不变系数模型。为此需进一步检验,通过构造F1统计量可得:考虑价格因素情况下三者分别为0.9052、0.9116和0.7381,不考虑价格因素下三个统计量分别为0.6716、0.4944和0.5547。查表可知,在1%的水平小于临界值。因此,根据前述判定方法,三种情况下应采用的回归方程都应为式(4.5),即变截距模型。

表 4-5 模型的判定

| | $S_1$ | $S_2$ | $S_3$ | F1 | F2 | 模型判定 |
|---|---|---|---|---|---|---|
| 整体 a | 2.764 | 3.095 | 21.376 | 0.6716 | 25.174 | (4.5) |
| 整体 b | 2.4393 | 3.089 | 21.326 | 0.9052 | 19.736 | (4.5) |
| 发达 a | 2.152 | 2.339 | 9.26 | 0.4944 | 12.529 | (4.5) |
| 发达 b | 1.7945 | 2.2689 | 8.8272 | 0.9116 | 10.135 | (4.5) |
| 发展 a | 0.509 | 0.558 | 8.224 | 0.5547 | 58.223 | (4.5) |
| 发展 b | 0.4419 | 0.5353 | 7.9737 | 0.7381 | 44.639 | (4.5) |

注:a 为未考虑价格因素的模型,b 为考虑价格因素后的模型。

在确定回归的变化量和收集全数据的基础上,我们运用 Hausman 检验法进一步确定是采用固定效应模型还是随机效应模型。含价格因素整体估计的 Hausman 检验结果显示:在 1‰ 显著性水平下,模型拒绝了随机效应,为此对于该回归我们用固定效应面板模型估计此方程。在对后续的五个方程进行了 Hausman 检验后,得到了相同的结论,对 2007—2009 年的数据进行 Hausman 检验后,也发现固定效应模型是更好的选择。

Charles I. Jhones(2002)指出没有技术进步,经济增长最终将停止,而经济的增长又将提高一国投资能力,从而提高该国的技术水平,可见技术进步与经济增长可能存在双向格兰杰因果关系。另外,产品的技术进步会提高一国出口产品的国际竞争力,从而促进本国的出口,而出口的扩大又能提高一国 R&D 的投入水平,从而提高产品技术水平,为此技术进步与出口也可能存在双向格兰杰因果关系。复杂度的提升是技术进步的重要表现之一,可见前述构造的方程可能存在内生性问题。为此笔者采用 Hausman(1987)提出的检验方法对各种情况下内生性进行检验[1]。检验结果显示三种情况下人均 GDP 和出口的第二步回归残差的系数都显著异于零,即人均 GDP和出口均为内生变量。为此,我们借鉴罗知(2009)的方法,选取各解释变量的滞后一期作为工具变量,同时运用两阶段最小二乘法(Two-Stage Least Squares)控制内生性问题[2]。得到表 4-6 和表 4-7 所示的回归结果。

---

① 具体方法见伍德里奇所著计量经济学导论(第三版),中国人民大学出版社,第515 页。

② 由于计量软件要求工具变量个数不能少于解释变量个数,实际估计中除了用工具变量的滞后项外,还运用了工具变量的交叉项。

**表 4-6　不同经济体出口技术复杂度演进动因的实证结果(1993—2006)**

| 系　数· | 整体(1) | | 发达经济体(2) | | 发展中经济体(3) | |
|---|---|---|---|---|---|---|
| | 1.1 | 1.2 | 2.1 | 2.2 | 3.1 | 3.2 |
| C | 1.653778*** (8.900399) | 1.647366*** (8.544694) | 0.231944 (0.784335) | −0.085230 (−0.257691) | 2.970650*** (10.86286) | 3.038331*** (11.08191) |
| lnEX | 0.053672*** (4.930132) | 0.053602*** (4.910137) | 0.073854*** (5.002652) | 0.078520*** (5.086316) | 0.640412*** (12.05362) | 0.613779*** (10.93250) |
| lnPGDP | 0.739231*** (29.60782) | 0.740394*** (27.80801) | 0.800162*** (25.96331) | 0.834451*** (24.08281) | 0.057896*** (2.729157) | 0.064060*** (2.991841) |
| lnP | — | −0.000857 (−0.127200) | — | −0.028727** (−2.583137) | | 0.013415 (1.305718) |
| R-squared | 0.779538 | 0.779240 | 0.777144 | 0.760321 | 0.689964 | 0.700711 |
| A. R-squared | 0.760744 | 0.760028 | 0.757846 | 0.738837 | 0.662681 | 0.673066 |
| F-statistic | 51.29526 | 50.24686 | 67.11419 | 67.22708 | 37.00770 | 35.66259 |

注:* 表示在 10% 水平下显著,** 表示在 5% 水平下显著,*** 表示在 1% 水平下显著(以下同)。个体的截面常数和时间截面常数,因篇幅有限,我们未给出。

## 4.2.2　实证结果分析

表 4-6 中方程 1.1 和 1.2 是对 1993—2006 年所有样本的回归分析,方程 1.1 显示,人均 GDP 和出口对复杂度的增加都有促进作用,两者的估计系数都通过了 1% 水平上显著检验,并且人均 GDP 对复杂度的促进作用明显大于出口(人均 GDP 的估计系数为 0.739231,出口的估计系数为 0.053672)。加入了价格因素后(见方程 1.2),人均 GDP 对复杂度的正效应更显著,系数从 0.739231 提升到了 0.740394。价格的回归结果表明:价格的提高对复杂度提升具有一定的负效应,但这种效应是不显著的(系数的 $t$ 值仅为 −0.127200,未能通过 10% 的显著性水平检验)。虽然人均 GDP 和出口对全球出口技术复杂度都有一定的促进作用,但是人均 GDP 的估计系数明显大于出口,因此,各国和地区出口到美国金属制品复杂度的主要促进动力是人均 GDP,即整体而言,各国复杂度提升的主要内在动因是经济增长。

方程 2.1 和 2.2 是对发达经济体的回归分析。方程 2.1 表明人均 GDP 和出口对发达经济体的出口技术复杂度具有明显的促进作用,其中人均 GDP 的估计系数达到 0.800162,通过了 1% 水平的显著性检验。而出口总量的估计系数为 0.073854,也通过了 1% 水平的显著性检验。加入价格因素后人均 GDP 和出口的促进作用更为明显。但价格因素呈现出一定的负作用,其系数为$-0.028727$,且通过了5%的显著性水平检验,即发达经济体出口价格的上涨反而不利于发达经济体金属制品出口技术复杂度的提高,这一现象的主要经济含义可能在于:美国也属于发达国家,其产业结构与发达经济体的差异不大,即各发达经济体出口的产品美国也能生产,而一旦发达经济体提高金属制品的出口价格,美国的购买者则向国内寻找买者,从而使得发达经济体的产品出口到美国成为不可能,而采用降价策略反而能促进其高复杂度产品的出口,从而提升其金属制品的出口技术复杂度。以上分析表明:发达经济体出口技术复杂度的提升主要依靠其经济增长,即属于经济增长推动型,而并非出口推动型。

表 4-7　不同经济体出口技术复杂度演进动因的实证结果(2007—2009)

| | 整　体 | 发达经济体 | 发展中经济体 |
|---|---|---|---|
| $C$ | 2.368571 ** <br> (2.459) | $-15.20181$ *** <br> ($-4.703826$) | 5.556592 *** <br> (14.169) |
| lnEX | 0.00694 *** <br> (2.967) | $-0.298879$ <br> ($-1.237147$) | 0.161044 *** <br> (11.9267) |
| lnPGDP | 0.788464 ** <br> (2.049) | 2.997087 *** <br> (7.492351) | 0.149376 ** <br> (2.219410) |
| R-squared | 0.824943 | 0.905550 | 0.995876 |
| A. R-squared | 0.638216 | 0.799294 | 0.991101 |
| F-statistic | 6.0152 | 3.948613 | 12.88283 |

注:采用的计量方法为两阶段最小二乘法。

方程 3.1 和 3.2 是对发展中经济体的回归分析,方程 3.1 表明人均 GDP 和出口量均对发展中经济体的出口技术复杂度提升具有促进作用,两者的估计系数都过了 1% 水平的显著性检验,但出口的估计系数(0.640412)明显大于人均 GDP 的系数(0.057896)。考虑价格因素以后,出口与人均 GDP 的作用仍通过 1% 水平的显著性检验,人均 GDP 系数(0.064060)依然显著小于出口的估计系数(0.613779),而价格因素的估计系数显示:发展中经济体出口价格的提升出口技术复杂度的动态变化具有不明显正效应($t$统计量为 1.305718,未能通过 10% 的显著性水平检验)。可见促进发展中经济体复杂度提升的主要内在动力并不是经济的发展,而是出口的增长,即发展中经济复杂的动态演进属于出口推动型。

表 4-7 是 2007—2009 年三类经济体出口复杂度演进动因的实证结果,可以发现就整体而言,经济增长和出口扩大均能提升一国产业的出口技术复杂度(两者的回归系数均为正数),且经济增长依然是世界产业出口技术

复杂度演进的主要动力,2007—2009 年间经济增长的回归系数为 0.788464(通过 5% 的显著性检验),远高于出口的估计系数 0.00694(通过 1% 的显著性检验)。就发达经济体而言,其出口技术复杂度的深化动力为经济增长,经济增长的系数为 2.997(通过 1% 的显著性检验),出口增长表现出不显著的负作用。发展中国家的回归结果表明经济增长和出口均推动其产业出口技术复杂度的深化和演进,与 1993—2006 年的回归结果相似的是:出口对产业出口技术复杂度深化的作用力大于经济增长的功效,其中出口增长的估计系数为 0.161044(通过 1% 的显著性检验),而经济增长的估计系数为 0.149376(通过 1% 的显著性检验)。可见,虽然两个时间段数据口径不一致,但在演进动因的实证分析中得到了相同的结论,即全世界产业出口技术复杂度演进的主要推动因素是经济增长,而发达国家出口技术复杂度演进的类型为经济增长推动型,发展中国家产业出口技术复杂度的演进类型为出口增长推动型。

总结两个阶段整体、发达经济体和发展中经济体的回归结果,有以下几个发现:一是不同发展水平的经济体,其复杂度演进的内在动力不同,发达经济体的动力为本国经济增长,发展中国家为出口推动,而全世界的整体复杂度的提升则更多地依赖于经济增长;二是 Juan Carlos Hallak & Peter K. Schott(2008)认为出口价格对一国出口技术复杂度具有一定的作用的假设是成立的,发达国家回归结果显示,价格提升对其复杂度的深化具有负作用,而发展中国家出口价格的提升则对其复杂度的提升具有不显著的正作用;三是发达国家经济增长对其产业出口技术复杂度深化效应大于发展中国家,结合新新贸易理论可知,发达国家的母国效应明显大于发展中国家,而导致这一现象出现的原因可能在于:发达国家有更好的基础设施,其经济增长带来的投资转化能力及需求转化能力高于发展中国家。

## 4.3 产业出口技术复杂度异常性的动态分析

前述的研究分析表明,部分发展中经济体金属制品出口技术复杂度存在一定的异常。许斌(2007)基于国家层面探索了中国出口技术复杂度的异常情况,发现中国出口技术复杂度的异常性正呈现弱化的趋势,即有正常化的趋势,但是产业层面的动态性目前尚无学者作进一步分析,为此,我们将许斌(2007)基于国家层面的异常性分析拓展到产业层面。

### 4.3.1 产业出口技术复杂度异常性检验模型的构建

在构建模型时,为了进一步分析异常性的动态趋势,我们将样本进行分时间段回归(每3年为一时间段),由于分段后的回归数据属于"时期较短而横截面单位较多的样本数据"。可以认为样本中经济体间复杂度的差异可能主要来源于横截面的不同个体之间,参数不随时间变化或者变动较小(魏楚,2007),为此我们首先考虑变截距模型。此外,对于具体模型的选择(固定效应和随机效应),还需通过 Hausman 检验进行判别,但是实证研究中往往根据所研究问题的特点以及具体数据特征来决定(魏楚,2007),从本部分的研究目的来看,显然固定效应模型更加适合,因此,采用变截距固定效应的面板数据模型。同时在参数估计中笔者采取横截面数据加权(cross-section weights)及 white-period 稳健法以减少误差项中存在的异方差性和序列相关性影响。根据上述方法笔者分别对样本中的 OECD 成员国、发展中经济体和中国构建如下固定效应哑变量面板数据模型:

$$\ln PRODYI_{it} = C_2 + \beta_1 \ln EX_{it} + \beta_2 \ln PGDP_{it} +$$
$$\beta_3 \ln P_{it} + \beta_4 OECD_{it} + \mu_{it} \qquad (4.7)$$

$$\ln PRODYI_{it} = C_1 + \alpha_1 \ln EX_{it} + \alpha_2 \ln PGDP_{it} +$$
$$\alpha_3 \ln P_{it} + \alpha_4 UND_{it} + \mu_{it} \qquad (4.8)$$

$$\ln PRODYI_{it} = C_3 + \lambda_1 \ln EX_{it} + \lambda_2 \ln PGDP_{it} +$$
$$\lambda_3 \ln P_{it} + \lambda_4 CHINA_{it} + \mu_{it} \qquad (4.9)$$

其中,$UND_{it}$、$OECD_{it}$、$CHINA_{it}$ 为哑变量,$UND_{it}$ 为当 $i$ 为发展中经济体时,赋值1,否则为0;$OECD_{it}$ 为当 $i$ 为发达经济体时,赋值1,否则为0;$CHINA_{it}$ 为当 $i$ 为中国时,赋值1,否则为0。出口技术复杂度的异常性的动态变化主要看哑变量的动态变化(许斌,2007)。回归时,考虑到人均 GDP 和出口存在的内生性,我们在回归时依然选用各变量的滞后一期为工具变量,并采用两阶段最小二乘法加以控制。

## 4.3.2　发达经济体产业出口技术复杂度的异常性检验

现有研究大多指出发展中国家(如印度和中国)的产业出口技术复杂度远高于其经济发展水平存在一定的异常性,但杨汝岱、姚洋(2008)的研究给我们提供了新的方向,其在重新定义 Hausmann(2005)指标的基础上构建了有限赶超指数(Limited Catch-up Index,LCI),研究了112个国家和地区的发展情况后认为:历史经验以及中国和印度等的发展现状都表明,在发展较为成功的经济中,完全按照比较优势发展本国对外贸易的国家(地区)并不多见,即异常性是普遍存在的。为此笔者猜测发达国家的产业出口复杂度也可能存在异常,因而运用式(4.7)进行检验。在实际检验中我们采用样本中的 OECD 成员国作为发达国家的代表。

表 4-8　发达经济体异常性检验的两阶段最小二乘法回归结果

| 系　数 | 1993—1995 | 1996—1998 | 1999—2001 | 2002—2004 | 2004—2006 | 2007—2009 |
|---|---|---|---|---|---|---|
| 常　数 | 8.533903*** (426.2285) | 8.759738*** (180.7040) | 9.187580*** (161.8531) | 9.171278*** (236.0823) | 9.695034*** (39.09010) | 9.534666*** (201.065) |
| lnEX | 0.021394*** (22.55611) | 0.016572*** (15.91122) | 0.012106*** (7.317206) | 0.007951*** (7.415357) | −0.053786 (−1.203892) | 0.007425 (1.6006) |
| lnPGDP | 0.064630*** (18.62960) | 0.055893*** (10.69127) | 0.022225*** (4.045126) | 0.049276*** (15.53272) | 0.155499* (1.876299) | 0.040901*** (26.178) |
| lnP | −0.018887*** (−14.20794) | −0.003718*** (−3.037698) | 0.013352*** (4.865757) | 0.007157*** (5.244731) | −0.019521 (−1.518120) | — |
| OECD | −0.029096*** (−12.34896) | −0.018960*** (−4.138084) | −0.026730*** (−4.915160) | −0.011151*** (−3.000773) | −0.191815 (−1.185484) | −0.007094*** (−4.10098) |
| R-squared | 0.981056 | 0.953084 | 0.996085 | 0.985507 | 0.999867 | 0.284106 |
| A. R-squared | 0.959290 | 0.899181 | 0.991587 | 0.968856 | 0.999713 | 0.260242 |

表 4-8 报告了发达经济体金属产业出口技术复杂度异常性的检验结果，可见发达经济体的虚拟变量的多数回归结果在统计学上表现出一定的显著性，这表明发达国家的出口技术复杂度与人均 GDP 之间也存在一定的异常性，而这种异常性是一种负作用。其中 1993—2004 年各阶段哑变量估计系数都通过了 1% 的显著性水平检验。从估计系数值上看，1993—2004 年间的哑变量的系数与 0 的距离逐渐缩小，从 1993—1995 年的 −0.029096 一直减弱到 2002—2004 年的 −0.011151，虽然 2004—2006 年哑变量的估计系数跃为 −0.191815，但其未通过 10% 的显著性检验，异常性作用不明显。而 2007—2009 年的回归结果虽然通过了 1% 的显著性检验，但是该估计系数仅为 −0.007，为此，可以推定 1993—2009 年发达国家金属制品产业出口商品复杂度和人均 GDP 之间虽然存在一定的异常，但是这一异常性正在减弱，即异常性呈现出明显的收敛性，这表明发达经济体的产业出口技术复杂度越来越回归其比较优势，即出口技术复杂度的深化越来越依靠经济增长。

### 4.3.3　发展中经济体产业出口技术复杂度的异常性检验

发展中经济体是产业出口技术复杂度异常性最为明显的群体，从表 4-4 我们就已经发现异常性排名前 5 位的国家均为发展中国家，这也引起了很多学者的关注。笔者此处运用式（4.8）对发展中国家产业出口技术复杂度的异常性进行实证分析，表 4-9 报告了发展中国家的回归结果，可知：部分年份哑变量的估计系数是显著的，即发展中国家的出口技术复杂度亦存在异常。从哑变量的估计系数上看，在六个阶段的估计系数中，1993—1995 年、

2004—2006 年和 2007—2009 年时间段是显著的。其中 1993—1995 年时间段估计系数通过了 10% 的显著性水平检验,2004—2006 年时间段通过了 1% 的显著性水平的检验,2007—2009 年时间段也通过了 1% 的显著性水平检验。从动态演进的角度来看,发展中国家的哑变量估计系数从 1993—1995 年的 0.017795 上升到 2007—2009 年的 0.027172。虽然 1996—2004 年系数呈下降趋势,但这 9 年的系数均不显著,可以认定为复杂度动力深化的过渡阶段。为此我们可以推定:发展中经济体出口技术复杂度的异常性在增强,呈一定的发散趋势,这表明发展中经济体出口技术复杂度深化的动力越来越偏离其比较优势,即对通过出口以提升复杂度的途径依赖程度越来越大。

表 4-9　发达中经济体异常性检验的两阶段最小二乘法回归结果

| 系　数 | 1993—1995 | 1996—1998 | 1999—2001 | 2002—2004 | 2004—2006 | 2007—2009 |
|---|---|---|---|---|---|---|
| 常　数 | 8.972468*** | 8.855226*** | 9.270619*** | 9.247220*** | 8.840728*** | 9.507572 |
|  | (119.2636) | (185.4767) | (88.02142) | (52.54441) | (172.7045) | (175.97) |
| lnEX | 0.002926 | 0.015074*** | 0.011269*** | 0.007126*** | 0.018611*** | 0.007425 |
|  | (1.365693) | (18.83622) | (6.190006) | (3.411698) | (7.273300) | (1.60) |
| lnPGDP | 0.046740*** | 0.046721*** | 0.011640 | 0.042118*** | 0.072356*** | 0.040901 |
|  | (6.360949) | (7.512012) | (1.025192) | (2.990377) | (11.44800) | (26.178) |
| lnP | −0.010419*** | −0.001579 | 0.017593*** | 0.007764*** | 0.001524* | — |
|  | (−6.655192) | (−1.308661) | (7.039616) | (3.860102) | (1.863321) |  |
| UND | 0.017795* | 0.004987 | 0.007906 | 0.001866 | 0.027172*** | 0.027094*** |
|  | (1.922591) | (0.951082) | (0.550913) | (0.098842) | (2.771687) | (4.10) |
| R-squared | 0.874988 | 0.987035 | 0.928910 | 0.981056 | 0.973124 | 0.284106 |
| A. R-squared | 0.731356 | 0.972139 | 0.847231 | 0.959290 | 0.942245 | 0.260242 |

那么造成发展中经济体出口技术复杂度异常性日渐加深的原因在哪里呢? 笔者以为主要原因可能在于现有的国际分工模式,发展中经济体多以加工贸易等形式嵌入发达国家跨国企业所主导的全球分工体系,其出口产业的技术进步多依赖于发达国家跨国公司的技术外溢或技术转移,而并非其自身经济发展引致型研发,从而使得出口成为产业复杂度提升的主要动力。而出口引致型出口技术复杂度提升主要源于两个方面:出口扩大使得该国所获得的利润增加,一方面发展中经济体会通过该利润去购买发达国家更高的技术,另一方面发展中经济体可能会利润该利润进行国内研发,而这两个途径均会提高发展中经济体产业的出口技术复杂度。但是由于自身研发需要大量的资金投入和前期基础,而这恰好是发展中经济体所缺失的,

因而发展中经济体往往会选择前一途径,而这一途径会加大发展中经济体出口技术复杂度深化的依赖,促使发展中经济体更加偏离其比较优势。

### 4.3.4 中国产业出口技术复杂度的异常性检验

中国的分段回归结果(见表4-10)显示:中国的哑变量在1993—1995时间段、1999—2001时间段和2007—2009时间段是显著的,三个时间段的系数都通过了1%的显著性水平检验。有趣的是中国的哑变量不同于发展中经济体和发达经济体要么为正要么为负的情况,中国经历了一个从正到负的过程,这表明中国出口技术复杂度的提升的内在动力已经发生了变化。在1995年以前中国金属制品出口技术复杂度深化的主要推动力为出口的增长,即为出口推动型。而1996—1998年的系数不显著阶段,实际上是中国出口技术复杂度内在动力的转型时期,是个此消彼长的过程。而在1999年后的几个阶段里中国出口技术复杂度的深化动力已不再是出口而是国内经济增长,即为经济增长推动型。虽然后两个阶段哑变量的估计系数不显著,但系数值从1999—2009年呈现明显的下降趋势,结合发达国家的哑变量分段回归结果及其趋势可知:中国的出口技术复杂度与人均GDP的异常性也呈现"收敛式"下降的趋势,复杂度深化的动力与发达国家越来越相似,即中国的复杂度提升越来越依赖于本国经济的增长。

表 4-10 中国异常性检验的两阶段最小二乘法回归结果

| 系　数 | 1993—1995 | 1996—1998 | 1999—2001 | 2002—2004 | 2004—2006 | 2007—2009 |
|---|---|---|---|---|---|---|
| 常数 | 8.555604*** (192.6247) | 8.896836*** (337.2511) | 9.255505*** (199.2295) | 9.230939*** (338.3487) | 9.027007*** (446.7427) | 9.594915*** (232.1167) |
| LNEX | 0.020892*** (24.50923) | 0.014985*** (13.47138) | 0.013832*** (9.259361) | 0.007861*** (8.377637) | 0.018022*** (20.30287) | 0.009759 (1.951271) |
| LNPGDP | 0.060266*** (19.56350) | 0.042776*** (9.756450) | 0.008946** (2.139002) | 0.042061*** (18.61891) | 0.055069*** (64.79170) | 0.028628*** (8.43941) |
| LNP | −0.015768*** (−19.24840) | −0.001941 (−1.317987) | 0.016120 (0.495121) | 0.008536*** (9.457735) | 0.002756*** (10.88137) | — |
| CHINA | 0.120821*** (6.752831) | 0.016497 (0.803815) | −0.045622*** (−9.176469) | −0.001521 (−0.231145) | −0.001296 (−0.058383) | −0.002731*** (−13.5176) |
| R-squared | 0.954394 | 0.978670 | 0.968803 | 0.960978 | 0.994612 | 0.343544 |
| A. R-squared | 0.901996 | 0.954164 | 0.932960 | 0.916143 | 0.988421 | 0.321662 |

导致中国出口技术复杂度提升动力出现拐点的主要原因可能在于:中国早期出口的产品,技术含量较低,与发达国家的企业的竞争相对较少,因

此,发达国家企业乐意让中国成为其生产的一个环节,如以加工贸易纳入其国际分工体系,并将一些技术输入中国企业,以满足本身的产品需求。此时,出口增长成为产品复杂度深化的主要动力,即为"外源性"。但随着时间的推移,中国通过出口加工贸易中的"干中学",产品的技术含量得到迅速提升,缩小了中国与西方的技术差距,并且凭借强劲的出口成为西方本土相关企业的竞争对手,为此西方对中国企业的技术输出日渐减少。另外,由于中国企业早期多以加工贸易的方式镶入国外企业的价值链,随着时间的转移本身获利能力不断被国外企业挤压,利润再投资能力日益减弱,即"外源型"技术的推动力日益弱化。与此同时,由于本身经济的发展,中国在高技术产品投资上具备了一定实力,慢慢转向投资生产有别于传统产业的、生产率水平较高的产品,使得国内经济发展对产品技术含量提升作用不断提升,即"内源性"推动力日趋强化。可见,"内源性"推动力日趋加强和"外源性"推动力日趋减弱是造成 2000 年左右中国出口技术复杂度提升动力转变的根本原因。动力转型还表明:2001 年以后中国经济在一定程度上具备了出口高复杂度产品的比较优势,为此,中国近几年出口一些技术含量较高的产品,符合 Krugman(1980)的"母国市场效应"理论及 Ricardo Hausmann(2003)的"探索式国际贸易格局"理论。

综合上述关于异常性的实证分析可知,当一国经济发展水平较弱时,其产品的复杂度的异常性为正,其复杂度提升的主要动力为出口;当一国经济发展水平较高时,其出口技术复杂度的动态演进主要依靠本国经济发展的推动。而中国的实证研究表明:随着一国经济水平和出口量的提升,一国产业出口技术复杂度深化的内在动力可能会发生转变,当出口量及经济水平达到一定程度,其复杂度会由出口推动型转向经济增长推动型。中国明显的拐点出现在 2000 年左右,而 2000、2001 年中国基于购买力平价的人均GDP 分别为 3940、4338 美元,2000—2006 年金属制品出口到美国的量剧增,出口额在所有出口到美国的经济体中的排名从第 7 位上升到第 2 位,仅次于加拿大(2005 年后一直处于第 2 位)。因此,可以推测当一国基于购买力平价的人均 GDP 达到 4000 美元左右,且该产业出口量达到一定程度时,一国产业出口技术复杂度的提升动力将会出现拐点,此时,复杂度和技术含量的提升需主要依靠本国经济发展。

## 4.4　本章小结

本章运用 NBER 发布的 1993—2006 年美国金属制品进口数据(约 30

万组)和联合国统计数据库数据,结合 Hausmann(2005)模型对多个经济体金属制品的出口技术复杂度进行了测度,并对不同发展阶段的经济体的出口技术复杂度进行了对比分析。在此基础上构建了分析复杂度动态演进的面板数据模型和出口复杂异常性的检验模型,对不同类型的经济体进行了实证分析,主要得到以下几点结论和启示。

(1)一国经济的发展水平决定了其复杂度提升的主要动力。固定效应面板数据模型回归表明:发达经济体复杂度的提升主要依靠本身经济的发展水平推动,而发展中经济体则主要依靠出口推动,并且发展中国家的这一依赖性越来越强。而中国的经验表明各国复杂度深化的动力并不是一成不变的,当经济发展水平及出口量达到一定程度时,一国的出口技术复杂度深化的动力机制会发生变化,由出口推动型转为自身经济发展推动型。

(2)不仅发展中经济体出口技术复杂度与人均 GDP 之间存在一定异常,发达经济体也存在一定偏离。所不同的是发展中经济体的偏离效应为正,发达经济体的偏离效应为负,且偏离较小;另外,发达经济体的异常性呈现明显的收敛性,而发展中经济体的异常性呈发散趋势。这丰富了 Dani Rodrik(2006)、Peter K. Schott(2006)和 Bin Xu & Jiangyong Lu(2009)等关于复杂度偏离人均 GDP 的研究。

(3)中国出口技术复杂度深化的动力机制已经发生转变。异常性实证结果表明:2000 年左右中国金属制品出口技术复杂度的异常性出现了拐点,出口技术复杂度的提升动力已由以往的出口推动型转变为经济增长推动型。这说明中国近几年来复杂度的增加主要依靠于本身的技术进步与效率改善,即中国已经具备了一定的技术优势,因此,近几年来中国出口技术含量高的产品是中国比较优势动态转变的体现。

(4)虽然中国金属制品出口技术复杂度存在异常,并呈现动态深化趋势,但出口技术复杂度的绝对额表明:中国金属制品出口技术复杂度在所有样本中排名并不靠前,并且与复杂度最高的国家(挪威)以及样本中排名前 20 经济体的平均水平相比,金属制品的出口技术复杂度的差距亦呈现扩大的趋势。可见与生产率和技术水平相对较高的国家相比,我国金属制品出口技术复杂度虽然有所提高,但是我国的进步速度是落后于高水平经济体的。绝对额排名靠后也表明我国金属制品在国际分工中的优势并不明显。

(5)Juan Carlos Hallak & Peter K. Schott(2008)关于价格与出口技术复杂度之间有一定关系的猜想是成立的,但是价格对不同发展水平的经济体而言其效应是不同的。对于发达经济体而言,其出口价格为负效应,即出口价格越高,反而不利于其出口技术复杂度的提升;而发展中经济体的出口价格越高却在一定程度上能促进其出口技术复杂度的提升。导致这一现象的原因可能在于:美国属于发达国家,其他发达经济体的出口的产品与美国本身较为相似,如果其提高价格,必然导致美国消费者转向国内生产者,从而降低发达经济体的出口技术复杂度。而发展中经济体则不同,其出口结构与美国的相似度较小,美国国内竞争者相对较少,提高价格在一定程度上有利于其资本积累,从而提升产品复杂度。可见,一国在出口时,遇到与本国产品结构相似的国家(或地区)可以采用低价策略,产品结构差异较大的可以适当采用高价策略。

# 5 | 中国产业出口技术复杂度演进动因的实证分析

在过去的几十年里,中国经济的突出表现创造了世界经济的一大奇迹,跳跃式的增长远远超出了一些经济学家的预期(Rodrik,2006),同样中国出口的增长速度也超越了人们的预期。但中国以加工贸易、贴牌等方式嵌入全球价值链分工体系,将自己维持于低技术、低创新、劳动密集型的低端生产制造与组装环节(张杰、刘志彪,2008),技术优势一直不明显。中国在很大程度上将自己的优势锁定(hold up)在了技术含量较低的劳动密集型产业上(Nunn,2007),因此,很多人认为我国的商品出口过度依赖劳动密集型产品(杨汝岱、姚洋,2008)。

最近有研究(Rodrik,2006;姚洋、张晔,2008;姚洋、章林峰,2008;许斌,2008)表明,近几年来中国出口了大量技术含量和品质较高的产品,而且还在不断提高,出口产品的技术含量超过了中国本身经济的发展水平。

这一现象与 Krugman(1980)和 Ricardo Hausmann(2003)的国际贸易理论发生了"背离"与"冲突"。Krugman 提出的"母国市场效应"(home market effect)理论认为,一国出口的产品应该是那些已在国内市场取得竞争优势的产品。Ricardo Hausmann & Dani Rodrik(2003)指出在市场小规模的自我探索(Self discovery)过程中,会形成一种国际贸易格局:技术优势国家出口技术含量较高、复杂度相对较高的产品,而劳动密集型国家应该出口技术含量较低的产品。Schott(2006)和 Hummels & Klenow(2005)也有类似的观点,他们还指出富国(richer countries)出口的产品不仅数量多而且拥有的种类也更多(broader variety)。因此,找出这一现象的内在原因与发生机理,对解释中国乃至与中国相似的国家的对外贸易有重大意义。为此,本部分首先从跨国和省级区域双层面研究中国产业出口技术复杂度演进的动因,进而实证分析要素价格上涨和国际分散化生产体系对我国出口技术复杂度演进的影响。

## 5.1 跨国视角下中国产业出口技术复杂度演进的动因分析

### 5.1.1 本部分研究的改进之处

一国在技术进步与经济发展的过程中是否要遵循比较优势,这是一个非常重要的问题(杨汝岱、姚洋,2008)。事实上,关于出口产品技术含量的研究也源于对比较优势研究的拓展。Ricardo Hausmann& Dani Rodrik (2003)指出在市场小规模的自我探索(Self discovery)过程中,会形成一种国际贸易格局:技术优势国家(富国)出口技术含量较高的产品,而劳动密集型国家出口技术含量较低的产品。Schott(2006)和 Hummels & Klenow (2005)也有类似的观点,他们还指出富国(richer countries)出口的产品不仅数量多而且拥有的种类也更多(broader variety)。正是在这一理论的指导下,Hausmann(2005)构建了复杂度测度指标(export sophistication),首次对产品的技术含量进行了定量研究。为此,该领域目前的定量研究时间并不长,现有的西方研究多集中于测度方法的构建以及测定结果的分析。总的来说,主要的测度方法有以下两种:

一是参考官方或相关机构公布的技术等级目录,或进一步按照技术构成将出口品加以分类,然后运用 Hausmann(2005)模型对出口产品的技术含量进行测度。Hausmann(2005)在研究知识外溢(knowledge spillovers)和分工类型(specialization patterns)的基础上结合比较优势理论,构建了出口产品复杂测度指标,并进一步指出,该指标值越大,一国出口的技术含量越高。这一指标一经提出,即受到经济学界的推崇。如 Dani Rodrik(2006)、Michele Di Maio&Federico Tamagni(2007)、Zhi Wang & Shang-Jin Wei (2008)和 Bin Xu& Jiangyong Lu(2009)等都曾运用该指标对产品技术水平进行研究。

二是以发达国家(主要是 OECD 国家)的出口结构作为高技术的标准。将其他国家的出口结构与之对比,从而看该国出口结构与发达国家的相似程度,相似程度越高,则认为该国出口的产品的技术含量越高。如 Sanjaya Lall 等(2005)构建了出口相似度指标,结合 SITC Rev 2 的三位数(3-digit level)和四位数(4-digit level)层面对 1999—2000 年亚洲各国和地区的出口结构进行了实证研究。Peter K. Schott(2006)在假设各国出口到美国市场的产品反映其真实出口结构的条件下,修正以国际市场占有率(Market share)为基础的出口相似度指标,对中国的出口情况进行了研究,发现中国国家层面的出口结构与发达国家更为相似,偏离了其经济发展水平。

国内关于出口产品技术含量研究的起步晚于西方国家,虽然最近几年其已经成为国内的一个热点话题,但基于数据的可获得性与处理的复杂性,国内关于出口技术含量的研究并不多见。仅有姚洋等学者,在这一领域进行了一定的研究。如姚洋、章林峰(2008)利用 Hausmann(2005)模型,在区别外资企业与本土企业的基础上,结合 Lall(2000)出口产品分类法,研究了本土企业出口的竞争优势和技术变迁。姚洋、张晔(2008)在 Hausmann 等人的技术复杂度指数基础上,设计一个计算产品国内技术含量的指标,研究了中国出口品技术含量的变动。杨汝岱、姚洋(2008)在重新定义 Hausmann(2005)指标的基础上构建了有限赶超指数(Limited Catch-up Index,LCI),考察了一国经济发展中对外贸易格局与经济发展绩效的关系。

出口产品技术含量反映了一国出口的比较优势、产品质量和生产率水平,其对一国经济的长期发展战略及技术进步具有重要意义。因此,自 Hausmann(2005)起,国内外学术界对这一领域进行了大量的研究,但笔者以为至少存在以下不足:首先现有研究几乎都是从静态的角度分析出口复杂程度的,如 Dani Rodrik(2006)仅分析 1992 年各国的出口复杂程度。即使有进行动态性研究的尝试,时间也很短,如 Sanjaya Lall(2005)和姚洋、张晔(2008)等尝试动态研究,但仅以 2~3 年的复杂度变化状况归纳出其动态变化。静态或短期动态研究并不能完全反映技术含量的动态性演进过程及其内在机理。其次现有关于中国的出口品的技术含量进行研究多采用 Hausmann 模型。许斌(2007)指出该方法并不完全适用于中国,因为中国出口分布具有极大的不平衡性,因此,使用含中国人均 GDP 的 Hausmann 模型研究技术含量升级是有缺陷的(姚洋、张晔,2008)。最后现有研究多表明,中国出口品的技术含量与发达国家越来越相近(如 Dani Rodrik,2006;Perter K. Schott,2006),但因动态研究难度较大,故目前尚无学者对导致这一现象的内在机理进行分析。

为弥补上述不足,本部分研究将从以下几个方面改进:①运用长跨度时间序列数据(14 年约 20 万组数据)定量分析中国金属制品出口技术含量的动态变迁,以真正实现技术含量的动态研究,并将研究层面拓展到产业及亚产业层面;②运用 Penal data 模型从发达经济体和发展中经济体两个层面分析导致中国金属制品技术含量变迁的出口内机理;③采用 Perter K. Schott(2006)的方法从产业和产品两个层面对技术含量动态变迁进行测度,以规避国内经济发展不均匀所带来的负面影响。

### 5.1.2 中国产业出口技术含量升级的实证测度

**1. 产业选择及数据来源**

经济发展离不开对资源品的加工和利用,整个世界经济发展史就是一部对自然资源进行开采和利用的历史(徐康宁,2008),而一国资源性产品的加工能力极大地反映出该国的技术水平,并且目前各国对于资源性产品的生产企业多执行严格的"本国化"。而金属制品工业的技术含量是一国产品技术水平高低的直接体现,即金属制品技术含量的变化能较好地反映一国产品的技术变迁,为此笔者以金属产业作为研究对象。

本部分数据主要来源于 NBER 统计数据、联合国数据库和《中国统计年鉴》,时间跨度为 1993—2006 年,金属制品的出口数据为各国出口到美国的数据[①],因为美国 2006 年以前的进口额一直占全球进口总额的 15% 以上,为世界最大的进口国,其从各国进口的产品特别是高技术含量的产品(因为美国的人均 GDP 位居世界前列),能较好地反映各国出口到世界产品的技术水平。在数据收齐后,笔者发现:美国历年金属制品进口数据量较大,以2003—2006 年为例,各国出口到美国市场的金属制品数据分别有 28450、27875、27892、28779 组。有 100 多个国家和地区出口金属制品到美国,数据量颇大,为此,笔者选定 1999 年出口种类前 50 的国家和地区(第 4 章的 52 个经济体中去除香港和台湾地区),将其他经济体剔除。在剔除非样本国数据后我们发现 1993—2006 年的数据综合仍有 20 多万组。

**2. 亚产业层面技术含量升级的测度**

Perter K. Schott(2006)在修正 Finger & Kreinin(1979)假设的基础上,将 Finger & Kreinin(1979)构建的相似度指标运用于技术含量的测度。其具体的计算方法为:

$$ESI_{tab} = \left[\min\left(\frac{V_{t1a}}{V_a},\frac{V_{t1b}}{V_b}\right) + \min\left(\frac{V_{t2a}}{V_a},\frac{V_{t2b}}{V_b}\right) + \cdots + \right.$$
$$\left.\min\left(\frac{V_{tna}}{V_a},\frac{V_{tnb}}{V_b}\right)\right] \times 100$$
$$= \left[\sum_p \min\left(\frac{V_{tpa}}{V_a},\frac{V_{tpb}}{V_b}\right)\right] \times 100$$
$$= \left[\sum_p \min(S_{tpa},S_{tpb})\right] \times 100 \tag{5.1}$$

其中,$ESI_{tab}$ 为 $t$ 时间 $a$,$b$ 两经济体的出口相似度,$S_{tpa}$,$S_{tpb}$ 分别为 $a$,$b$ 两

---

① Peter K. Schott(2006)也采用了类似的处理方法。

经济体 $p$ 系列产品出口占其总出口的比例，$V_{tpa}$，$V_{tpb}$ 分别为 $a$，$b$ 两经济体 $p$ 系列产品值，$V_a$，$V_b$ 分别为 $a$，$b$ 两经济体出口总值。在本部分实证分析中，笔者将其修正为产品出口（HS 2-digit level）占该产品所在的产业（HS 1-digit level）的比例，即 $V_a$，$V_b$ 分别为 $a$，$b$ 两经济体金属制品的出口总值，$p$ 为该系列产品的种类数。Perter K. Schott（2006）认为：一国与发达国家的出口相似度越相近，说明其出口产品的技术水平与发达国家越相近。

根据 HS 的分类法，金属制品 HS 的前两位数可以分为贵金属制品、钢铁、钢铁制品、铜及其制品、镍及其制品、铝及其制品、铅及其制品、锌及其制品、锡及其制品等。笔者将 2001—2006 年 50 个经济体中所有 OECD 成员及中国相应的系列加总，并运用式（5.1），测度出中国与这两大经济体的出口相似度（见表 5-1）。

表 5-1　2001—2006 年中国与 OECD 成员国金属制品的出口相似度　（％）

| 产　品 | 2001 | 2002 | 2003 | 2004 | 2005 | 2006 | 增　幅 |
|---|---|---|---|---|---|---|---|
| 贵金属制品 | 89.76 | 81.13 | 88.91 | 89.32 | 84.67 | 83.19 | −6.57 |
| 钢　铁 | 75.99 | 84.53 | 83.35 | 77.89 | 74.92 | 70.16 | −5.83 |
| 钢铁制品 | 70.3 | 68.24 | 73.17 | 71.84 | 79.31 | 80.74 | 10.44 |
| 铜及其制品 | 29.17 | 32.58 | 33.14 | 42.36 | 31.24 | 58.77 | 29.6 |
| 镍及其制品 | 18.98 | 10.02 | 12.32 | 19.25 | 13.82 | 24.82 | 5.84 |
| 铝及其制品 | 28.48 | 32.07 | 35.25 | 52.13 | 54.19 | 61.76 | 33.28 |
| 铅及其制品 | 94.28 | 93.17 | 92.18 | 93.35 | 92.81 | 95.17 | 0.89 |
| 锌及其制品 | 53.89 | 46.26 | 42.13 | 52.45 | 47.19 | 54.25 | 0.36 |
| 锡及其制品 | 42.58 | 33.72 | 41.35 | 45.14 | 43.14 | 46.15 | 3.57 |
| 整　体 | 53.92 | 57.71 | 55.25 | 60.87 | 55.42 | 61.92 | 8 |

数据来源：根据 NBER 公布的数据整理而得。

由表 5-1，从整体上看，中国金属制品出口相似度与 OECD 成员国呈螺旋式上升趋势，从 2001 年的 53.92％，上升到了 2006 年的 61％，这表明：①中国金属制品的出口的技术含量正在上升；②中国金属制品与发达经济体的技术差距在缩小，即中国金属制品的技术升级速度快于发达经济体。从具体产业上看，钢铁制品、铜及其制品、镍及其制品、铝及其制品、铅及其制品、锌及其制品和锡及其制品的相似度有所提高，说明其技术含量在增加，实现了技术的升级，其中增幅最大的是铝及其制品，2001—2006 年相似度增加了 33.28 个百分点，其次是铜及其制品，增加了 29.6 百分点。但是贵金属制品及钢铁与 OECD 成员国之间的相似度分别降低了 6.57 和 5.83 个百分点,这虽然不能说明中国贵金属制品与钢铁产品出口的技术含量降低了,但可以肯定的是这两类产品的技术含量与 OECD 成员国之间差距扩大了。

### (三)产业层面技术含量升级的测度

为进一步分析中国出口产业技术含量升级的情况,笔者运用式(5.1)式测度了中国与其他 49 国之间金属制品出口的相似度,其方法为:将 NBER 统计数据中 HS 编号第一位数字(1-digit level)表示产业,第二位数字(2-digit level)表示一类产品,第三位数字(3-digit level)为二位数的系列产品,算出各自出口占整个产业出口的比例,即可得中国与各国的出口相似度(见表 5-2)。

表 5-2　1993—2006 中国与各国出口相似度　　　　　　　　　　(%)

| No | country | 1993 | 1995 | 1997 | 1999 | 2001 | 2002 | 2003 | 2004 | 2005 | 2006 | mean |
|----|---------|------|------|------|------|------|------|------|------|------|------|------|
| 1 | JPN | 74.98 | 85.51 | 77.8 | 73.88 | 75.54 | 84.54 | 83.64 | 89.05 | 86.7 | 81.6 | 79 |
| 2 | DEN | 76.84 | 65.12 | 77.3 | 76.45 | 76.15 | 75.63 | 84.03 | 73.67 | 75.08 | 80.45 | 76.9 |
| 3 | KOR | 68.81 | 69.25 | 74.2 | 65.34 | 66.18 | 68.57 | 74.76 | 73.79 | 71.7 | 68.94 | 69.4 |
| 4 | ITA | 60.19 | 74.22 | 64.6 | 70.1 | 67.47 | 74.39 | 71.81 | 73.77 | 73.93 | 66.85 | 68.6 |
| 5 | AUT | 62.91 | 62.66 | 69.3 | 49.32 | 74 | 67.39 | 68.97 | 77.94 | 81.28 | 84.77 | 68.2 |
| 6 | MEX | 69.83 | 70.4 | 71.1 | 69.76 | 71.26 | 71.6 | 68.71 | 67.93 | 64.12 | 44.79 | 67.6 |
| 7 | PHI | 93.32 | 85.35 | 83.2 | 81.47 | 39.14 | 44.38 | 45.98 | 53.69 | 60.21 | 55.89 | 66.8 |
| 8 | IND | 74.15 | 78.11 | 67.3 | 45.89 | 73.65 | 73.8 | 72.04 | 71.58 | 53.41 | 56.34 | 65.5 |
| 9 | POR | 49.61 | 52.95 | 69.7 | 64.76 | 68.63 | 81.89 | 81.36 | 78.59 | 72.99 | 67.56 | 65.3 |
| 10 | GER | 60.51 | 71.6 | 64.3 | 54.78 | 59.95 | 59.01 | 58.26 | 64.93 | 66.09 | 60.4 | 61.7 |
| 11 | MAL | 77.47 | 58.05 | 43.6 | 58.13 | 65.64 | 69.41 | 64.47 | 55.38 | 55.18 | 62.35 | 59.4 |
| 12 | ROM | 47.03 | 76.68 | 74.7 | 35.41 | 71.32 | 57.45 | 54.07 | 51.86 | 66.8 | 37.47 | 59.2 |
| 13 | THA | 48.43 | 57.27 | 35 | 56.84 | 59.56 | 61.81 | 63.18 | 66.93 | 69.51 | 39.87 | 55.4 |
| 14 | PAK | 43.92 | 34.79 | 50.9 | 74.96 | 46.64 | 54.97 | 64.98 | 56.29 | 62.98 | 71 | 54.1 |
| 15 | CAN | 51.42 | 54.78 | 58.1 | 57.08 | 48.98 | 50.48 | 46.6 | 54.31 | 54.67 | 51.6 | 53.6 |
| 16 | FRA | 45.98 | 56.65 | 52.8 | 48.17 | 54.34 | 57.65 | 54.64 | 59.8 | 56.67 | 60.24 | 53.5 |
| 17 | SPA | 48.67 | 49.67 | 48.8 | 52.6 | 51.03 | 58.39 | 62.57 | 62.79 | 67.4 | 42.72 | 53.4 |
| 18 | SIN | 57.93 | 52.71 | 46.6 | 43.79 | 48.27 | 48.55 | 53.98 | 68.63 | 52.16 | 72.43 | 52.6 |
| 19 | POL | 39.13 | 51.11 | 39.7 | 44.27 | 46.82 | 93.34 | 54.5 | 48.61 | 51.92 | 81.37 | 51.8 |

续表

| No | country | 1993 | 1995 | 1997 | 1999 | 2001 | 2002 | 2003 | 2004 | 2005 | 2006 | mean |
|----|---------|------|------|------|------|------|------|------|------|------|------|------|
| 20 | CZE | 29.66 | 52.76 | 41.7 | 57.42 | 50.03 | 44.99 | 52.94 | 61.39 | 62.22 | 72.29 | 51.1 |
| 21 | ARG | 69.52 | 54.17 | 49.6 | 31.22 | 36.62 | 34.8 | 35.83 | 46.33 | 44.19 | 48.02 | 46.5 |
| 22 | AE | 59.7 | 54.77 | 81.9 | 39.18 | 24.32 | 33.79 | 38.15 | 48.4 | 39.61 | 31.56 | 46.5 |
| 23 | SWE | 45.02 | 49.52 | 53.4 | 45.35 | 41.17 | 41.21 | 49.55 | 55.11 | 43.02 | 34.61 | 46.1 |
| 24 | FIN | 30.74 | 43.63 | 40.4 | 31.94 | 87.12 | 37.49 | 34.29 | 37.29 | 36.88 | 41.79 | 42.5 |
| 25 | UK | 43.12 | 51.78 | 52 | 41.47 | 32.9 | 41.52 | 38.69 | 40.56 | 39.51 | 27.85 | 42.1 |
| 26 | HUN | 37.88 | 44.9 | 35.7 | 28.61 | 41.64 | 44.91 | 48.46 | 59.43 | 53.18 | 43.62 | 41.6 |
| 27 | NED | 40.62 | 44.71 | 46.4 | 36.57 | 39.96 | 39.3 | 43.77 | 42.06 | 38.13 | 44.4 | 41.4 |
| 28 | NZL | 51.64 | 60.83 | 39.1 | 33.78 | 43.05 | 46.11 | 43.43 | 39.01 | 22.57 | 26.03 | 41.3 |
| 29 | TUR | 39.4 | 42.56 | 58.6 | 34.23 | 36.45 | 32.01 | 41.46 | 34.44 | 50 | 42.3 | 40.6 |
| 30 | GRE | 30.41 | 36.05 | 36.6 | 28.55 | 44.82 | 33.05 | 36.14 | 55.62 | 41.91 | 61.94 | 38.9 |
| 31 | SVK | 27.04 | 32.92 | 20.1 | 22.18 | 62.1 | 41.36 | 64.19 | 63.3 | 64.8 | 30.15 | 38.5 |
| 32 | BRA | 47.28 | 43.02 | 41.6 | 34.11 | 30.66 | 31.68 | 33.91 | 40.6 | 40.73 | 48.33 | 38.5 |
| 33 | SLO | 32.29 | 40.85 | 28.6 | 24.55 | 32.85 | 35.65 | 43.48 | 40.42 | 39.33 | 84.67 | 37.8 |
| 34 | SUI | 36.42 | 34.54 | 28.8 | 27.09 | 25.26 | 42.14 | 39.35 | 40.21 | 45.59 | 85.38 | 37.7 |
| 35 | AUS | 28.91 | 40.07 | 35.8 | 31.68 | 25.63 | 29.24 | 28.49 | 35.66 | 40.41 | 37.23 | 32.9 |

注:篇幅有限,笔者仅给出 1993—2006 年测度均值排名前 35 的国家 10 年的测度结果。

数据来源:根据 NBER 公布的数据整理而得。

可知,从均值上看,与中国金属制品相似度最高的 10 个国家中有 7 个是发达国家,分别是日本、丹麦、韩国、奥地利、意大利、葡萄牙和德国,而前 5 个国家占据了整体排名的前 5 位。另外 3 个发展中国家分别为墨西哥、菲律宾和印度尼西亚。从相似度值的动态变化来看,可以看出前 5 个发达国家与中国的出口相似度在 1993—2005 年都呈略微的上升趋势,这表明中国金属产业整体技术含量有一定的升级。发展中经济体的测度结果显示,排名前 10 位的 3 个发展中国家与中国的相似度呈现下降趋势。可见,中国金属制品技术含量的升级拉大了其与前 3 个发展中国家的距离,拉近了与发达国家之间的距离。

那么这是否表明，中国出口的产品技术含量与发达国家更为相似呢？当然仅从表5-2还不能得出这一结论。为此，我们将1993—2006年中国与发达国家、发展中国家的相似度求均值（含前5位），可得图5-1。从图5-1中，可以很明显地看出：中国无论是整体还是前5位的曲线，都表明中国金属制品出口与发达国家的相似度在进一步加深，整体相似度从1993年的45.1%提升到了2006年的52.2%，而前5国平均相似度也由1993年的68.74%提升到了2006年的76.46%。发展中国家的整体平均相似度由1993年的43.07%下降到了2006年的32.91%，前5国的平均相似度也由1993年的72.36%下降到了2006年的51.37%。从相似度的平均值上看，无论是整体还是前五国的值，发达国家的相似度都明显高于发展中国家。可见，随着时间的推移，中国出口产品的技术含量升级较为明显，且技术含量越来越接近发达国家。与发展中国家的相比，优势进一步扩大，并且中国出口的产品技术含量与发达国家更为相似。这也印证了Schott(2006)和Rodrik(2006)的观点。

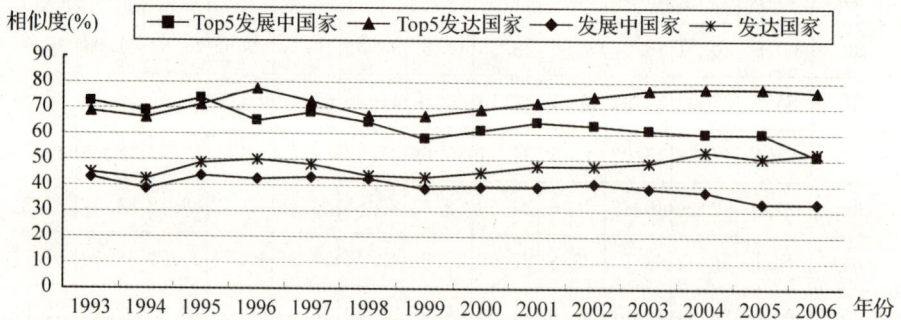

图5-1　发展中国家、发达国家与中国金属制品相似度均值

数据来源：根据NBER公布的数据整理而得。

### 5.1.3　中国出口产业技术含量升级的原因分析

各国产业层面实证分析结果显示：1993—2006年中国出口产业技术含量升级较为明显，并呈现出技术含量与发达国家日益相似、与发展中国家日益偏离的趋势。多数学者（如Schott，2006；Rodrik，2006；Lall，2005）在国家层面也得到该结论，但均未深入分析导致这一现象的内在原因，即中国出口产业技术含量升级的内在原因到底是什么？为此笔者在本部分将运用Panel Data模型从金属制品产业整体角度对这一问题进行研究。

1. Panel Data模型形式的确定

笔者构建以下一般性面板模型（Panel Data Model），在进行回归分析以前我们将所有的变量进行了对数处理。

$$\ln ESI_{it} = a_{it} + X_{it}\beta_{it} + \mu_{it}, i = 1,2,\cdots N; t = 1,2,\cdots T \qquad (5.2)$$

其中,$X_{it}$ 为国家特征(national characteristic),$\beta_{it} = (\beta_{1it}, \beta_{2it}, \cdots, \beta_{Kit})$,$K$ 为外生变量个数,$T$ 是总时期数,$N$ 是样本数,$\mu_{it}$ 为随机扰动项,$ESI_{it}$ 为中国出口产品技术含量变迁的反映指标,即出口相似度。

国家特征笔者主要考虑三个因素:首先是出口因素,根据现有国际贸易理论对出口的阐述,可知出口有利于资本积累,从而推进出口国进行技术创新和技术引进,从而实现产品技术含量升级。其次是经济增长因素,一国经济增长会使得一国有能力投资于高新技术产业,同时富裕起来的民众及厂商会对高新技术产品提出更多的需求,从而使得本国企业提高产品技术含量,实现技术升级。一般而言一国的自主创新能力越强,经济的发展对本国产品技术创新的促进作用越明显。最后 Juan Carlos Hallak & Peter K. Schott(2008)在对出口产品质量进行研究时,指出价格因素对产品的质量及产品的技术含量具有一定的影响,关于价格因素对产品质量的影响,其将价格分解为质量和质量调整价格(quality adjusted-price)进行了论证。但关于价格对技术含量的影响,因数据有限并未进行实证分析,为此,笔者将价格因素纳入国家特征进行分析。各因素的具体计算方法见表 5-3。

表 5-3　国家特征指标的计算方法及解释

| 指　标 | 计算方法及解释 |
|---|---|
| 出口因素 | $EXI_{it} = \dfrac{EX_{it}}{EX_{ct}} \times 100$　其中 $EX_{it}$ 是 $i$ 国 $t$ 时间的出口总额 |
| 增长因素 | $EI_{it} = \dfrac{PER_{it}}{PER_{ct}} \times 100$　其中 $PER_{it}$ 是 $i$ 国 $t$ 时间的人均 GDP |
| 价格因素 | $PI_{it} = 100 \times \sum \left( \dfrac{value_{ijt}}{quantity_{ijt}} \dfrac{value_{ijt}}{\sum value_{ijt}} \right) / \sum \left( \dfrac{value_{cjt}}{quantity_{cjt}} \dfrac{value_{cjt}}{\sum value_{cjt}} \right)$,其中 $value$ 为出口额,$quantity$ 为出口数量。下标 $i$ 为国别,$j$ 为系列产品,$t$ 为时间 |

注:表中 $c$ 为中国的相应指标。

根据前述跨国层面的实证分析可知:在运用面板模型进行实证检验时,还应判定模型的类型。为此,笔者将中国以外的 49 个经济体,按发展中国家和发达国家分别进行检验,通过对发展中国家的检验,得到 $F_2 = 4.25$,$F_2 = 0.895$,通过查表可知需采用变截距模型,发达国家的 $F_2$ 分别为 36.18、0.966,为此发达国家也应采用变截距模型,即认为 1993—2006 年各国国家

特征对其与中国的出口相似度的影响弹性不存在非常显著的差距。在确定了变截距模型的基础上,需进一步确定是采用固定效应模型还是随机效应模型。发展中国家 Hausman 检验结果显示,变截距模型在 1% 的显著性水平下拒绝了随机效应模型的原假设,因此选择固定效应模型,发达国家的 Hausman 检验也得到了相同的结论。

2. 平稳性检验

本部分利用 Eviews 6.0,同时采用 LLC、IPS、ADF 和 PP 四种方法分别对发达国家和发展中国家的变量进行平稳性检验,检验结果表明:发达国家、发展中国家与中国的出口相似度、出口因素、增长因素和价格因素都存在单位根。为此,笔者用同样的方法对各变量的一阶差分进行检验,结果显示:在相伴概率为 1% 的显著性水平下拒绝了存在单位根的假设,可见这 4 个变量均为一阶单整(见表 5-4)。

表 5-4　各变量面板数据单位根检验结果

| 检验方法 | LLC | IPS | Fisher-ADF | Fisher-PP | 单位根 |
|---|---|---|---|---|---|
| 发达经济体 | | | | | |
| lnESI | −2.50657 [0.0061] | −1.83698 [0.0331] | 79.4514 [0.0472] | 81.0920 [0.0362] | 是 |
| D lnESI | −15.3178 [0.0000] | −11.2751 [0.0000] | 225.510 [0.0000] | 252.025 [0.0000] | 否 |
| lnEX | −0.54973 [0.2913] | 5.65373 [1.0000] | 17.3066 [1.0000] | 26.1864 [1.0000] | 是 |
| DlnEX | −21.1826 [0.0000] | −15.4293 [0.0000] | 297.060 [0.0000] | 359.266 [0.0000] | 否 |
| lnPERGDP | 2.69541 [0.9965] | 8.97580 [1.0000] | 22.7047 [1.0000] | 45.1880 [0.9223] | 是 |
| DlnPERGDP | −6.38946 [0.0000] | −5.58461 [0.0000] | 129.746 [0.0000] | 170.672 [0.0000] | 否 |
| lnP | −1.04412 [0.4061] | −3.14119 [0.7232] | 13.9237 [1.0000] | 15.1511 [1.0000] | 是 |
| DlnP | −21.3890 [0.0000] | −15.9384 [0.0000] | 308.603 [0.0000] | 422.649 [0.0000] | 否 |
| 发展中经济体 | | | | | |
| lnESI | −1.82772 [0.0338] | −1.53152 [0.0628] | 61.0895 [0.0286] | 53.6260 [0.1077] | 是 |

| 检验方法 | LLC | IPS | Fisher-ADF | Fisher-PP | 单位根 |
|---|---|---|---|---|---|
| D lnESI | −11.3031<br>[0.0000] | −8.58368<br>[0.0000] | 152.451<br>[0.0000] | 163.874<br>[0.0000] | 否 |
| lnEX | 2.46556<br>[0.9932] | 3.95992<br>[1.0000] | 26.5050<br>[0.9702] | 32.7735<br>[0.8455] | 是 |
| DlnEX | −14.3562<br>[0.0000] | −10.7063<br>[0.0000] | 175.526<br>[0.0000] | 213.863<br>[0.0000] | 否 |
| lnPERGDP | −7.27395<br>[0.0000] | −2.87223<br>[0.0020] | 75.2984<br>[0.0012] | 128.560<br>[0.0000] | 是 |
| DlnPERGDP | −10.8810<br>[0.0000] | −8.03714<br>[0.0000] | 136.894<br>[0.0000] | 206.562<br>[0.0000] | 否 |
| lnP | −2.99810<br>[0.89010] | −1.48502<br>[1.0000] | 20.8802<br>[1.0000] | 24.5439<br>[1.0000] | 是 |
| DlnP | −20.5518<br>[0.0000] | −14.9211<br>[0.0000] | 233.610<br>[0.0000] | 275.626<br>[0.0000] | 否 |

注:括号内为概率,括号外为相应的统计量,概率值<0.01表明在1%的显著性条件下拒绝单位根原假设,概率值<0.05表明在5%的显著性条件下拒绝单位根原假设,概率值<0.1表明在10%的显著性条件下拒绝单位根原假设。

3. 面板数据协整检验及模型估计结果

前述的单位根检验显示,面板数据是一阶单整,为此需继续判断各变量间是否存在协整关系。而协整关系检验是建立经济模型的先决条件,也为研究变量间因果关系奠定了坚实的基础,需保证结论的可靠性,因此,我们采用 Pedroni(1999)提出的 7 个检验统计量和 Kao(1999)提出的 ADF 统计量判断这四个变量间是否存在协整关系。检验结果显示见表5-5,可知:发展中国家有 6 个统计量在 1%的显著性水平下拒绝了不存在协整关系的原假设,发达国家有 4 个统计量在 1%的显著性水平下拒绝了不存在协整关系的原假设。为此,笔者对发达国家和发展中国家的数据进行回归分析。

由于用一般固定效应变截距项模型方法估计的结果存在严重的正自相关(见表5-6),笔者对计量方法进行了适当调整,运用国家截面效应固定的情况下运用广义最小二乘(GLS)法,并采取 White-period 稳健方法以校正截面异方差及时期异方差带来的影响。修正后的结果明显优于原结果,发达经济体的拟合优度由 0.877145 上升到了 0.885511,发展中国家的拟合优度上升幅度更为明显,由 0.512644 上升到了 0.796388。DW 统计量也都到了可以接受的范围内。因此,我们主要分析修正后的结果。

表 5-5 面板协整检验结果

| 检验方法 | | 发达经济体 | | 发展中经济体 | |
|---|---|---|---|---|---|
| | | Statistic | Prob | Statistic | Prob |
| Pedroni (1999) | Panel v | 10.14446 | 0.0000 | 1.303087 | 0.0963 |
| | Panel PP | 2.165507 | 0.5147 | 1.297853 | 0.5028 |
| | Panel rho | 3.727413 | 0.6320 | −2.801189 | 0.0025 |
| | Panel ADF | −6.243181 | 0.0000 | −1.884029 | 0.0298 |
| | Group rho | 1.083341 | 0.0000 | 1.827211 | 0.0009 |
| | Group PP | −3.933999 | 0.0000 | −5.862743 | 0.0000 |
| | Group ADF | −0.282811 | 0.3887 | −2.970404 | 0.0034 |
| Kao(1999) | Kao ADF | −0.933424 | 0.1753 | −2.543053 | 0.0055 |

表 5-6 面板数据模型回归结果

| 经济体 | 发达国家 | | | | 发展中国家 | | | |
|---|---|---|---|---|---|---|---|---|
| 回归方式 | GLS+white-period | | Ordinary | | GLS+white-period | | Ordinary | |
| 变量 | Coefficient | Prob. | Coefficient | Prob. | Coefficient | Prob. | Coefficient | Prob. |
| C | 2.412252 | 0.0000 | 1.815943 | 0.0001 | 2.395654 | 0.0002 | 2.472007 | 0.0002 |
| lnex | −0.123061 | 0.0000 | −0.158963 | 0.0000 | −0.182533 | 0.0039 | −0.168335 | 0.0058 |
| lnpergdp | 0.273844 | 0.0067 | 0.374757 | 0.0000 | 0.000542 | 0.0147 | 0.000799 | 0.0307 |
| lnp | −0.015802 | 0.0056 | −0.006606 | 0.5731 | −0.442710 | 0.0010 | −0.424342 | 0.3998 |
| $R^2$ | 0.885511 | | 0.877145 | | 0.796388 | | 0.512644 | |
| DW | 2.113749 | | 0.991326 | | 2.095027 | | 1.198430 | |
| Obs | 392 | | 392 | | 294 | | 294 | |

表 5-7 回归结果的残差平稳性检验

| 检验方法 | LLC | IPS | Fisher-ADF | Fisher-PP | 单位根 |
|---|---|---|---|---|---|
| RESID1 | −12.3461 [0.0000] | −9.49983 [0.0000] | 162.256 [0.0000] | 176.198 [0.0000] | 否 |
| RESID2 | −2.95806 [0.0015] | −6.94508 [0.0019] | 91.7356 [0.0040] | 83.3526 [0.0097] | 否 |

注:RESID1、RESID2 分别为发达国家和发展中国家 GLS 回归所得残差。

前述对各变量进行平稳性检验时,各变量存在单位根,只有在一阶情况下才消除单位根,而协整检验中,并非全部统计量都拒绝不存在协整关系的原假设,因此,需对回归结果的残差进行平稳性检验,以确定回归结果是否可靠。为此我们采用 LLC、IPS、ADF 和 PP 四种方法分别对发达国家和发展中国家的残差进行平稳性检验,结果表明:在 1%显著性水平下,拒绝了发达国家和发展中国家 GLS 回归残差存在单位根的原假设(见表 5-7)。这表明发达国家、发展中国家的变量间存在长期的均衡关系,即表 5-6 的回归结果是可靠的。

4. 回归结果分析

由表 5-6 可知,出口量之比的系数都为负且都通过了 1%的显著性水平检验,发展中国家的系数(-0.1825)的反向作用稍大于发达国家(-0.1231)。可见,其他国家出口的增长速度大于中国时,中国与之相似度的值会下降,而中国出口增长速度快于其他国家时,会促进其他国家与中国的相似度,这表明中国出口的金属产品种类齐全,高技术含量与低技术含量的产品的出口齐头并进(Rodrik,2006;Zhi Wang、Shang-Jin Wei,2007)。从出口变量实际变化来看,发达国家、发展中国家的平均出口量与中国之比都呈下降趋势(见表 5-8),并且发达国家下降的幅度(从 1993 年的 194.72%下降到 2006 年的 30.839%)明显大于发展中国家(从 1993 年的 84.03%下降到 2006 年的 21.36%)。可见,出口额的剧增提高了中国与发达国家和发展中国家的出口相似度,但与发达国家的相似度提升大于发展中国家,结合 Peter K. Schott(2006)观点,我们可以推定出口的增加,促进了中国产品技术含量的提升。

从人均 GDP 之比来看,发达国家、发展中国家与中国人均 GDP 之比都呈下降趋势,回归结果表明这一变量的系数为正,这说明随着中国人均收入的提升,其对中国出口品与发达国家、发展中国家的相似度的作用是向下的。1993—2006 年数据显示,发达国家的这种作用尤为明显(见表 5-8),发达国家平均人均 GDP 与中国之比从 1993 年的 872.34%下降到了 2006 年的 401.48%,其回归系数为 0.273844,通过了 1%的显著性水平的检验;而发展中国家与中国人均 GDP 之比的绝对额仅减少了 78.71 个百分点左右,回归系数仅为 0.000542(通过 5%的显著性水平检验)。可见,以发达国家为高技术标准,中国的经济增长实际上在一定程度上阻碍了中国金属制品的技术含量升级的。导致这一现象的原因在于:经济增长并未促使中国金属制品产业的自主创新能力得到较大提升,而是继续依赖于国外发达国家的技术输入。中国经济水平与发达国家越相似,其生产能力与发达国家就越相似,为此,通过发达国家获取新技术以提高本国产品技术含量难度越大,产品的技术含量提升有限。

表 5-8 1993—2006 年发达国家、发展中国家自变量均值的动态变化(%)

| 年 份 | 发达国家 | | | 发展中国家 | | |
|---|---|---|---|---|---|---|
| | EXI | EI | PI | EXI | EI | PI |
| 1993 | 194.72 | 872.34 | 2498.2 | 84.03 | 254.06 | 463.92 |
| 1994 | 177.3 | 805.01 | 2010.6 | 88.9 | 228.25 | 365.8 |
| 1995 | 122.09 | 754.55 | 1037.8 | 71.61 | 211.81 | 299.64 |
| 1996 | 109.53 | 709.76 | 894.94 | 60.26 | 200.12 | 195.44 |
| 1997 | 95.234 | 675.62 | 933.13 | 54.06 | 190.49 | 172.67 |
| 1998 | 82.793 | 642.24 | 2930.1 | 49.75 | 176.44 | 496.53 |
| 1999 | 66.574 | 620.33 | 2819.7 | 41.93 | 165.27 | 455.54 |
| 2000 | 55.081 | 580.27 | 1894.3 | 38.1 | 183.78 | 532.25 |
| 2001 | 47.73 | 562.85 | 1334.8 | 30.1 | 148.73 | 469.14 |
| 2002 | 37.953 | 525.71 | 2847.1 | 24.3 | 138.35 | 499.16 |
| 2003 | 30.839 | 487.6 | 1478.2 | 21.36 | 137.79 | 525.71 |
| 2004 | 24.718 | 457.8 | 1160.7 | 20.64 | 126.22 | 347.67 |
| 2005 | 20.77 | 427.63 | 2437.4 | 16.64 | 120.56 | 646.59 |
| 2006 | 17.68 | 401.48 | 1412.9 | 15.32 | 115.48 | 612.29 |

从价格上看,发达国家、发展中国家的回归系数都为负(见表 5-6),分别为 $-0.015802$ 和 $-0.442710$,可见发展中国家的价格效应敏感性大大高于发达国家。从发达经济体与中国的出口价格之比的动态变化来看(见表 5-8),发达经济体与中国的出口价格差距呈现动态螺旋式缩减。这表明随着时间的推移,价格效应促使发达经济体与中国的金属制品的出口相似度不断上升,即促进了技术进步,但由于弹性系数较小(为 $-0.015802$),促进幅度相对有限;发展中经济体的价格与中国之比呈现出明显的上升趋势,从 1993 年的 463.92% 上升到了 2006 年的 612.29%,即发展中国家金属制品的价格提升速度快于中国。另外,发展中国家价格效应的系数为 $-0.442710$,可见发展中国家的价格负效应较大。为此可以推定:在价格效应的作用下,发展中国家与中国出口品技术含量的差距进一步扩大,而导致这一现象的主要原因在于发展中国家的价格提升速度快于中国。

综上可知:中国出口品技术含量与发达国家日益相似,主要得益于出口量的剧增;与发展中国家技术含量差距扩大的主要原因在于:发展中国家的价格提升速度快于中国。中国的经济增长对中国的技术含量升级有较大的负面作用,但对发展中国家影响颇微,可见与发达国家相比,1993—2006年我国金属制品的自主创新能力不足,产品技术含量的升级多依赖于外部力量。

## 5.1.4　总结性评论

本部分基于 50 个国家金属制品的出口数据(约 20 万组),借鉴 Peter K. Schott(2006)的方法,研究 1993—2006 年中国金属制品出口技术含量的动态变迁,在此基础上运用 Panel data 模型结合广义最小二乘法 GLS(Cross-section Weights)和 White-period 稳健方法对金属制品技术含量升级的内在机理进行了研究,主要结论及启示如下:

(1)我国金属制品产业的技术含量呈动态上升趋势,出口技术含量与发达国家更为相似,与发展中国家偏差较大。亚产业层面测度结果表明:与 OECD 成员国相比金属制品整体相似度已经由 2001 年的 53.92% 上升到了 2006 年的 61.92%,仅有贵金属及其制品与钢铁产业技术进步速度较为缓慢;国别产业层面测度结果表明:1993—2006 年与中国金属制品出口最为相似的 5 个国家都为发达国家,从动态趋势上看,与发达国家平均相似度已经由 1993 年的 45.1% 上升到了 2005 年的 52.2%,而与发展中国家的平均相似度已经由 1993 年的 43.07% 下降为 2005 年 32.92%,这与 Peter K. Schott(2006)基于国家层面的研究结论是一致的。

(2)中国出口品技术含量升级的主要动力是出口量的增加。面板数据回归表明,出口量增加是促使中国与发达国家相似度日益上升的主要原因。而依靠出口量实现技术含量的升级对中国而言是相对不利的,因为随着中国人均 GDP 的增加,中国的产品结构会与发达国家日渐相似,此时与发达国家的出口竞争将更为激烈,出口作为技术含量提升动力的作用会逐渐减弱,如果没有新的动力来替代出口的促进功能,那么技术进步将在出口作用减弱后放缓。

(3)随着中国经济的发展,国内企业的创新能力没有能够同步提升。面板数据 GLS 回归结果表明:经济增长对中国与发达国家的出口相似度(即产品技术含量)提升具有一定的负作用。Hausmann 等(2003)指出自主创新较强的国家,其经济增长与出口品技术含量的提升会形成一个良性循环,即经济增长会推动产品技术含量的提升。可见,目前中国金属制品的自主创新能力还很弱,经济增长与自主创新的良性互动系统并未形成。结合近几年中国技术进步较快这一实证结果,可知产品技术含量的提升依赖于国外的技术输入,而不是"内力",即自主创新能力并未和经济发展同步提升。

(4)中国与发展中国家技术水平日益扩大的原因在于:发展中国家平均出口价格增长速度快于中国。这完善了 Juan Carlos Hallak & Peter K. Schott(2008)的研究,即价格因素对一国产品的技术含量升级存在重要影响,同时也深化了 Peter K. Schott(2006)和 Rodrik(2006)关于中国出口技术含量的研究。中国出口价格增长速度慢于发展中国家,1993—2006 年中国金属制品出口的加权平均价格仅增加了 16.26 美元,而发展中国家价格增长速度明显快于中国,如菲律宾增加了 406.24 美元,印度增加了 195.79 美元。价格提升速度较慢不利于中国出口技术含量升级,因为提价较慢一方面招来大量的贸易摩擦,如中国已经成为大量"反倾销"的受害者;另一方面"低价策略"降低了中国企业的获利能力,恶化了中国的贸易条件,使中国出口陷入"贫困化"增长的困境,最终弱化了出口对技术进步的促进作用。

## 5.2 省级区域视角下中国产业出口技术复杂度演进的动因分析

本部分首先在构建适合衡量中国出口技术复杂度测度方法的基础上,运用中国各省级区域出口数据来测度各省级区域的出口技术复杂度;其次,基于前述的机理分析构建中国出口技术复杂度演进分析的计量模型,并运用该模型对中国不同区域(东、中和西部)出口技术复杂度演进的动因进行实证分析。

### 5.2.1 中国产业出口技术复杂度的测度与分析

进入 21 世纪后,中国出口的迅速扩大使得中国出口品质量和技术含量得到国内外学者的关注(杨汝岱、姚洋,2008)。如施炳展、李坤望(2008)利用四分位贸易数据,从产业内贸易形态跨国比较的视角,对中国制造业国际分工地位进行了研究后指出:中国制造业国际分工地位低下,在技术和资本密集型产品上尤为低下,出口技术复杂度处于相对不利的地位。而 Rodrik(2006)运用 Hausmann(2005)构建的出口技术复杂度指数(export sophistication)对中国出口品进行研究后发现中国出口技术复杂度已经大大领先于其经济发展水平,与比其人均收入高 3 倍的国家相似;Schott(2006)通过相似度指标进行研究后也得到了类似的结论,其甚至指出中国的出口技术复杂度与发达国家更为相似,与发展中国家存在较大的偏离。那么中国产业的出口技术复杂度究竟如何呢？本部分将在剔除加工贸易引进的中间品的基础上，对中国各省级区域真实的出口技术复杂度进行测度。

1. 单国层面出口技术复杂度测度方法的构建：基于中国特征的视角

在测定一国出口技术复杂度时，目前学术界常用的方法有两大类，一是Hausmann(2005)基于 RCA 指数法和比较优势理论提出的出口技术复杂度(export sophistication)指数[1]；二是基于出口结构对比的出口相似度(export similarity)指数[2]。考虑到 Hausmann(2005)模型能够"保证一些贫穷的小国(经济体)的出口被赋予足够的权重"(Rodrik，2006)，因此，笔者采用Hausmann(2005)对中国出口技术复杂度变迁进行测度。其具体计算公式如下：

$$
\begin{aligned}
ETSI_i &= \frac{x_{i1}/\sum_{m=1}^{\infty}x_{m1}}{\sum_{c=1}^{n}(x_{ic}/\sum_{m=1}^{\infty}x_{mc})}Y_1 + \frac{x_{i2}/\sum_{m=1}^{\infty}x_{m2}}{\sum_{c=1}^{n}(x_{ic}/\sum_{m=1}^{\infty}x_{mc})}Y_2 + \cdots + \\
&\quad \frac{x_{in}/\sum_{m=1}^{\infty}x_{mn}}{\sum_{c=1}^{n}(x_{ic}/\sum_{m=1}^{\infty}x_{mc})}Y_n \\
&= \sum_{c=1}^{n}\frac{x_{ic}/\sum_{m=1}^{\infty}x_{mc}}{\sum_{c=1}^{n}(x_{ic}/\sum_{m=1}^{\infty}x_{mc})}Y_c
\end{aligned}
\tag{5.3}
$$

式中：$ETSI_i$ 为 $i$ 产品的世界出口技术复杂度，$x_{ic}$ 为 $c$ 国 $i$ 产品的出口总额，$\sum_{m=1}^{\infty}x_{mc}$ 为 $c$ 国的总出口，$m$ 表示一国产品出口的总类数，$Y_c$ 是 $c$ 国的人均GDP。由于中国的出口和收入在各省级区域之间的分布是不平衡的，东西部收入差异比较大，而且出口多集中于东部沿海的 9 个省市(许斌，2007)，因此采用该方法进行测度是有偏差的。此外，由于该模型测度时用的是各国总的出口数据，其中包含了加工贸易的数据，所以 Van Assche & Gangnes(2008)指出直接使用出口数据对中国进行测度时，容易产生"统计假象"，进

---

① Rodrik(2006)，姚洋、张晔(2008)，姚洋、章林峰(2008)，许斌(2007)和 Bin Xu & Jiangyong Lu(2009)等都曾用此方法对一国出口技术复杂度和产品技术含量进行研究。

② Peter K. Schott(2006)和 Zhi Wang & Shang-Jin Wei(2008)曾用此方法。

而拉高中国出口技术复杂度[①]。

为此,本研究采用如下方法修正:在处理国内分布不平衡方面,借鉴 Xu & Lu(2009)基于省级层面数据对 Hausmann(2005)的修正方法,以各省区 $i$ 产品的出口比重与各省区该产品出口比重之和的比值作为权重,对各省区的人均 GDP 进行加权,以求出中国各产品的出口技术复杂度,即采用省级区域出口数据和人均 GDP 替代式(5.3)的国别层面相关数据(Xu&Lu, 2009),以减少分布不均衡给测度结果带来的偏差;在"统计假象"处理上,我们借鉴姚洋、张晔(2008)测度出口品国内技术含量的方法,将出口贸易中的国外产品(或原材料)进口部分剔除,则(5.3)式修正如下:

$$
\begin{aligned}
ETSI_i &= \frac{(1-\theta_{i1})x_{i1}/\sum_{m=1}^{\infty}(1-\theta_{m1})x_{m1}}{\sum_{c=1}^{n}\left[(1-\theta_{ic})x_{ic}/\sum_{m=1}^{\infty}(1-\theta_{mc})x_{mc}\right]}Y_1 + \\[2mm]
&\quad \frac{(1-\theta_{i2})x_{i2}/\sum_{m=1}^{\infty}(1-\theta_{m2})x_{m2}}{\sum_{c=1}^{n}\left[(1-\theta_{ic})x_{ic}/\sum_{m=1}^{\infty}(1-\theta_{mc})x_{mc}\right]}Y_2 + \cdots + \\[2mm]
&\quad \frac{(1-\theta_{in})x_{in}/\sum_{m=1}^{\infty}(1-\theta_{mn})x_{mn}}{\sum_{c=1}^{n}\left[(1-\theta_{ic})x_{ic}/\sum_{m=1}^{\infty}(1-\theta_{mc})x_{mc}\right]}Y_n \\[2mm]
&= \sum_{c=1}^{n}\frac{(1-\theta_{ic})x_{ic}/\sum_{m=1}^{\infty}(1-\theta_{mc})x_{mc}}{\sum_{c=1}^{n}(1-\theta_{ic})x_{ic}/\sum_{m=1}^{\infty}(1-\theta_{mc})x_{mc}}Y_c
\end{aligned}
\tag{5.4}
$$

式(5.4)中,$x$ 为国内某一省级区域的出口值,$\theta$ 为相应省份出口特定产品中以加工贸易形式进口的产品(原料)比重,具体为进料加工和来料加工装配形式的进口量占该产业出口的比重,$Y_c$ 是省份 $c$ 的人均 GDP,$m$ 表示省级区域出口产品的总类数,$ETSI_i$ 为我国 $i$ 商品的出口技术复杂度。$ETSI_i$ 值越高说明该类商品出口技术复杂度越高,即产品的技术含量越高。

在运用式(5.4)计算出国家层面的各大类产品出口技术复杂度后,将其加总到省级区域层面,则可以算出省级区域出口技术复杂度,结合式(5.4)和 Hausmann et al.(2005)模型,笔者采用如下计算方法:

---

① 姚洋、张晔(2008)指出由于各国国内发展不均衡普遍存在,且各国加工贸易形式引进的中间品数据难以获得。因而,在国别层面进行测度时不进行修正是可以的。

$$ETS_n = \frac{(1-\theta_1)x_{1n}}{\sum\limits_{i=1}^{k}(1-\theta_i)x_{in}}ETSI_1 + \frac{(1-\theta_2)x_{2n}}{\sum\limits_{i=1}^{k}(1-\theta_i)x_{in}}ETSI_2 + \cdots +$$

$$\frac{(1-\theta_k)x_{kn}}{\sum\limits_{i=1}^{k}(1-\theta_i)x_{in}}ETSI_k$$

$$= \sum\limits_{i=1}^{k}\frac{(1-\theta_i)x_{in}}{\sum\limits_{i=1}^{k}(1-\theta_i)x_{in}}ETSI_i \qquad (5.5)$$

其中,$ETS_n$ 是特定年份地区 $n$ 的出口技术复杂度,这里的权重是商品 $i$ 在地区 $n$ 中出口商品总额中的份额(均不含加工贸易形式的进口)。

2. 中国省级区域出口技术复杂度的测度

由于现有研究多表明:中国出口技术复杂度迅速深化出现在进入 21 世纪以后(如 Rodrik(2006)和 Schott(2006)等),特别是近几年,出口技术复杂度提升更为显著。为此,笔者选择 2002—2008 年中国省级层面出口数据来衡量中国出口技术复杂度的变迁情况[①]。出口数据全部来自中国海关数据库和国研网,其他数据来自于中国统计年鉴和联合国统计数据库。另外,由于新疆、西藏和宁夏的部分年份数据不全,笔者并未计算这 3 个地区的出口技术复杂度。

根据海关的 HS 编码,各国产品出口一共分为 21 类,为了提高测度结果的说服力,笔者并未将所有的产业纳入到研究中来。主要做了如下调整:首先考虑到中国出口技术复杂度深化多来自于工业制成品,而不是初等品(许斌,2007),为了更好地体现中国出口技术复杂度的变迁,我们对于一些国别技术含量差异不高的初等品行业进行了剔除,如第 1 类(活动物、动物产品)、第 2 类(植物产品)、第 3 类(动植物油、食用油等)、第 4 类(食品及烟草等)、第 5 类(矿产品)等;其次考虑到部分产品出口结构的变动,并不能完全体现一国生产率和复杂度的变迁,我们将其剔除,如第 21 类(艺术品、收藏品及古物)和第 14 类(珠宝、贵金属制品;仿首饰;硬币)等;最后对于部分特殊交易产品和杂类产品,由于其所属产业并不明晰,亦将其剔除,如第 20 类(杂项制品)和第 22 类(特殊交易品及未分类商品)。为此,最终进行计算的产业一共有 12 大类。

运用式(5.4),结合获得的数据,我们首先测度出了中国各选定产业的

---

① 笔者试图去寻找 2001 年(含)以前的省级层面的 HS 分类法出口数据,但因国研网和海关统计数据库中仅有 2002—2008 年,为此笔者以 2002—2008 年数据作为经验检验的样本。

出口技术复杂度(见表 5-9),可知,2002—2008 年中国出口技术复杂度呈上升趋势,所有大类产品的出口技术复杂度均值从 2002 年的 11022 元增加到了 2008 年的 27118 元,增加 16139 元,增加了幅度达到了 146.03%。这一结论符合了 Hausmann(2005)关于出口技术复杂度与经济增长关系的阐述,即一国的经济增长会促进该国出口技术复杂度的升级。从出口技术复杂度深化额度上看:第 18 类商品的出口技术复杂度深化最为明显,从 2002 年的 12169 元增加到了 2008 年的 33799 元,增加额达到了 22154 元,7 年间增加了 177.75%。这表明进入 21 世纪以后我国光学、医疗仪器的出口技术含量得到了大幅度的提升。其次是第 16 类(机电、音像设备及其零件、附件),7 年间增加了 17835 元,增幅达到 143.4%。出口技术复杂度深化程度最小的是第 10 类(木浆等,废纸,纸、纸板及其制品)商品。从均值排名上看,我国出口技术复杂度最高的是第 18 类商品,即光学、医疗等仪器等产业,其次是化工产业(第 6 类);出口技术复杂度最低的是木浆及纸制品(第 10 类)。为了进一步分析各大产业出口技术复杂度分布的发展趋势,我们对 2002—2008 年大类层面出口技术复杂度进行了 Kernel 密度估计(见图 5-2),结果显示:2002—2008 年间,Kernel 曲线峰值呈不断下降且右移的趋势,从相对狭窄变得矮而宽。这表明:一方面中国出口技术复杂度在深化,另一方面各大类的出口技术复杂度差异在加大,即中国出口品的技术含量差距在加大。另外,Kernel 密度估计曲线从 2004 年起都只有一个显著峰,可见,近几年,虽然各产业出口技术复杂度的差距在扩大,但中国各产业出口技术复杂度升级的模式是"齐头并进"的,并未出现"两极分化"的现象。

表 5-9　2002—2008 年各大类商品出口技术复杂度　　　(单位 元)

| 商品类 | 2002 | 2003 | 2004 | 2005 | 2006 | 2007 | 2008 | 增额 | 均值 |
|---|---|---|---|---|---|---|---|---|---|
| 第 6 类 | 13331 | 13976 | 15799 | 19495 | 22516 | 27430 | 30822 | 17492 | 20481 |
| 第 7 类 | 12863 | 14522 | 14547 | 19429 | 22509 | 26281 | 28247 | 15383 | 19771 |
| 第 8 类 | 8724 | 9849 | 10132 | 14635 | 16609 | 19923 | 24139 | 15414 | 14859 |
| 第 9 类 | 9435 | 10915 | 12035 | 14707 | 17074 | 20166 | 23304 | 13869 | 15377 |
| 第 10 类 | 8230 | 9442 | 10243 | 12853 | 14956 | 17588 | 20182 | 11952 | 13356 |
| 第 11 类 | 11304 | 12963 | 13607 | 17728 | 20574 | 23815 | 26640 | 15336 | 18090 |
| 第 12 类 | 12447 | 13841 | 13806 | 18102 | 19634 | 22000 | 27750 | 15303 | 18226 |
| 第 13 类 | 9669 | 11294 | 12039 | 15774 | 18372 | 22345 | 26204 | 16534 | 16528 |
| 第 15 类 | 10942 | 12516 | 13790 | 16675 | 17953 | 24853 | 29106 | 18164 | 17977 |

| 商品类 | 2002 | 2003 | 2004 | 2005 | 2006 | 2007 | 2008 | 增额 | 均值 |
|---|---|---|---|---|---|---|---|---|---|
| 第 16 类 | 12437 | 14454 | 20894 | 19783 | 23717 | 27342 | 30272 | 17835 | 21271 |
| 第 17 类 | 10713 | 11920 | 14742 | 16292 | 17981 | 21501 | 24947 | 14234 | 16871 |
| 第 18 类 | 12169 | 14541 | 18334 | 21258 | 24959 | 30022 | 33799 | 22154 | 22154 |
| 均值 | 11022 | 12519 | 14164 | 17228 | 19738 | 23606 | 27118 | 16139 | — |

注:各大类具体所包含的商品如下:第 6 类(化学工业及其相关工业的产品)、第 7 类(塑料及其制品,橡胶及其制品)、第 8 类(革、毛皮及制品,箱包;肠线制品)、第 9 类(木及制品、木炭、软木、编结品)、第 10 类(木浆等、废纸,纸,纸板及其制品)、第 11 类(纺织原料及纺织制品)、第 12 类(鞋帽伞等、羽毛品、人造花、人发品)、第 13 类(矿物材料制品、陶瓷品、玻璃及制品)、第 15 类(贱金属及其制品)、第 16 类(机电、音像设备及其零件、附件)、第 17 类(车辆、航空器、船舶及运输设备)、第 18 类(光学、医疗等仪器,钟表,乐器)。

数据来源:根据国研网统计数据计算而得(表 5.2 同)。

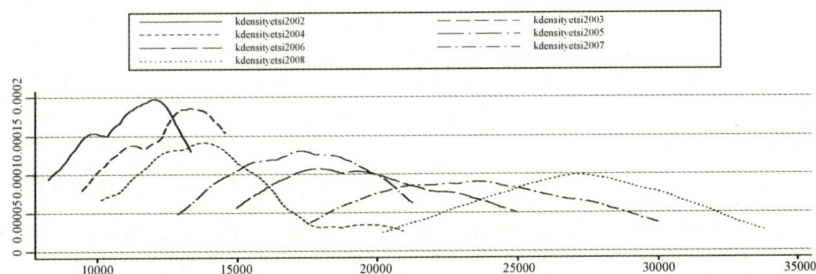

图 5-2  2002—2008 年中国各类商品出口技术复杂度的 Kernel 密度估计

在大类产品出口技术复杂度的基础上,我们运用式(5.3)计算了中国 28 个省级区域 2002—2008 年的出口技术复杂度(见表 5-10)。可知:将 2002—2008 年中国出口技术复杂度均值按当年汇率折换美元约为 2214.1 美元,大大低于 Rodick(2006)计算所得的相关年份的出口技术复杂度均值,这与 Van Assche & Gangnes(2008)和 Amiti& Freund(2008)的研究结论是一致的,导致这一现象的原因在于:一国出口的产品并非全部是由本国生产,这在发展中国家的出口加工贸易中表现得尤为明显(姚洋、张晔,2008)。在 Rodick(2006)等人的研究中,其将中国的出口数据作为衡量中国出口技术复杂度的基础,这实际上是将在中国以加工组装贸易形式进口的发达国家高技术含量产品"划拨"给了中国,使中国出口技术复杂度出现"虚高"的现象。而本部分的测度方法中将加工贸易形式进口的产品(原材料)剔除,实际上是将中国出口的"外国成分"挤出,还原中国的真实出口技术复杂度。以 2008 年出口技术复杂度最高的第 18 和第 16 类为例,其以加工贸易形式进口的产品占出口比重分别达到了 54.74％和 33.13％。剔除该部分后其权重分别从 3.78％和 48.45％下降到了 2.22％和 27.62％,使得第 18 和第 16 类对中国出口技术复杂度整体贡献度下了 527 元和 6305 元。可见,导致本部分测度结果与 Rodick(2006)等人的测度结果不同的根本原因在于:本研究剔除了国外高技术成分带来的"虚高",一定程度上使得中国出口技术复杂度恢复到真实值。

表 5-10　2002—2008 年中国各省级区域出口技术复杂度

| 地 区 | 2002 | 2003 | 2004 | 2005 | 2006 | 2007 | 2008 | 省区均值 |
|---|---|---|---|---|---|---|---|---|
| 北京 | 10966 | 12673 | 17781 | 17564 | 21066 | 24435 | 27390 | 18839 |
| 福建 | 11249 | 12882 | 16237 | 17450 | 19933 | 23454 | 27229 | 18348 |
| 广东 | 11069 | 12783 | 18197 | 17705 | 20684 | 24399 | 27935 | 18967 |
| 海南 | 10333 | 11653 | 12556 | 15463 | 17667 | 20031 | 23651 | 15908 |
| 河北 | 10135 | 11675 | 12809 | 15881 | 17956 | 21204 | 24888 | 16364 |
| 江苏 | 10885 | 12523 | 17620 | 17077 | 19771 | 23147 | 26406 | 18204 |
| 辽宁 | 10183 | 11631 | 15337 | 15832 | 18223 | 21728 | 25428 | 16909 |
| 山东 | 10694 | 12234 | 14650 | 16528 | 18992 | 22258 | 25543 | 17271 |
| 上海 | 10926 | 12598 | 17703 | 17349 | 20168 | 23736 | 27075 | 18508 |
| 天津 | 10596 | 12165 | 18252 | 16482 | 18868 | 22079 | 25528 | 17710 |
| 浙江 | 11233 | 12903 | 15215 | 17574 | 20351 | 23825 | 27044 | 18306 |
| 东部均值 | 10752 | 12338 | 16033 | 16810 | 19425 | 22754 | 26192 | 17758 |
| 安徽 | 10695 | 12231 | 14605 | 16774 | 19112 | 22647 | 25830 | 17413 |
| 河南 | 10420 | 11889 | 12513 | 16232 | 18636 | 21748 | 25392 | 16690 |
| 黑龙江 | 10497 | 12064 | 14088 | 16169 | 18994 | 22766 | 25907 | 17212 |
| 湖北 | 10513 | 11906 | 13941 | 16090 | 18776 | 22051 | 25293 | 16939 |
| 湖南 | 9664.2 | 11076 | 12255 | 15220 | 17523 | 21100 | 24740 | 15940 |
| 吉林 | 10304 | 11848 | 13386 | 15787 | 18108 | 21496 | 25002 | 16562 |
| 江西 | 10366 | 11855 | 13241 | 15965 | 18284 | 21583 | 24984 | 16611 |
| 山西 | 9314.4 | 10444 | 11209 | 15110 | 17684 | 20860 | 24472 | 15585 |
| 中部均值 | 10222 | 11664 | 13155 | 15918 | 18390 | 21781 | 25202 | 16619 |
| 甘肃 | 9460.4 | 10880 | 11207 | 15544 | 17897 | 20969 | 24852 | 15830 |
| 广西 | 9500.4 | 10952 | 12196 | 15109 | 17417 | 20754 | 24350 | 15754 |

续表

| 地　区 | 2002 | 2003 | 2004 | 2005 | 2006 | 2007 | 2008 | 省区均值 |
|---|---|---|---|---|---|---|---|---|
| 贵州 | 8948.6 | 10498 | 12661 | 14480 | 16582 | 19570 | 23154 | 15128 |
| 内蒙古 | 10332 | 11863 | 12177 | 15828 | 17813 | 20858 | 24325 | 16171 |
| 青海 | 9395.9 | 10541 | 11211 | 14940 | 17102 | 20083 | 23523 | 15257 |
| 陕西 | 9182.2 | 10794 | 10674 | 15558 | 17196 | 20724 | 24077 | 15458 |
| 四川 | 10594 | 12240 | 15266 | 16592 | 19075 | 22371 | 25942 | 17440 |
| 云南 | 10491 | 11921 | 14745 | 16470 | 19332 | 22517 | 26018 | 17356 |
| 重庆 | 9165.8 | 10478 | 11443 | 14491 | 16817 | 19838 | 22323 | 14937 |
| 西部均值 | 9770 | 11226 | 12639 | 15567 | 17834 | 21030 | 24452 | 17412 |

这是否表明修正后的测度方法使得我国的出口技术复杂度回到正常值了呢？为此,笔者运用 stata10.0 画出了 2008 年出口技术复杂度和人均GDP 的散点(见图 5-3),可知 2008 年的散点均匀地分布在拟合线两侧标准差为 92% 的灰色区域内,并没有出现 Rodick(2006)所谓的"异常偏离"现象[1],即测度结果与人均 GDP 的关系回到了 Van Assche & Gangnes(2008)和 Amiti& Freund(2008)指出的正常情况。可见,考虑了加工贸易和区域发展的差异后,中国的出口技术复杂度并没有表现得异常高,这也表明修正后的测度方法实际上优于传统的测度方法,其在很大程度上消除了"统计假象",与此同时出口技术复杂度与人均 GDP 的关系也更符合 Hausman(2005)等人的研究结论。

从数值上看,2002—2008 年中国各区域的出口技术复杂度均呈上升趋势,且上升幅度较大,平均升幅达 150.27%,这与 Rodick(2006)和 Schott(2006)等人的研究是几乎一致的。可知:在剔除"统计假象"后,中国的出口技术复杂度虽然没有原先学者计算得那么高,但近几年确实得到了大幅度的提升。在各区域出口技术复杂度中,2002—2008 年年均出口技术均值排名靠前的均是东部沿海发达地区,其中最高的是广东,其次是北京、上海和浙江。可见经济发展状况较好的区域,其出口技术复杂度相对较高,即出口的产品技术含量相对较高。从区域对比上看,东部区域的出口技术复杂度要优于中部,而中部优于西部,以 2008 年为例,东部区域的出口技术复杂度

---

① Rodrik(2006)对包括中国在内的各国出口技术复杂度和人均 GDP 的关系用散点图表示后发现,表示中国远远偏离多数国家所在的"正常区域",具体图见 *China & World Economy* 2006 年第 5 期第 6 页。

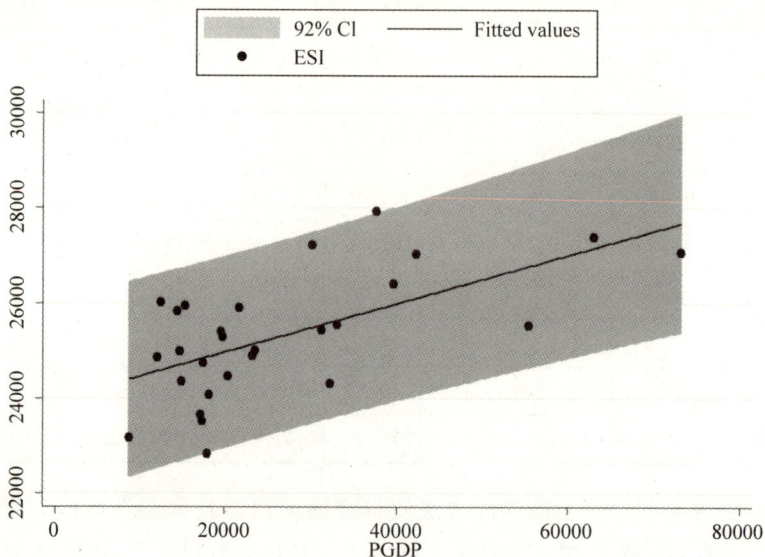

图 5-3　2008 年各省级区域出口技术复杂度和人均 GDP 的散点分布

注：人均 GDP 为国研网公布的省级区域总产出除以省级区域总人口。

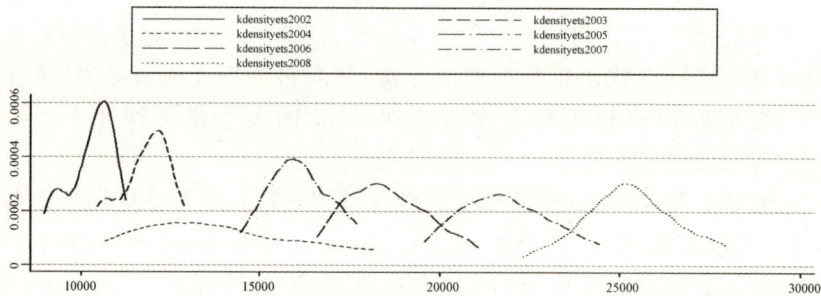

图 5-4　2002—2008 年中国各省市出口技术复杂度的 Kernel 密度估计

均值达到了 26192，中部均值为 25202，而西部为 24452，且中部 8 个地区和西部 9 个地区 2002—2008 年的出口技术复杂度均低于东部地区的平均值。从 Kernel 密度估计图（见图 5-4）上看：Kernel 曲线从 2002 年"高、尖、窄"的特点，逐渐变成了 2008 年的"矮、扁、宽"，这说明中国各省区的出口技术复杂度差异化正在加深，即各区域间的出口技术复杂度差距正在扩大。从图 5-4的峰数上看，已经从 2002 年和 2003 年的两个显著峰值逐渐变成一个显著峰值，说明我国区域出口技术复杂度升级已经逐渐由"两极分化"的发展模式逐渐转变为"齐头并进"的发展模式。

## 5.2.2 中国产业出口技术复杂度深化动力的实证分析

一般而言,发达国家在科学技术、社会服务和熟练劳动力领域具有比较优势,其主要承担技术密集型和资本密集型产品的生产,进而获取高额增加值[①](唐海燕、张会清,2009),因此,往往只有发达国家的出口技术复杂度才有较大的增长幅度。那么,为什么作为发展中国家的中国,其出口技术复杂度会得到如此大幅度提高,揭示这一现象的内在机理,对我们更深刻地理解中国产业出口技术复杂度的演进机制具有重要意义。

1. 模型的构建及相关性检验

在构造具体的实证模型时,考虑到"对于时期较短而横截面单位较多的样本数据,可以认为地区间的差异主要表现在横截面的不同个体之间,参数不随时间变化或者变动较小"(魏楚、沈满洪,2007),为此,笔者采用变截距模型(variable intercept)。根据前述基于三部门视角的机理分析所得(3.31)及中国出口技术复杂度的测度状况,结合 Shujin Zhu(2009)和唐海燕、张会清(2009)的类似研究,构建以下实证模型:

$$\ln ETS_{it} = c_i + \alpha_1 \ln H_{it} + \alpha_2 \ln L_{it} + \alpha_3 \ln b_{zit} + \alpha_4 \ln b_{eit}$$
$$+ \alpha_5 \ln P_{it} + \alpha_6 \ln w^{L^*} + \alpha_7 \ln P^* + \varepsilon_i + \mu_t \qquad (5.6)$$

其中,$i$ 为中国省级区域,$t$ 为时间,$P^*$ 为国外资本的价格,$\varepsilon_i$ 和 $\mu_t$ 分别为相应的残差项。出于实证检验的可操作性以及本书研究目的的考虑,对实证模型做如下处理:

首先由于我们选取的是 12 大类产业,各产业产品的计量单位也不尽相同,产品价格 $P_{it}$ 难以直接获得,为此,笔者用各地区的零售商品价格指数来表示(2002 年为基期)。其次国外劳动力工资 $w^{L^*}$ 在实际计量中难以描述,考虑国外劳动力价格上涨时,跨国公司出于成本最小化目的,会更倾向在中国进行加工组装,从而表现为中国加工贸易量的上升,为此,可以用省级区域历年的加工贸易量来体现。再次由机理分析中命题 3 可知国外资本品价格 $P^*$ 的变动对各省级区域的影响直接表现为 FDI 流入量的变化,当国外 $P^*$ 上涨时,资本品在国外可以获得更高的报酬,则流向各省级区域的 FDI 将减

---

① Lall & Weiss(2006)也有类似观点,其指出发达国家因其发展水平较高,有能力在高技术产业进行大量投资,进而提高本国出口技术复杂度,其甚至还指出,即使是相同类型的产品,在发达国家生产的技术含量都要比发展中国家高。而且 Hummels & Klenow(2005)还指出富国(richer countries)出口的产品不仅数量多而且拥有的种类也更多(broader variety)。

少,为此可以用各省级区域 FDI 的流入量体现国外资本价格的变动。最后生产性资本 $b_z$,笔者用各省区物质资本存量来表示。而服务性资本 $b_s$ 增加对出口技术复杂度的作用,主要表现为:使出口更为便利,体现为交通设施的完善,特别是公路交通设施的完善(Sim,2004),为此,服务资本量可以以各省区每万平方公里拥有的公路数量来表示(唐海燕、张会清,2009)。则最终模型可以调整为:

$$\ln ETS_{it} = C_i + \beta_1 \ln H_{it} + \beta_2 \ln L_{it} + \beta_3 \ln GNZ_{it} + \beta_4 \ln GL_{it}$$
$$+ \beta_5 \ln P_{it} + \beta_6 \ln FDI_{it} + \beta_7 \ln JG_{it} + \varepsilon_i + \mu_t \quad (5.7)$$

其中,$H_{it}$ 为各省级区域拥有的数量劳动力,借鉴唐海燕、张会清(2009)的研究,此处用各省区就业人口中大学生人数(含大专)表示,$L_{it}$ 为非熟练劳动力就业人数,$GNZ_{it}$ 为各省区物质资本存量[①],$GL_{it}$ 为基础设施,即公路拥有量,$P_{it}$ 为各地零售商品价格指数,$FDI_{it}$ 为各地外商直接投资流入量,$JG_{it}$ 为各地加工贸易出口量。

由于式(5.7)中的解释变量较多,解释变量之间可能存在一定的相关性,进而导致计量模型存在多重共线性。为此,在进行回归前,笔者对各变量进行了相关性分析,并将相关性较高的变量不置于同一次回归中,以提高回归结果的可靠性。表 5-11 报告了样本变量的相关系数矩阵,可得到如下结论:首先外商直接投资和加工贸易存在较大的相关性,相关系数达 0.907489,导致这一现象的原因可能在于:中国的加工贸易很大程度上是由于外商直接投资企业推动的。其次各地的物质资本量与各地的基础变量存在较大的相关性,相关系数高达 0.564857。最后剩下的解释变量中相关系数最高值仅为 0.358969,剩余解释变量的共线性干扰的影响基本上可以忽略。在后面的实证估计中,笔者将外商直接投资、加工贸易、物质资本存量和基础设施变量不同时置于同一回归中,因此,实证中实际上采用了四个回归方程[②]。

---

① 本书采用永续盘存法,计算得各省级区域物质资本存量,具体计算方法为:$K_{it} = K_{it-1}(1 - \delta_{it}) + I_{it}$,其中 $K$ 表示各省当年的资本存量,$\delta$ 为折旧率,$I$ 为各省当年的投资量。笔者采用 2000 年为初始期,2000 年各省物质资本存量采用张军(2004)计算得到的值。张军等(2004)在计算时,将四川和重庆进行加总计算,为此我们以 2000 年四川与重庆的 GDP 之比将加总值,分别分配给四川和重庆。在折旧率的选择上,笔者借鉴王小鲁(2000)的研究,采用 5% 的折旧率,为此,可得到 2002—2008 年的物质资本存量。

② 未免累赘,此处不再给出具体的方程,读者看表 5-4 等系数即知具体的回归方程。

表 5-11  样本变量的相关系数矩阵

|  | L | FDI | H | JG | ZB | P | JT | ETS |
|---|---|---|---|---|---|---|---|---|
| L | 1 | | | | | | | |
| FDI | 0.273202 | 1 | | | | | | |
| H | 0.204908 | 0.273514 | 1 | | | | | |
| JG | 0.256187 | 0.907489 | 0.009377 | 1 | | | | |
| ZB | 0.08048 | 0.145796 | 0.072077 | 0.077019 | 1 | | | |
| P | 0.227341 | 0.018813 | 0.117645 | 0.012544 | 0.208029 | 1 | | |
| JT | 0.340791 | 0.0126 | 0.358969 | 0.122875 | 0.564857 | 0.210128 | 1 | |
| ETS | 0.231535 | 0.411357 | 0.239904 | 0.427728 | 0.640878 | 0.723871 | 0.507551 | 1 |

资料来源：根据国研网和《中国统计年鉴》数据整理而得。

2. 国家层面演进动因的实证检验

我们首先从国家整体层面，对产业出口技术复杂度深化的动因进行分析，根据前述我们采用面板数据进行回归，回归前还需选择具体的模型，笔者使用 Hausman 检验和似然 F 统计量来检验回归方程固定效应与随机效应的选择。当检验结果显示为固定效应时，笔者进一步采取广义最小二乘 GLS(Cross-section Weights)法，结合 white-period 稳健方法以校正各省区异方差及时期异方差带来的影响[1]。国家层面检验结果显示无论是似然 F 统计量还是 Hausman 检验都在 1% 显著性水平上拒绝了随机效应模型，为此，笔者采用固定效应模型。

由表 5-12 可知：加工贸易量的回归结果并不显著，均未通过 10% 的显著性水平检验，且估计系数较小（分别为 0.015127、0.078300）。这表明：整体而言加工贸易对中国出口技术复杂度的深化作用并不明显，这与 Wang & Wei(2008) 和 Xu & Lu(2009) 的研究结论是一致的，即进入 21 世纪以后中国出口技术复杂度的快速提升并非得益于加工贸易。

劳动力类因素方面：熟练劳动力在四个方程的回归结果中均显著（仅方程(1)只通过 10% 的显著性水平的检验，其余均通过 1% 的显著性水平检验），估计系数为 0.060234～0.125019，可见熟练劳动力每增加 1 个百分点，中国出口技术复杂度可以深化 0.060234～0.125019 个百分点。非熟练劳动

---

① 后面区域层面的实证研究和国家层面动态研究也采用类似方法，即当似然 F 统计量和 Hausman 检验表明用固定效应回归时，采取广义最小二乘 GLS 法，结合 white-period 稳健方法以校正各省区异方差及时期异方差带来的影响，后面不再累赘。

力的促进作用更为明显,弹性系数为 0.173546～0.528446,且均通过了至少 5%的显著性水平检验。

表 5-12　2002—2008 年国家层面面板数据检验结果

| 系　数 | (1) | (2) | (3) | (4) |
|---|---|---|---|---|
| C | 1.942484 *** <br> (3.310380) | 0.606758 <br> (0.548426) | −6.965366 *** <br> (−6.255787) | −9.017488 *** <br> (−12.86746) |
| $\ln H$ | 0.063450 * <br> (1.830500) | 0.101959 *** <br> (2.923031) | 0.125019 *** <br> (2.636011) | 0.060234 *** <br> (3.746960) |
| $\ln L$ | 0.173546 *** <br> (3.964296) | 0.196367 ** <br> (2.465738) | 0.433315 *** <br> (4.243180) | 0.528446 *** <br> (4.425136) |
| $\ln P$ | 0.293460 *** <br> (3.420846) | 0.527878 *** <br> (2.842533) | 2.334711 *** <br> (7.615196) | 2.743815 *** <br> (12.70024) |
| $\ln GNZ$ | 0.492270 *** <br> (14.10008) | 0.495729 *** <br> (12.54006) | — | — |
| $\ln GL$ | | | 0.198108 *** <br> (5.626644) | 0.127441 *** <br> (4.219912) |
| $\ln FDI$ | 0.080654 *** <br> (6.415843) | | 0.149775 *** <br> (4.511555) | |
| $\ln JG$ | — | 0.015127 <br> (1.128029) | — | 0.078300 <br> (1.372818) |
| A-$R$-squared | 0.968499 | 0.933164 | 0.881848 | 0.925648 |
| $F$-statistic | 187.4550 *** | 85.67252 *** | 46.26339 *** | 76.49997 *** |
| OBS | 189 | 189 | 189 | 189 |
| 固定效应、随机效应模型检验 | | | | |
| $F$ 统计量 | 24.551005 *** | 14.838165 *** | 10.789579 *** | 10.213085 *** |
| Hausman 检验 | 261.278327 *** | 234.557334 *** | 247.249679 *** | 180.559732 *** |
| 判断结论 | 固定效应 | 固定效应 | 固定效应 | 固定效应 |

注:* 表示在 10%水平下显著,** 表示在 5%水平下显著,*** 表示在 1%水平下显著。个体的截面常数或时间截面常数,因篇幅有限,并未给出(以下同)。

资本类因素方面:回归方程(1)和(2)中,国内物质资本的估计系数均接近 0.5,且都通过了 1%的显著性水平的检验,国内服务设施的完善对出口结构深化作用亦较为明显,估计系数为 0.127441～0.198108(均通过 1%的显著性水平检验)。在同一方程中,国内物质资本和基础设施完善的估计系数均大于外商直接投资的估计系数。2002—2008 年间各省级区域物质资本存量平均增长了 2.74 倍,公路里程平均增长了 1.29 倍,外商直接投资增加了

1.93倍。据此可知:"外力"(国外直接投资)推动了中国出口技术复杂度的升级,但"内力"(国内投资和基础设施完善)的作用明显大于"外力",这很大程度上印证了 Branstetter & Lardy(2006)的基本观点①。

价格因素虽然在四个方程中均通过了 1% 的显著性水平检验,且在回归方程(3)和(4)中具有较大的估计系数,但近年来中国出口品"量增价跌"的现象十分显著(李艺、汪寿阳,2007),为此,价格因素对中国出口技术复杂度的深化作用相对有限。值得一提的是,价格因素显著为正还表明:中国企业采用"低价竞销"的策略,实际上并不利于中国出口技术复杂度的深化,反而在很大程度上削弱了中国出口品技术含量的提升。

总结国家层面的实证分析结果可知:国内物质资本存量、基础设施、非熟练劳动力、熟练劳动力和外商直接投资都对中国出口技术复杂度深化具有明显的促进作用,为此,笔者将这几个关键变量进行分段回归(每3年为一时间段),以探寻其动态趋势。考虑到基础设施和国内物质资本具有较高的相关性,且物质资本的估计系数明显大于基础设施,我们将基础设施变量舍去。时间段的选择、模型的选择和回归结果置于表 5-13。

表 5-13　国家层面各关键变量的分段回归

| 系　数 | 2002—2004 | 2005—2007 | 2006—2008 |
|---|---|---|---|
| C | −0.701374*<br>(−1.717982) | 3.785922***<br>(20.42837) | 3.618106***<br>(12.69272) |
| $\ln H$ | 0.123248***<br>(4.780736) | 0.054681***<br>(3.697406) | 0.075124***<br>(7.250466) |
| $\ln L$ | 0.844553***<br>(8.119353) | 0.058922***<br>(2.829183) | −0.004977<br>(−0.09624) |
| $\ln GNZ$ | 0.549897***<br>(7.367175) | 0.555894***<br>(24.34588) | 0.598169***<br>(93.10635) |
| $\ln FDI$ | −0.079632<br>(−0.863465) | 0.025194***<br>(3.433603) | 0.033497***<br>(4.57812) |
| A $R$-squared | 0.898194 | 0.988480 | 0.996380 |
| $F$-statistic | 24.52693*** | 229.8201*** | 734.9409*** |
| OBS | 81 | 81 | 81 |

① 其指出中国出口技术复杂度的升级主要依赖于两股力量:"内力"和"外力",但是由于近几年中国国内投资的不断扩大,内力的作用力很可能远超过外力。

续表

| 系　数 | 2002—2004 | 2005—2007 | 2006—2008 |
|---|---|---|---|
| 固定效应、随机效应模型检验 | | | |
| 似然 $F$ 统计量 | 19.936669*** | 135.181126*** | 382.92198*** |
| Hausman 检验 | 119.511954*** | 412.622645*** | 399.524337*** |
| 判定结论 | 固定效应 | 固定效应 | 固定效应 |

从估计系数的趋势上看：非熟练劳动力对出口技术复杂度的深化作用已变得越来越弱，估计系数已从 2002—2004 年的 0.844553 下降到了 2006—2008 年的不显著负作用（未通过 10％的显著性水平检验）。导致这一现象出现的原因在于：2002—2008 年间中国出口品价格上涨速度较慢，伴随着非熟练劳动力价格和出口品技术含量的上涨，命题 2 中非熟练劳动力的负作用区间逐渐在中国开始显现。熟练劳动力的促进作用，虽然从 2002—2004 年的 0.123248 降到了 2005—2007 年的 0.054681，但 2008 年已有回升的趋势（2006—2008 年的系数达 0.075124）。导致熟练劳动力作用力出现先减后增的原因可能在于：1999—2001 年大学突性扩招后，2003—2005 年间有大量的毕业生涌入资产性生产部门，而这些大学生刚融入社会时，并不构成完全意义上的熟练劳动力，进而快速降低了资本生产性部门熟练劳动力的平均素质，使得熟练劳动力的作用力下降。而在最后一个阶段，先前的毕业生经过几年的历练成为真正的熟练劳动力，虽有毕业生不断涌入，但熟练劳动力的平均素质有一定的回升，进而提升了熟练劳动力的作用。综上可知：单纯依靠非熟练劳动力的增加，来提升中国出口技术复杂度已经行不通，需进一步提高劳动力的技能，以增加熟练劳动力的基数，进而深化中国出口技术复杂度。

物质资本估计系数在三个时间段中呈现明显的上升趋势，从 2002—2004 年的 0.549897 上升到 2006—2008 年的 0.598169，三个时间段均通过 1％的显著性水平检验，FDI 的估计系数也呈上升趋势，导致这一情况出现的原因可能有三：一是最近几年中国基础设施不断完善，使得资本更有效地发挥其效能；二是流向中国的 FDI，其质量在不断提高；三是由前面命题 3 和理论模型式（3.35）和式（3.36）可知有一种可能，即当发达国家的资本品在中国获得收益大于其他国家，使得发达国家 FDI 的流入量增大，从而导致技术外溢的可能性加大，进而提升了 FDI 促进出口技术复杂度升级的作用。

3. 区域层面演进动因的实证检验

由于中国的区域经济发展具有极大的不平衡性，东部地区占据了全国

90%左右的出口额,东部的人均收入也是西部平均水平的几倍。而且前面的研究还表明:中国区域间出口技术复杂度的差异性呈进一步扩大趋势。可见不同区域出口技术复杂度深化的动因可能并不完全相同,与国家层面的动因存在一定的差异,为此,笔者将样本中的 27 个省级区域[①],按照前面东、中和西部的划分,分别进行实证检验。

东部省份回归表明(见表 5-14):非熟练劳动力对东部区域出口技术复杂度深化具有显著的负作用,熟练劳动力则具有显著的正作用。导致熟练劳动效应为正的主要原因在于:东部熟练劳动力较多,资本性生产部门的熟练劳动力与非熟练劳动力之比位于命题 1 中较优区间,使得理论模型中方程式(3.32)和式(3.33)为正。非熟练劳动力表现出负作用的原因可能有两个:一是东部近几年非熟练劳动力供给的相对不足(如长三角、珠三角出现正式的"民工荒")使得劳动力价格不断上涨,而出口品"量增价跌"的现象还在继续,使得命题 2 中非熟练劳动力的负作用出现;二是东部地区的非熟练劳动力多为外来务工人员,其工资相对于生活成本而言并不高,这导致其心理上没有自豪感和成就感,缺乏努力工作的激励,降低了非熟练劳动力在东部地区"出力"和"用心"的程度(江小涓,2008)。

表 5-14 东部省份面板数据检验结果

| 系数 | (1) | (2) | (3) | (4) |
|---|---|---|---|---|
| C | 7.740506 *** (29.00461) | 7.606760 *** (27.13391) | 7.003255 *** (14.34412) | 6.960840 *** (15.14044) |
| $\ln H$ | 0.003990 *** 3.091809) | 0.088877 *** (3.301418) | 0.135509 ** (2.179337) | 0.147851 ** (2.461247) |
| $\ln L$ | −0.257485 *** (−9.106753) | −0.258419 *** (−6.583950) | −0.099097 ** (−2.271609) | −0.140757 *** (−2.952245) |
| $\ln P$ | 3.996218 *** (13.23540) | 4.133611 *** (6.625445) | 4.043379 *** (3.967260) | 4.433902 *** (7.569979) |
| $\ln GNZ$ | 0.324377 *** (5.603874) | 0.204657 *** (2.813488) | — | — |
| $\ln GL$ | — | — | 0.237966 *** (7.094061) | 0.180681 *** (2.712481) |
| $\ln FDI$ | 0.061652 *** (5.716502) | — | 0.063147 * (1.965322) | — |

① 出口技术复杂度测度结果中有 28 个省级区域,但因青海省部分解释变量数据不全,回归时,笔者未将其纳入考察范围。因此,回归中实际样本区域为 27 个。

**续表**

| 系数 | （1） | （2） | （3） | （4） |
|---|---|---|---|---|
| ln$JG$ | — | 0.053284 *** (3.003362) | — | 0.050549 *** (2.682618) |
| AR-squared | 0.756056 | 0.667242 | 0.649082 | 0.665973 |
| F-statistic | 16.27509 *** | 28.67158 *** | 26.52539 *** | 28.51408 *** |
| OBS | 77 | 77 | 77 | 77 |
| 固定效应、随机效应模型检验 | | | | |
| 似然 F 统计量 | 2.387161 ** | 1.343793 | 0.827214 | 0.816889 |
| Hausman 检验 | 9.253816 * | 9.164415 | 6.218717 | 6.143251 |
| 判定结论 | 固定效应 | 随机效应 | 随机效应 | 随机效应 |

与国家层面相比,东部的物质资本存量和外商直接投资的递增对出口技术复杂度的拉动作用并不大,导致这一现象的原因可能在于:东部虽然拥有较多的物质资本,但是物质资本的规模经济效应并不明显,而物质资本效用的边际递减现象十分明显。加工贸易对东部出口技术复杂度深化具有显著的正作用(加工贸易的系数均通过了 1% 的显著性水平检验),这表明加工贸易对东部地区出口技术复杂度的作用机制已经位于姚洋、张晔(2008)所描绘的 V 形作用机制的右边。价格因素对复杂度深化的拉动力最大,估计系数中最小值为 3.996218,由于东部是中国"低价竞销"行为的领头羊,因而价格的推动作用相对有限。

中部省份回归结果表明(见表 5-15):中部出口技术复杂度深化的主要动因是资本因素,并非劳动力因素。回归结果中熟练劳动力和非熟练劳动力的显著性并不强,未通过 10% 的显著性水平的检验,非熟练劳动力和熟练劳动力甚至在部分方程中呈现微弱负的作用,结合命题 1 和 2 可知导致这一现象的原因可能在于:一是资本性生产部门的非熟练劳动力比重过高,使得熟练劳动力"超负荷"地进行"指导工作",反而影响了其增值的速度(江小涓,2008),进而弱化熟练劳动力对出口技术复杂度升级的促进作用;二是相对于其技术含量而言中部地区产品出口价格偏低,使得理论方程式(3.34)的值为负。资本因素方面,物质资本存量、基础设施完善程度和外商直接投资均通过了 1% 的显著性水平检验,值得一提的是中部地区的国内物质资本和外商直接投资对出口技术复杂度的作用力明显大于东部和全国平均水平。导致这一现象的原因可能在于:相比于东部地区,中部的资本相对稀缺,而劳动力相对充足,为此,单位资本能配置到更多的劳动力,进而提高了单位资本边际产出。加工贸易的估计系数未通过 10％ 的显著性水平检验，这表明加工贸易对中部地区的出口技术深化作用并不明显。中部区域的基础设施虽然对出口技术复杂度升级表现出显著的正作用，但其作用力小于东部地区。

表 5-15　中部省份面板数据检验结果

| 系　数 | (1) | (2) | (3) | (4) |
|---|---|---|---|---|
| C | 3.059207** | 5.190969*** | −4.724198*** | −8.188784*** |
| | (2.634066) | (3.182929) | (−3.522279) | (−8.346601) |
| lnH | 0.042101 | 0.058893 | −0.021752 | −0.039328 |
| | (1.568394) | (0.712685) | (−0.501287) | (−0.781273) |
| lnL | −0.235792 | −0.211093 | 0.107615 | 0.203050 |
| | (−0.711702) | (−1.081982) | (0.866027) | (1.287858) |
| lnP | 0.506163* | −0.132849 | 2.375150*** | 3.018112*** |
| | (1.682516) | (−0.440047) | (6.125314) | (8.587443) |
| lnGNZ | 0.492582*** | 0.713106*** | — | — |
| | (12.56467) | (6.230690) | | |
| lnGL | — | — | 0.114934*** | 0.167270*** |
| | | | (2.794669) | (3.607838) |
| lnFDI | 0.194810*** | — | 0.354242*** | — |
| | (3.505912) | | (5.071393) | |
| lnJG | — | −0.021180 | — | 0.066888 |
| | | (−0.910106) | | (1.104304) |
| AR-squared | 0.982844 | 0.982771 | 0.973546 | 0.947069 |
| F-statistic | 263.5772*** | 262.4366*** | 169.6713*** | 83.00663*** |
| OBS | 56 | 56 | 56 | 56 |
| 固定效应、随机效应模型检验 | | | | |
| 似然 F 统计量 | 22.070823*** | 17.452766*** | 18.537144*** | 6.537610*** |
| Hausman 检验 | 135.882848*** | 19.145799*** | 91.753775*** | 39.498830*** |
| 判断结论 | 固定效应 | 固定效应 | 固定效应 | 固定效应 |

西部省份回归结构表明（见表 5-16）：西部地区出口技术复杂度深化的动因是非熟练劳动力和资本因素。熟练劳动力对西部地区出口技术复杂度升级的作用力并不显著，所有估计系数均未通过 10％ 的显著性水平的检验，甚至在部分方程中呈现微弱负的作用。而非熟练劳动力则表现出显著的正作用，估计系数为 0.088879～0.685395，导致这一现象的原因在于：一方面西部地区出口价格相对于其低技术含量的产品和低廉的劳动力工资而言，具有一定优势，即使得方程式(3.34)表现为正，其能在一定程度上保证非熟练劳动力的加薪预期，进而提高非熟练劳动力的积极性；另一方面该地区有

大量的剩余劳动力,"有工作"在当地已经是一种优势,因此在较低的工作水平下其仍有一定的成就感,因此工作相对"卖力",进而促进出口技术复杂度升级。这一结论既证明了三部门模型推导中得到的关于非熟练劳动力对出口技术复杂度关系的论证和命题2的正确性,也说明两部门模型中"非熟练劳动力对技术进步仅表现出负作用"的表述是不准确的。资本因素方面,西部地区的单位物质资本和外商直接投资对出口技术复杂度的促进作用明显大于东部地区,但小于中部地区。其他因素方面,加工贸易对西部地区的出口技术复杂度升级的作用力并不显著,而价格因素虽然具有显著的促进作用,但因价格增加不多使其作用力相对有限。

表 5-16　西部省份面板数据检验结果

| 系　　数 | (1) | (2) | (3) | (4) |
|---|---|---|---|---|
| C | 0.834777<br>(0.740875) | 1.789140<br>(1.328101) | −7.054579 ***<br>(−11.08426) | −8.908229 ***<br>(−9.152182) |
| $\ln H$ | −0.093208<br>(−0.600759) | −0.118825<br>(−1.232842) | 0.005726<br>(0.048148) | 0.090595<br>(0.681276) |
| $\ln L$ | 0.088879 ***<br>(3.955852) | 0.123377 ***<br>(3.828822) | 0.543447 **<br>(2.329401) | 0.685395 **<br>(2.34091) |
| $\ln P$ | 0.886238 ***<br>(3.432442) | 0.758836 ***<br>(2.867776) | 2.506615 ***<br>(11.48343) | 2.755253 ***<br>(8.253421) |
| $\ln GNZ$ | 0.602264 ***<br>(10.50969) | 0.551883 ***<br>(6.095043) | — | — |
| $\ln GL$ | — | — | 0.180725 ***<br>(3.324509) | 0.196864 ***<br>(3.523924) |
| $\ln FDI$ | 0.141308 ***<br>(5.302045) | — | 0.110763 ***<br>(3.326252) | — |
| $\ln JG$ | — | −0.031969<br>(−0.801924) | — | −0.009513<br>(−0.304090) |
| AR-squared | 0.977708 | 0.975765 | 0.901383 | 0.905392 |
| $F$-statistic | 202.0169 *** | 185.5335 *** | 56.88110 *** | 44.86196 *** |
| OBS | 56 | 56 | 56 | 56 |
| 固定效应、随机效应模型检验 | | | | |
| 似然 $F$ 统计量 | 23.800078 *** | 21.930635 *** | 8.473431 *** | 10.852570 *** |
| Hausman 检验 | 35.909344 *** | 57.316532 *** | 57.005213 *** | 55.891475 *** |
| 判断结论 | 固定效应 | 固定效应 | 固定效应 | 固定效应 |

对比国家层面和区际层面估计结果还可得到如下发现:加工贸易仅在东部地区对出口技术复杂度升级具有显著的促进作用。导致这一现象的机制可能在于:一方面东部承接的加工贸易相对中西部而言技术含量较高,当技术外溢出现时,对当地技术进步的促进作用相对较大;另一方面东部地区集聚了较多的熟练劳动力,使得其吸收加工贸易技术外溢的能力较强。

## 5.2.3 总结性评论

该部分借鉴姚洋、张晔(2008)和 Xu&Lu(2009)研究对 Hausmann(2005)的出口技术复杂度测度方法进行了修正,并结合省级面板数据从产业和区域两个层面对 21 世纪以来(2002—2008 年)中国出口技术复杂度进行了测度。最后结合第 3 章中的三部门分析框架从国内外两个方面的因素,对中国出口技术复杂度提升的动因进行了实证检验。主要得出以下几点结论和启示:

(1)修正后的出口技术复杂度测度方法不仅考虑了中国各省区层面出口量的差异,还考虑了各区域收入的差异,更为重要的是:它还剔除了加工贸易型国外产品(原料)引进对测度结果的影响,即降低了"统计假象"带来的有偏影响。为此,与传统的 Hausmann(2005)测度方法相比,其是一个研究中国出口技术复杂度相对更优的指标。该测度方法使得中国的出口技术复杂度测度结果恢复到了正常化,即中国的出口技术复杂度并没有 Rodrik(2006)测度得那样高。但有一结论却是与 Rodrik(2006)相同的,那就是进入 21 世纪后中国出口技术复杂度得到了大幅提升。

(2)出口技术复杂度测度结果表明:从产业上看,中国出口技术复杂度最高的是光学、医疗等仪器及金属制品,而出口技术复杂度最低的是木浆和纸制品。从区域层面上看,全国出口技术复杂度最高的区域为东部地区,最低的由西部地区,其中最高的 6 个省市分别为广东、北京、上海、福建、浙江和江苏,最低的 6 个省市分别是重庆、贵州、青海、陕西、山西和广西。从出口技术复杂度变化趋势上看,虽然各产业和区域间出口技术复杂度的差距正在加大,但产业和区域层面的出口技术复杂度呈"齐头并进"的升级模式,并未出现"两极分化"。

(3)拓展为三部门的 Long(2001)模型是一个分析出口技术复杂度升级动因的更优框架,其修正和完善了两部门模型部分观点。如三部门理论模型表明:熟练劳动力对技术进步的作用不一定为正(两部门模型中为正),当非熟练劳动力在资本性部门比重过高时,熟练劳动力将对出口技术复杂度升级表现为负作用,这一推导在中国中、西部地区的实证分析中得到了验证;三部门模型还指出非熟练劳动力对技术进步的作用不一定为负(两部门模型中为负),当出口价格相对于非熟练劳动力工资具有一定优势时,非熟练劳动力会表现为正作用,这一观点在中国西部地区实证分析中得到了印证。

(4)中国出口技术复杂度有着与普通发展中国家不同的深化模式。现有研究多表明:发展中国家出口技术复杂度深化的主要动力是劳动力,如唐海燕、张会清(2009)[1]和 Lall&John Weiss(2006)等。而本部分的实证结果表明:无论是国家层面还是区域层面,中国出口技术复杂度深化的主要动力是物质资本,导致这一现象的原因在于:中国出口技术复杂度升级和赶超具有很明显的逆比较优势特点(杨汝岱、姚洋,2008),这与韩国和中国台湾地区的早期出口技术复杂度升级模式颇为相似。另外,不同区域出口技术复杂度深化的具体动力并不相同,东部地区的出口技术复杂度深化的动力较多,如加工贸易、外商直接投资、熟练劳动力、基础设施和国内物质资本都具有显著的正效应。中部的出口技术复杂度升级仅仅依靠资本因素,西部则依靠非熟练劳动力和资本。

(5)从劳动力的作用方向上看:熟练劳动力在东部地区表现为正效应,而在中西部则表现出微弱的负作用。结合命题1可知,造成这一现象的原因在于:中西部生产性、服务性资产生产部门配备了过多的非熟练劳动力。因此,一方面应加大中西部非熟练劳动力的培训工作,另一方面需吸引更多的人才到中西部去。非熟练劳动力在东部地区表现出显著的负作用,国家层面2006—2008年的动态回归也已呈现弱微的负作用,结合命题2可知,一定出口技术复杂度条件下,产品应有出口价格水平低于劳动力应有的价格水平的现象已经在中国东部出现,并有可能马上在全国层面出现。结合回归中价格因素在各层面回归中都显著的情况,可知:减少并消除"低价竞销"行为,争取国际定价权已迫在眉睫。

## 5.3  要素价格对产业出口技术复杂度演进影响的实证分析

目前尚无学者关注到要素价格上涨对中国出口技术复杂度的影响。理论上,要素价格上涨引致型生产成本上升,一方面会使企业通过改进工艺、

---

①  唐海燕、张会清(2009)对40个发展中国家进行实证研究后发现:人力资本是发展中国家价值链提升的主要动因,而资本因素的回归结果并不显著,详见《经济研究》2009年第9期第88页。

引入新技术等方式来提高自身收益,以缓解成本上升的压力,另一方面企业可能通过降低产量的方式来规避成本压力。上述两条途径均将对出口技术复杂度产生一定的冲击,那么在两者作用下,我国的实际机制如何呢?这一点尚无学者研究。现实中,我国出口技术复杂度变迁的最直接体现是制造业出口技术复杂度的变动,因为制造业一直是我国技术创新的主要承担者,是我国出口技术复杂度升级的主要推动者。当前的要素价格上涨必然对我国制造业出口技术复杂度产生较为明显的冲击,进而影响到我国制造业对外贸易增长方式的转变,为此,迫切需要深入研究要素价格上涨对中国出口技术复杂度变迁的作用机制及其动态趋势,以为我国制定应对要素价格上涨的政策、产业发展的政策以及出口增长方式转变的政策提供参考。

### 5.3.1　研究方法与变量的选取

1. 计量模型的选择

本部分研究的目的主要是揭示要素价格上涨对中国不同地区出口技术复杂度升级的作用机制及其动态趋势。生产要素一般包括土地、资本、劳动力和原料4个方面,而土地生产要素由于价格不易衡量,我们并未对该要素进行研究,因此主要解释变量有3个。考虑到3种要素的价格变动和出口技术复杂度变迁之间可能存在一定的内生性,因此,需采用一定的工具变量对回归过程予以修正。而相比包含工具变量的随机效应或固定效应面板数据估计方法,包含工具变量的动态面板GMM方法更具有弹性,为此笔者采用动态面板数据的GMM模型进行研究。

由于系统GMM估计方法同时利用了水平变化量和差分变化量,以增加差分估计中工具变量的有效性,为此,我们采用系统GMM进行实证研究。

2. 变量的选择和数据的来源

(1)被解释变量。被解释变量为各省制造业的出口技术复杂度(EXS)。为5.2部分省级层面,基于修正后Hausmann(2007)法测度所得各省出口技术复杂度。

从2002—2008年28个省级区域制造业出口技术复杂度的测度结果上看,在考察范围内各省的制造业出口技术均呈上升趋势,并且出口技术复杂度较高的省级区域多为东部发达省份,这一测度结果符合Hausmann等(2007)的基本思想。图5-5给出了以2008年制造业出口技术最高的两个省市(广东、北京)和最低的两个省市(贵州、重庆)在考察期间的出口技术复杂度值,可知在考察范围内四省市的出口技术复杂度均呈现显著的上升趋势,对比2002年和2008年曲线间的差距,可以发现两个发达省市的出口技术复

出口技术复杂度/元

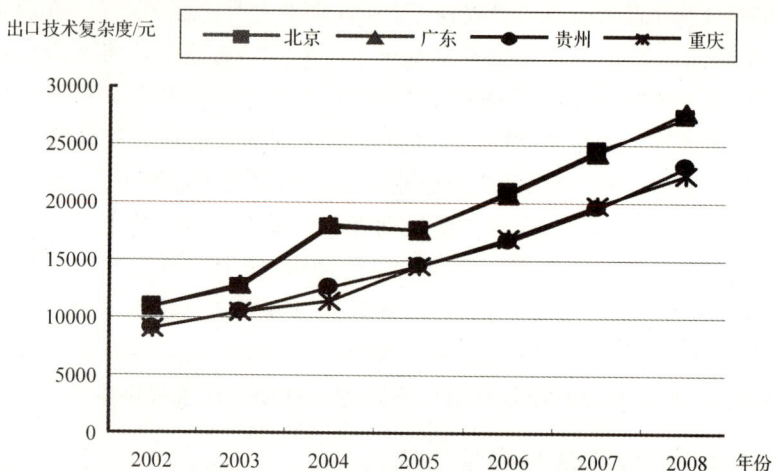

图 5-5 四省 2002—2008 年制造业出口技术复杂度值

价格指数/%

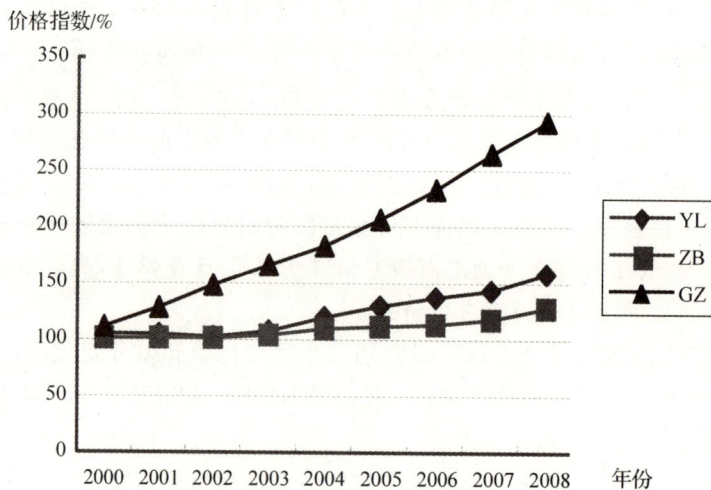

图 5-6 2000—2008 年中国三种要素的价格指数

杂度在 2002—2008 年间,提升速度明显大于两个西部省市,这与整体测度结果的结论是一致的,即 2002—2008 年间东部地区出口技术复杂度的提升幅度大于中西部地区。

(2)解释变量。我们主要考察资本、劳动力和原料 3 种要素对出口技术复杂度的影响,因而解释变量有 3 个,即资本要素价格(ZB)、劳动力价格(GZ)和原材料价格(YL)。考虑到省级区域各要素价格本身的不易获得性,笔者运用各省级区域的固定资产投资价格指数、平均实际工资指数以及原材料、燃料、动力购进价格指数分别表示上述 3 个价格,以上 3 个数据均出自

《新中国 60 年统计资料汇编》,且均以 2000 年为基期。图 5-6 报告了 2000—2008 年国家层面 3 种要素价格指数的变迁情况,可知进入 21 世纪以后,我国的要素价格均呈明显的上升趋势。

为了使得解释变量的估计系数更为可靠,笔者选用了一些能体现各省级区域特征的控制变量,主要包括:

经济发展水平(PGDP):经济发展水平越高的区域,越有能力投资于非传统的、高端产业,进而为本地区出口技术复杂度高端化提供支持,不仅如此,经济发展水平越高往往意味着市场规模越大,这将吸引大量高端产业进驻该地区,从而形成产业集聚(钱学峰,陈勇兵 2009),进而在母市场效应(home market effect)的作用下促进该地区出口技术复杂度的升级。我们运用各省级区域人均 GDP 来衡量其经济发展水平。

对外开放水平(OPEN):根据新经济地理学的经典理论的研究,开放程度越高的区域,其贸易成本越低(钱学峰、陈勇兵,2009),这使得该地区更容易接触到外来品,进而对出口商品结构升级产生冲击(负向)及技术溢出(正向)的双向影响,我们用对外贸易总额占 GDP 的百分比表示。

人力资本(HR):人力资本对区域出口技术复杂度升级的作用是显而易见的。人力资本积累越多的国家,其发展高端技术产业的能力越强,而处于人力资本劣势的国家往往将其产业局限于相对低端的环节。我们用各省区就业人口中大学生人数(含大专)表示人力资本。

外商直接投资(FDI):外商直接投资额是区域外资吸引力的直接体现,外商直接投资为我国各地的工业发展提供了良好的外部助力,也是我国出口技术复杂度升级主要动力之一(Branstetter & Lardy,2006;Xu & Lu,2009)。我们用历年各省级区域实际吸收的 FDI 表示。

### 5.3.2 要素价格对制造业出口技术复杂度影响的整体判断

基于现有的经济学理论和前面关于出口技术复杂度的文献研究,笔者以为要素价格上涨对出口技术复杂度的影响机制有两个:

一是"倒逼"机制。"倒逼"机制是指随着要素价格的上涨,一国出口技术复杂度呈现不断升级的趋势。这一机制的路径主要体现为:在要素价格上涨的情况下,为了化解生产成本带来的竞争压力,企业将做出三种选择:第一种选择是提高原有产品生产的技术效率和水平,以节约成本。第二种选择是介入技术含量或生产工艺更高的新产品行业,以提高收益。这两种选择均将促使该企业产品的技术含量得以提升,当这一机制传导到国家出口层面时,则表现为出口技术复杂度的升级。当企业在引进新技术或介入新产品无望，又难以承受日渐上涨的生产成本时，企业将不得不做出第三种选择，即减少产出，甚至是停产。一旦做出该选择的企业所生产的产品属于该国低端产品时，则意味着该国低端产品的整体比例将出现萎缩，这也将促使该国生产品整体技术含量的提升，进而促使其出口技术复杂度升级。

二是"倒退"机制。"倒退"机制是指随着要素价格的上涨，一国出口技术复杂度呈现不断倒退的趋势。在要素价格上涨引致型生产成本上升的作用下，做出第三种选择的企业，其产品的技术含量在该国所有生产品中属于中高档时，这一决策传导到国家层面将表现为：中高端技术含量产品在该国的比重下降，低技术含量产品的比重上升，结合"母市场效应"理论可知，这一结果将促使该国出口技术复杂度降低。

那么要素价格上涨对于中国制造业出口技术复杂度的效应到底是"倒逼"还是"倒退"呢？本部分将就这一主题从国家和区域双层面进行深入分析。

1. 国家层面的实证结果与分析

从国家层面分析要素价格上涨对制造业出口技术复杂度升级的影响时，我们将四个控制变量分两次加入回归方程，首先是最能体现一个地区特征的两个变量：经济发展水平和对外开放程度，然后是人力资本和外商直接投资。笔者采用解释变量的一阶滞后项作为系统 GMM 统计中的工具变量，与此同时，进一步采用 AR(2) 检验与 Hansen 过度识别检验的概率来判定模型设定的合理性以及工具变量的有效性。

表 5-17 报告了国家层面的系统 GMM 估计结果，可知三种要素价格的上涨均对制造业出口技术复杂度呈现出显著的"倒逼"效应，各估计结果均通过了 1‰ 的显著性水平，且方程整体上均通过了 AR(2) 检验与 Hansen 过度识别检验。表1 的估计结果还表明：经济增长对我国制造业出口技术复杂度具有显著的促进作用，另外外商直接投资也对我国制造业出口技术复杂度具有促进作用。开放水平对我国制造业出口技术复杂度升级的作用方向并不明确，在不同的估计方程中，估计结果的差异较大。值得一提的是，在原料和资本的回归估计结果中人力资本存量对一国制造业出口技术复杂度产生正效应，这与 Xu & Lu(2009) 的研究结果是一致的。当解释变量换成平均实际工资指数时，控制变量人力资本竟表现出不显著的负作用，结合 Charles I. Jones(2002) 关于人力资本功能的阐述，笔者以为这一现象的出现可能包含两个方面原因：一是人力资本价格上涨速度往往快于非熟练劳动力，当工资整体性上升时，过多的人力资本将逐渐成为企业发展中难以舍去的成本负担，进而阻碍企业产品的技术含量提升；二是工资不断上升时，人

力资本对休息的"需求"会逐渐大于其对"工作"的需求,进而降低人力资本对产品升级的贡献率。

表 5-17　国家层面系统 GMM 估计结果

| 解释变量 | 原材料 | | 资　本 | | 劳动力 | |
|---|---|---|---|---|---|---|
| lnEXS | 0.943*** (938) | 0.942*** (223.7) | 0.937*** (464) | 0.936*** (240) | 0.782*** (85.33) | 0.785*** (54.87) |
| lnM | 0.118*** (81.75) | 0.104*** (18.32) | 0.1292*** (16.58) | 0.112*** (15.93) | 0.398*** (24.46) | 0.392*** (15.16) |
| lnOPEN | 0.0001 (0.26) | −0.002** (−2.35) | 0.0010*** (2.73) | −0.0011 (−1.42) | 0.0012* (1.76) | 0.0017 (1.37) |
| lnPGDP | 0.0141*** (37.9) | 0.0236*** (4.46) | 0.0157*** (16.58) | 0.0249*** (7.03) | 0.0334*** (23.44) | 0.0351*** (6.65) |
| lnHR | — | 0.0052** (2.39) | — | 0.0053** (2.36) | — | −0.0029 (−0.90) |
| lnFDI | — | 0.0063*** (2.80) | — | 0.0062*** (3.97) | | 0.0004** (2.19) |
| GOBS | 168 | 168 | 168 | 168 | 168 | 168 |
| AR(2) | 0.125 | 0.214 | 0.145 | 0.231 | 0.126 | 0.154 |
| Hansen | 0.973 | 0.872 | 0.632 | 0.724 | 0.647 | 0.876 |

注:括号内为 Z 统计量,***,**,* 分别代表在 1%、5% 和 10% 的显著性水平,AR(2)和 Hansen 分别表示的是 Arellano-Bond test for AR(2)和 Hansen test 的概率,M 为解释变量,在原材料一栏为 lnYL,资本一栏 lnZB,劳动力一栏为 lnGZ。以下同。

2. 区域层面的实证结果与分析

考虑到我国区域间经济和制造业发展差异较大,要素价格上涨的作用机制在不同的区域可能并不相同。我们进一步从我国区域层面(东、中、西部)对三种要素上涨的出口技术复杂度效应进行实证分析。

东部地区的估计结果显示(见表 5-18):从估计系数的正负及其显著性水平上看,东部地区的回归结果与国家层面较为相似:三种要素价格上涨均将对东部地区出口技术复杂度产生"倒逼"效应。外商直接投资对制造业出口技术复杂度表现为正效应,人力资本也在原料和资本要素的回归中表现为正效应。所不同的是在劳动力要素价格的估计中,人力资本表现出显著的负效应,并且估计系数达到了 −0.0144(在 5% 的水平上显著),明显大于国家层面的估计系数(−0.0029)。我国人力资本多集中于经济发达的东部地区,为此,作为东部地区控制变量的人力资本在劳动力要素价格估计方程中表现出比国家层面更为强烈的负作用,亦属于正常现象。

表 5-18　东部地区系统 GMM 估计结果

| 解释变量 | 原材料 | | 资　本 | | 劳动力 | |
|---|---|---|---|---|---|---|
| lnEXS | 0.877 *** (15.42) | 0.868 *** (15.22) | 0.837 (13.65) | 0.829 *** (13.38) | 0.709 (7.16) | 0.7031 (7.04) |
| ln$M$ | 0.2128 ** (2.22) | 0.236 ** (2.37) | 0.273 *** (2.72) | 0.296 *** (2.82) | 0.4964 *** (2.87) | 0.5090 *** (2.91) |
| lnOPEN | −0.0009 (−0.08) | 0.0049 (0.32) | 0.0029 ** (2.22) | 0.009 (0.63) | 0.0022 (0.19) | 0.0055 (0.38) |
| lnPGDP | 0.0326 ** (2.10) | 0.025 *** (2.76) | 0.0433 ** (2.12) | 0.0343 ** (2.05) | 0.0558 * (1.92) | 0.060 * (1.83) |
| lnHR | — | 0.013 ** (2.51) | — | 0.0128 ** (2.52) | — | −0.0144 ** (2.60) |
| lnFDI | — | 0.0155 * (1.87) | — | 0.0170 * (1.76) | — | 0.0037 ** (2.18) |
| OBS | 66 | 66 | 66 | 66 | 66 | 66 |
| AR(2) | 0.487 | 0.493 | 0.367 | 0.364 | 0.564 | 0.536 |
| Hansen | 0.876 | 0.974 | 0.431 | 0.979 | 0.282 | 0.943 |

中部地区的估计结果显示(见表 5-19):原料和资本要素价格的估计系数不同于全国和东部层面的回归结果,在中部这两者表现出明显的负作用,表明原料和资本价格上涨对中部制造业出口技术复杂度表现出"倒退"效应,即这两类要素价格将致使中部地区处于制造业中高端的企业在转型无望的情况下,选择减产甚至停产。这也将使得中部地区制造业产品国际竞争力下降,不利于中部地区经济的发展。工资的估计系数则与全国和东部层面相似,为正,所不同的是东部地区工资估计系数明显高于中部地区。

表 5-19　中部地区系统 GMM 估计结果

| 解释变量 | 原材料 | | 资　本 | | 工　资 | |
|---|---|---|---|---|---|---|
| lnEXS | −0.096 (−0.23) | −0.1634 (−0.38) | 0.9271 (11.57) | 0.826 *** (8.80) | 0.8119 (10.92) | 0.8061 *** (10.42) |
| ln$M$ | −0.6984 ** (−2.48) | −0.728 ** (−2.56) | −0.0455 ** (−2.59) | −0.0389 ** (−2.49) | 0.2698 (2.27) | 0.2683 ** (2.14) |
| lnOPEN | −0.133 ** (−2.52) | −0.140 *** (−2.60) | −0.0084 (−0.55) | −0.1224 ** (−2.49) | −0.0005 (−0.09) | −0.0002 (−0.03) |
| lnPGDP | 1.966 ** (2.61) | 2.084 *** (2.65) | 0.1398 *** (2.94) | 0.7851 ** (2.58) | 0.0692 ** (2.08) | 0.0715 ** (2.08) |

续表

| 解释变量 | 原材料 | | 资 本 | | 工 资 | |
|---|---|---|---|---|---|---|
| lnHR | — | 0.0162 **<br>(2.47) | | 0.3757 **<br>(2.45) | | 0.0037<br>(0.16) |
| lnFDI | — | 0.8507 **<br>(−2.59) | | 0.562 **<br>(−2.49) | | 0.0039<br>(0.22) |
| OBS | 48 | 48 | 48 | 48 | 48 | 48 |
| AR(2) | 0.134 | 0.431 | 0.236 | 0.424 | 0.148 | 0.159 |
| Hansen | 0.786 | 0.761 | 0.541 | 0.673 | 0.794 | 0.999 |

表 5-20 是对西部的系统 GMM 的估计结果。从三种要素的估计系数上看,原料价格上涨对西部地区制造业出口技术复杂度表现出正效应,资本和劳动力价格上涨则对西部地区制造业出口技术复杂度表现出负效应。原料价格上涨对西部地区表现为"倒退"效应,在西部地区却表现出正效应,结合现有研究,笔者以为西部地区的要素价格上涨的正效应并非真正意义上的"倒逼"效应,而是利润上涨引致投资能力改善带来的出口技术复杂度升级。具体体现为:西部地区除了以自身的进出口参与国际贸易外,还通过向东部输入丰富的自然资源间接地参加东部地区的国际贸易,要素价格的适度上涨会在一定程度上缓解要素价格的扭曲,从而提高西部地区相关企业的活力能力,进而提高其进行工艺改善、嫁接新技术及介入新产品的能力,实现制造业出口技术复杂度升级。劳动力价格上涨带来"倒退"效应,这表明劳动力价格上涨给西部制造业带来更多的是成本压力,进而出现"倒退"效应大于"倒逼"效应的情况。

表 5-20  西部地区系统 GMM 估计结果

| 解释变量 | 原材料 | | 资 本 | | 工 资 | |
|---|---|---|---|---|---|---|
| lnEXS | 0.8423 ***<br>(13.33) | 0.377 ***<br>(4.75) | 1.053 ***<br>(5.74) | 1.112 ***<br>(12.43) | 0.8687 ***<br>(24.02) | 0.867 ***<br>(16.58) |
| lnM | 0.3168 **<br>(1.91) | 0.398 **<br>(2.53) | −0.2164 ***<br>(−2.72) | −0.4913 **<br>(−2.16) | −0.0501 **<br>(−2.21) | −0.176 **<br>(−2.47) |
| lnOPEN | −0.2263<br>(−1.44) | −0.9963 ***<br>(−2.59) | −0.0938<br>(−0.98) | −0.0954 **<br>(−2.01) | −0.1603<br>(−0.22) | −0.025<br>(−1.55) |
| lnPGDP | 0.0884 **<br>(2.57) | 0.6218 ***<br>(2.87) | 0.0938 **<br>(2.39) | 0.0624 **<br>(2.07) | 0.0680 **<br>(2.99) | 0.2337 **<br>(2.01) |
| lnHR | — | 0.9726 **<br>(2.37) | — | 0.3618 **<br>(2.49) | — | 0.0979 **<br>(2.18) |

117

**续表**

| 解释变量 | 原材料 | | 资　本 | | 工　资 | |
|---|---|---|---|---|---|---|
| lnFDI | — | 0.3215 *** (2.78) | — | 0.1785 ** (2.56) | — | 0.0717 * (1.93) |
| OBS | 54 | 54 | 54 | 54 | 54 | 54 |
| AR(2) | 0.423 | 0.568 | 0.349 | 0.471 | 0.248 | 0.173 |
| Hansen | 0.679 | 0.642 | 0.782 | 0.899 | 0.692 | 0.997 |

综合国家和区域层面系统 GMM 估计结果还可以得到两个结论:一是经济增长和外商直接投资在不同层面的估计结果中均表现出显著的正效应;二是在中西部回归结果中,虽然对外开放的部分估计系数并不显著,但所有结果中该指标的估计系数均为负。这一结论表明:对外开放对中西部制造业实际出口技术复杂度产生的负向冲击作用大于其贸易技术外溢带来的正效应。

### 5.3.3 要素价格对制造业出口技术复杂度影响的动态分析

为了进一步分析要素价格变迁对不同地区出口技术复杂度作用力的动态趋势,本部分将样本进行分时间段回归。为保证分段后的估计方程有足够的样本容量,借鉴钱学锋、陈勇兵(2009)的研究,笔者以五年为一时间段,即将样本年份分成 2002—2006、2003—2007 和 2004—2008 三个时间段。同时为了对比方便,此处仅选用各升级区域人均 GDP 作为分段回归的控制变量,继续采用主要解释变量的一阶滞后值作为工具变量,来解决回归中存在的内生性。

表 5-21 给出了东、中和西部地区三个要素分段回归的结果。可知:在东部地区,虽然原料、资本和劳动力三种要素的价格上涨,均对制造业出口技术复杂度呈现出显著的"倒逼"效应,但三种要素的"倒逼"效应呈现不断弱化的趋势,其中原料价格上涨的"倒逼"效应已从 2002—2006 年间的 0.4844 下降到了 2004—2008 年的 0.2262,资本的正效应已经从 0.4968 下降到了 0.1626,而劳动力价格的正效应则从 0.7987 下降到了 0.2153,三者的下降幅度分别达到了 53.30%、67.27% 和 73.04%。

表 5-21　各地区分段系统 GMM 估计结果

| 区　域 | 东　部 | | | 中　部 | | | 西　部 | | |
|---|---|---|---|---|---|---|---|---|---|
| 时　间 | 2002—2006 | 2003—2007 | 2004—2008 | 2002—2006 | 2003—2007 | 2004—2008 | 2002—2006 | 2003—2007 | 2004—2008 |
| 原　料 | 0.484a | 0.264a | 0.226a | −0.0416b | −0.0052b | −0.1905a | 0.193a | 0.096a | 0.020a |
| | 8.05 | 9.30 | 15.3 | −2.47 | −2.45 | −9.84 | 7.52 | 7.30 | 9.28 |
| 时　间 | 2002—2006 | 2003—2007 | 2004—2008 | 2002—2006 | 2003—2007 | 2004—2008 | 2002—2006 | 2003—2007 | 2004—2008 |
| 资　本 | 0.4968a | 0.459a | 0.1626a | −0.0067 | −0.0143a | −0.3186a | −0.466a | −0.321b | −0.180b |
| | 21.70 | 9.67 | 3.81 | −0.41 | −2.96 | −8.08 | −2.84 | −2.53 | −2.14 |
| 工　资 | 0.798a | 0.632a | 0.215a | 0.4974a | 0.3007a | 0.3984a | −0.791a | −0.581a | −0.013a |
| | 10.72 | 10.1 | 5.78 | 8.51 | 4.26 | 6.55 | 10.31 | 6.03 | −4.07 |

注：此处仅给出三种要素的估计结果，其他参数已略去，a、b、c 分别表示在 1%、5% 和 10% 的显著性水平上显著。

中部地区回归结果显示：随着时间的推移原材料价格上涨对中部地区的制造业出口技术复杂度的"倒退"效应越来越大，已经从 2002—2006 年的 −0.0416 下降到了 2004—2008 年的 −0.1905；资本要素的负作用也呈现出显著的扩大趋势，在 2002—2006 年间资本价格上涨呈现出不显著负作用（−0.0067），但到了 2004—2008 年，资本要素的作用已经变成了显著的负作用，估计系数达到了 −0.3186，并通过了 1% 的显著性检验。在原料与资本价格上涨给中部制造业出口技术复杂度带来越来越大负效应的同时，劳动力价格上涨带来的"倒逼"效应也越来越小，工资上涨的正效应已经从第一时间段的 0.4974 逐渐下降到了第三阶段的 0.3984。这表明在要素价格不断上涨的作用下，中部地区制造业出口技术复杂度升级速度将不断减缓。

西部地区回归结果显示：原料价格上涨，给西部出口技术复杂度"倒逼"效应越来越小，估计系数从 2002—2006 年的 0.193 下降到了 2004—2008 年的 0.0204。虽然资本和劳动力要素的价格上涨对西部地区制造业出口技术复杂度产生负效应，但这两个要素价格上涨所带来的负效应已经越来越小，其中资本要素的负效应的估计系数已经从 2002—2006 年的 −0.4664，下降到了 2004—2008 年的 −0.1804，而劳动力要素的估计系数则相应地从 −0.7912，下降到了 −0.013。导致这种现象的原因可能在于：要素价格上涨是全国性的，东部地区在要素价格上涨的"倒逼"效应作用下，将部分产品的生产转移到了中西部，而这些产品相对于中部而言，并非属于其中高档产品，因此，要素价格上升对中部地区出口技术复杂度升级的作用并不显著，甚至为负。而东部地区转移到西部进行生产的产品,对于西部而言属于中高档,即要素价格不断上涨给东部带来"倒逼"效应的同时,其"倒逼"机制下的产能转移,在一定程度上促进了西部地区出口技术复杂度的上升,进而缓解了资本和劳动力要素价格上涨给出口技术复杂度带来的负作用。

### 5.3.4　总结性评论

本部分的研究结果显示:要素价格上涨对国家层面出口技术复杂度均表现出正效应。从国家层面上看,要素价格的上涨有利于我国出口更多的高技术含量的产品,即有利于加快我国外贸增长方式转变;从具体的区域上看,要素价格上涨在不同的地区对出口技术复杂度的作用力并不相同;从动态视角上看,要素价格上涨所体现出的"倒逼"效应越来越小,而要素价格上涨所表现出来的"倒退"效应越来越明显,即要素价格上涨越来越成为企业本身发展的成本负担。基于前面实证研究的结论,结合我国当前发展实际,我们还可以得到以下几点启示。

(1)应清楚地看到,从全国层面而言,原料价格上涨已经成为推动我国制造业出口技术复杂度升级的内生因素,但原料价格上涨过快会促使原料价格越来越成为企业的负担,进而降低企业出口技术复杂度的升级能力。因此,应理性地看待我国原料价格上涨过程,在国内市场中,政府应借助其"有形"的手,来完善我国原料价格形成的市场机制,构建该机制发挥作用的渠道,以减少要素价格制度性扭曲给中西部地区资源性企业出口技术复杂度升级带来的负效应;在国际市场中,应构建相应原料的储备和价格预防体系,以防止国际性价格上涨给制造业带来的冲击,并放弃对一些效率低下企业的保护,以淘汰落后产能,使得我国制造业出口技术复杂度在"适当"的"倒逼"效应的作用下快速升级。

(2)政府在制定抗通胀型货币政策的同时,应关注到其给制造业带来的压力,并因地制宜地制定相应的措施,引导不同地区制造业实现转型升级。由于近段时间,我国CPI居高不下,我国政府不断提出抗通胀措施,如加息、提高存款准备金等,这必将引致资本要素价格的上涨。东部由于"倒逼"效应的存在,给其出口技术复杂度带来的负效应相对有限,但对中西部制造业出口技术复杂度升级的负效应较为明显,为此,应结合各地区自身的要素禀赋、产业结构及经济基础,制定适当的措施鼓励和支持制造业转型升级。

(3)工资上涨对出口技术复杂度的作用力,在国家层面和东中部均表现出显著的正效应,随着时间的转移在西部的负效应也越来越小,可见适当地提高劳动力收入水平,对我国制造业出口技术复杂度而言是相当有益的,为此,政府应通过适当的措施,来提高劳动者工资收入。工资收入水平的上升除了具备出口技术复杂度升级效应外,还能提高劳动收入占比,实现劳动力要素分配份额的提升,促进社会稳定发展,可谓一举两得。值得一提的是,回归结果还显示:工资提升的速度也不宜过快。

(4)东部地区制造业在通过将产能转移到西部的方式,来实现自身转型升级时,会减缓要素价格(资本和劳动力)上涨给西部制造业出口技术复杂度带来的冲击效应,为此,应鼓励东部地区劳动密集型、效率一般的企业向中西部转移,实现东中西出口技术复杂度整体性升级。

## 5.4 国际分散化生产对我国出口技术复杂度影响的实证分析

经改革开放后三十多年的快速发展,中国在对外贸易领域取得了巨大的成就,贸易额从 1978 年的 381.36 亿美元一直上升到了 2012 年的 38667.6 亿美元,成为一个名副其实的贸易大国。与此同时,在国际分工体系的作用下,中国出口产业的生产模式也发生了较大的变化,并逐渐成为当前国际分工体系中的一个环节或片段。

当前国际分工体系的主要特征表现为:垂直一体化分工模式下的产品生产过程已经被分解为不同的区段或工序,跨国公司通过对成本最小化的追逐,使得各生产阶段分散于不同的国家,形成生产工序国家专业化的生产模式(钱学锋、陈勇兵,2009),Jones & Kierzkowski(1990)将这一生产模式称为国际分散化生产体系(international fragmented production)。跨国公司通过分散化生产模式将东道国的生产纳入其生产体系,会对东道国的出口技术复杂度产生深远影响(李元旭、谭云清,2010)。随着我国出口产业受国际分散化生产体系的影响日益深化[①],该体系对我国出口技术复杂度的影响究竟如何呢?揭示这一问题的答案不仅能为我国更好地运用国际分散化生产体系来提升出口技术复杂度提供参考,也能为理解我国区域间出口技术复杂度差异提供一个新的分析视角。

### 5.4.1 国际分散化生产的研究评述

国际分散化生产使得各国之间贸易的流量与性质发生了深刻变化(钱

---

[①] Gaulier et al.(2005)从 1996 年起,中国生产和出口的高技术产品中 92% 以上是通过嵌入发达国家分散化生产体系中实现的,而 2002 年后这一比重已经超过了 95.5%。

学锋、陈勇兵,2009;Jones & Kierzkowski,1990),因此,国内外学者围绕这一主题进行了深入的研究。早期的研究多关注国际分散化生产模式产生的原因,如 Feenstra & Hanson(1996)认为导致国际分散化生产模式出现的原因在于两国间商业壁垒(commercial barriers)的降低。但后续学者并不完全赞同上述观点,并认为生产成本是驱动国际分散化生产出现的主要动力。如 Jones & Kierkowski(2001)指出在一体化生产模式(integrated production)和国际分散化生产模式同样可行的情况下,只有国际分散化生产方式不增加总生产成本,才可能被企业决策者所接受;Antras & Helpman(2005)通过构建成本最优模型来对国际分散化生产各环节进行研究也得到了类似的观点:在市场出清情况下,国际分散化生产中各环节的生产成本是国际分散化生产模式能否实现的关键因素。

沿着"生产成本驱动说"这一思路,Grossman & Helpman 对国际分散化生产模式产生原因进行了较为全面的分析,其于 2002、2003 和 2005 年连续构建理论模型来分析企业的国际分散化生产行为,研究面涉及中间产品的交易成本、中间品市场的深度与广度及中间品市场和最终产品市场竞争的激烈程度(钱学锋、陈勇兵,2009;李元旭、谭云清,2010),其认为企业进行国际分散化生产主要取决于东道国的要素禀赋、制度环境、技术水平以及劳动力素质。在 Grossman & Helpman 及其他学者研究的基础上,Ando & Kimura(2007)对"生产成本驱动说"进行了归纳性分析,其认为国际分散化引致的成本节约型(cost saving)生产有两个源泉:①在要素成本一定的情况下,各国专业化的差异,使得部分生产环节在特定国家生产所需的要素更少;②各国要素价格的差异,会使得同样要素消耗量的生产环节转移到其他国家生产更具成本优势[①]。

在对国际分散化生产模式产生的原因进行一定研究后,该领域的研究重点逐渐转移到国际分散化生产对一国的影响效应上。作为新型生产体系的重要参与者,中国出口技术复杂度受到国际分散化生产体系的影响较为显著(Gaulier & Lemoine,2005;Naughten,2007),这也使国际分散化生产对中国出口技术复杂度的影响成为当前该领域的一个研究热点。

对于这一问题的探讨,学术界得到了两种极为不同的观点:第一种观点认为国际分散化生产体系不利于我国出口技术复杂度的提升。如 Gaulier et al.(2005)指出中国企业多通过代工或 OEM 形式"嵌入"国际分散化生产体

---

① Helg & Tajoli(2004)指出虽然关于国际分散化模式产生动因的实证分析不多,但多数实证结果均显示,要素价格特别是劳动力价格差异是该模式产生的最主要动力(main driving forces)。

系"低创新"、"低技术"的简单制造与组装环节,因而中国出口产业实际上是被锁定(hold on)在低技术创新环节,从而不利于中国出口技术复杂度的提升,Naughton(2007)和张杰、刘志彪(2008)亦有相似的推论。第二种观点则认为国际分散化生产体系有利于中国出口技术复杂度的提升。如 Rodrik(2006)和 Schott(2008)对中国出口品技术含量测度后发现:进入 21 世纪后,中国出口技术复杂度得到了快速提升,其推定这一提升不仅源于外商直接投资的技术外溢型创新能力提升,还源于国际分散化生产体系带来的专业化生产型创新能力提升;姚洋、张晔(2008)在剔除国际贸易引进的中间品的基础上,测度了中国出口产业的出口品技术含量,并通过静态对比的形式发现:在嵌入国际分散化生产体系程度最深的广东,其出口技术复杂度已经得到了显著提升,为此,其认为国际分散化生产体系最终将促进地区出口技术复杂度的提升。

已有研究为我们分析国际分散化生产对我国出口技术复杂度的影响提供了深刻的启示,但现有研究至少存在着两点不足:一是现有研究多直接以出口流量来衡量出口技术复杂度,这实际上是将加工贸易中的国外"中间品"加入到了我国的出口技术复杂度,因而所得结论往往包含一定的"统计假象"①,二是已有文献多从国家层面研究国际分散化生产对我国出口技术复杂度的影响,忽略了我国国内区域发展存在的差异②。为此,本书做如下改进:一是在前人研究的基础上,改进传统的出口技术复杂度测度方法,形成新型测度方法,具体为:将加工贸易形式引进的"国外成分"从传统的出口技术复杂度衡量方法中剔除,并运用省级数据代替国家数据,以降低国内发展不均衡及"统计假象"带来的偏差;二是基于我国东、中和西部三个层面进行实证分析,以克服国家层面研究结果的有偏性,从而揭示国际分散化生产对我国各区域出口技术复杂度的实际影响效应。

---

① 在 Rodrik(2006)和 Schott(2006)之后,学者们试图构建新的测度方法来研究出口技术复杂度,代表性方法有两种:一是基于相似度视角的测度方法,其主要通过修正 Schott(2006)的方法来研究出口技术复杂度;二是基于产品层面的 RCA 权重法,其主要通过修正 Rodrik(2006)的方法研究出口技术复杂度。但是上述方法均简单地采用产业出口流量来衡量出口技术复杂度,并不能区分外国附加值部分,由此得到的结果存在所谓的"统计假象"。

② 虽有学者尝试从省级层面进行研究,如姚洋、张晔(2008),但终因测算过程中数据处理量过大,仅选用了江苏和广东两省进行对比分析,并未涉及东部其他省份及中西部地区。

### 5.4.2 中国出口技术复杂度的测度与分析:基于相似度法

#### 1. 测度方法的选择

经济发达的区域在科研投入、创新制度以及人力资本方面具有相对优势,因而经济发达区域往往具有较高的出口技术复杂度(Hausmann,2005)。基于这一理念,学术界提出了出口技术复杂度的两类测度方法,一类是以 Hausmann 和 Rodrik 为代表的基于国家人均 GDP 的加权平均法,另一类是以 Schott 为代表的基于相似度的测度法。此处采用 Schott(2006)的基于相似度的测度方法来衡量我国各省级层面出口技术复杂度,具体测度方法如下:

$$
\begin{aligned}
EXS_{tij} &= \left[ \min\left(\frac{V_{t1i}}{V_i}, \frac{V_{t1j}}{V_j}\right) + \min\left(\frac{V_{t2i}}{V_i}, \frac{V_{t2j}}{V_j}\right) + \cdots + \right. \\
&\quad \left. \min\left(\frac{V_{tni}}{V_i}, \frac{V_{tnj}}{V_j}\right) \right] \\
&= \left[ \sum_p \min\left(\frac{V_{tpi}}{V_i}, \frac{V_{tpj}}{V_j}\right) \right]
\end{aligned}
\tag{5.7}
$$

其中,$j$ 国(经济体)为出口技术复杂度的参照国,$EXS_{tij}$ 为 $t$ 时间 $i$,$j$ 两国(经济体)的出口相似度,$EXS_{tij}$ 越大,表明 $i$ 国出口品与 $j$ 国越相似,此时 $i$ 国出口品技术含量和出口技术复杂度越高,$V_{tpi}$ 和 $V_{tpj}$ 为两国(经济体)相应产品出口额,$V_i$ 和 $V_j$ 分别表示两国出口总额。用该方法测度出口技术复杂度关键在于选择技术创新能力较强的参照国,因而我们采用美国作为高出口技术复杂度的参照国。在实际测度时,为了更好地体现中国各省级区域出口技术复杂度的动态变迁过程,笔者对 Schott(2006)的测度方法进行了两方面的改进:一是选择参照国最近年份(2008)的出口数据作为参照标准,即(1)式中 $j$ 国所有的 $t$ 均为固定年份;二是将加工贸易形式进口的原料或中间产品从出口量中剔除,以降低测度结果中的"统计假象",即实际测度方法如下:

$$
EXS_{tij} = \left[ \sum_p \min\left(\frac{V_{tpi} - V_{tpi}^*}{V_i - V_i^*}, \frac{V_{mpj}}{V_j}\right) \right]
\tag{5.8}
$$

其中,$V_{tpi}^*$ 表示 $i$ 经济体 $p$ 产品以加工贸易形式进口的中间产品与原料的总和,具体为来料加工装配和进料加工形式的进口量,$V_i^*$ 为整体层面"外国成分"的进口量,$m$ 表示 2008,由于本书主要是测度各省级层面的出口技术复杂度,因此,$i$ 表示我国除港澳台以外的 31 个省级行政区。由于该测度方法剔除了加工贸易形式引进的中间品和原料,该测度方法所得结果在很大程度上反映了中国各区域本土企业的出口技术复杂度。

2.测度结果与分析

根据上述方法和所选产业,本书对中国大陆 31 个省级区域出口技术复杂度进行了测度。表 5-22 报告了具体测度结果。从数值上看,各省出口技术复杂度均值从 2002 年的 0.3479 上升到了 2008 年的 0.4294,上升了 23.43%,可见我国近年来出口技术复杂度确实得到了较为明显的提升。对比本书测度结果与 Rodrik(2006)的研究结论可以发现:在剔除加工贸易形式带来的"统计假象"后,出口技术复杂度的上升幅度并没有 Rodrik(2006)测算得那么高,这一测度结果与 Assche & Gangnes(2008)的研究结果颇为相近。

表 5-22   2002—2008 年各省级区域出口技术复杂度

| 地　区 | 2002 | 2003 | 2004 | 2005 | 2006 | 2007 | 2008 | 均值 | 增幅% |
|---|---|---|---|---|---|---|---|---|---|
| 北京 | 0.5462 | 0.514 | 0.5382 | 0.5432 | 0.5649 | 0.5469 | 0.5813 | 0.5478 | 6.426 |
| 福建 | 0.5079 | 0.5191 | 0.5283 | 0.5504 | 0.5592 | 0.574 | 0.5742 | 0.5447 | 13.05 |
| 广东 | 0.5225 | 0.5544 | 0.5613 | 0.5634 | 0.5734 | 0.5497 | 0.5644 | 0.5556 | 8.019 |
| 海南 | 0.2998 | 0.3059 | 0.2534 | 0.3467 | 0.425 | 0.3774 | 0.4111 | 0.3456 | 37.12 |
| 河北 | 0.3161 | 0.3628 | 0.3361 | 0.3502 | 0.3436 | 0.3657 | 0.4004 | 0.3536 | 26.67 |
| 江苏 | 0.6144 | 0.6212 | 0.6573 | 0.6578 | 0.6544 | 0.6429 | 0.6509 | 0.6427 | 5.941 |
| 辽宁 | 0.5177 | 0.5243 | 0.5264 | 0.5272 | 0.5211 | 0.5213 | 0.5317 | 0.5242 | 2.704 |
| 山东 | 0.3885 | 0.4347 | 0.4832 | 0.5167 | 0.5393 | 0.5376 | 0.587 | 0.4981 | 51.09 |
| 上海 | 0.5918 | 0.5824 | 0.594 | 0.6 | 0.617 | 0.6006 | 0.6023 | 0.5983 | 1.774 |
| 天津 | 0.4767 | 0.4818 | 0.4667 | 0.4631 | 0.4775 | 0.4758 | 0.5122 | 0.4791 | 7.447 |
| 浙江 | 0.4324 | 0.4728 | 0.4864 | 0.5067 | 0.5428 | 0.5579 | 0.5738 | 0.5104 | 32.7 |
| 东部平均 | 0.474 | 0.4885 | 0.4938 | 0.5114 | 0.5289 | 0.5227 | 0.5445 | — | 14.87 |
| 安徽 | 0.3453 | 0.4537 | 0.5131 | 0.5159 | 0.4536 | 0.4711 | 0.4892 | 0.4631 | 41.67 |
| 河南 | 0.2698 | 0.3153 | 0.3266 | 0.3557 | 0.3697 | 0.3977 | 0.4317 | 0.3524 | 60.01 |
| 黑龙江 | 0.301 | 0.2156 | 0.2482 | 0.2377 | 0.3145 | 0.2965 | 0.3165 | 0.2757 | 5.15 |
| 湖北 | 0.353 | 0.4438 | 0.4626 | 0.4591 | 0.4903 | 0.5159 | 0.5282 | 0.4647 | 49.63 |
| 湖南 | 0.2698 | 0.3088 | 0.2765 | 0.3002 | 0.287 | 0.3417 | 0.3765 | 0.3086 | 39.55 |
| 吉林 | 0.3641 | 0.3991 | 0.3816 | 0.4056 | 0.3708 | 0.391 | 0.389 | 0.3859 | 6.839 |
| 江西 | 0.2905 | 0.3372 | 0.2717 | 0.3295 | 0.3351 | 0.3581 | 0.3654 | 0.3268 | 25.78 |

续表

| 地 区 | 2002 | 2003 | 2004 | 2005 | 2006 | 2007 | 2008 | 均值 | 增幅% |
|---|---|---|---|---|---|---|---|---|---|
| 山西 | 0.2543 | 0.2884 | 0.2594 | 0.3319 | 0.3563 | 0.2964 | 0.3358 | 0.3032 | 32.05 |
| 中部平均 | 0.306 | 0.3452 | 0.3425 | 0.367 | 0.3722 | 0.3835 | 0.404 | — | 32.03 |
| 甘肃 | 0.1757 | 0.2034 | 0.1849 | 0.2647 | 0.2416 | 0.2638 | 0.3402 | 0.2392 | 93.63 |
| 广西 | 0.2996 | 0.3614 | 0.3288 | 0.3584 | 0.3653 | 0.4019 | 0.4275 | 0.3633 | 42.69 |
| 贵州 | 0.217 | 0.2751 | 0.3051 | 0.3175 | 0.2391 | 0.2212 | 0.2378 | 0.259 | 9.585 |
| 内蒙古 | 0.1617 | 0.1679 | 0.1556 | 0.3327 | 0.2391 | 0.218 | 0.2317 | 0.2152 | 43.29 |
| 宁夏 | 0.1804 | 0.219 | 0.2127 | 0.216 | 0.1826 | 0.2036 | 0.2131 | 0.2039 | 18.13 |
| 青海 | 0.0771 | 0.0907 | 0.0759 | 0.1012 | 0.0816 | 0.1262 | 0.1385 | 0.0987 | 79.64 |
| 陕西 | 0.4466 | 0.4389 | 0.4475 | 0.4425 | 0.4688 | 0.4789 | 0.5364 | 0.4656 | 20.11 |
| 四川 | 0.4608 | 0.5161 | 0.533 | 0.5469 | 0.5983 | 0.5936 | 0.5879 | 0.5481 | 27.58 |
| 西藏 | 0.2183 | 0.2727 | 0.2278 | 0.2267 | 0.2087 | 0.2986 | 0.3597 | 0.2589 | 64.77 |
| 新疆 | 0.2252 | 0.2646 | 0.2358 | 0.2416 | 0.2363 | 0.2398 | 0.2759 | 0.2456 | 22.51 |
| 云南 | 0.2419 | 0.2932 | 0.2662 | 0.2832 | 0.2687 | 0.2441 | 0.2787 | 0.268 | 15.21 |
| 重庆 | 0.4195 | 0.4253 | 0.458 | 0.4377 | 0.4461 | 0.4513 | 0.4638 | 0.4431 | 10.56 |
| 西部平均 | 0.2603 | 0.294 | 0.286 | 0.3141 | 0.298 | 0.3118 | 0.3409 | — | 30.96 |
| 整体平均 | 0.3479 | 0.3762 | 0.374 | 0.3977 | 0.3991 | 0.4051 | 0.4294 | — | 23.43 |

从省级区域出口技术复杂度上看,出口技术复杂度较高的省份多位于东部经济发达区域,江苏、上海和广东的出口技术复杂度均值位居全国前三。东部地区历年出口技术复杂度均值均大于中西部地区,而中部地区历年出口技术复杂度均值也大于西部地区。这一研究结论与部分学者(Wang & Wei,2007;Xu & Lu,2009)关于出口技术复杂度与经济发展程度的推论是一致的,即经济发展水平较高的区域往往具有较强的创新能力,进而使得其出口技术复杂度往往高于经济发展水平较低的区域。从不同区域出口技术复杂度提升幅度上看,2002—2008年间提升幅度最大的是甘肃和青海,7年间出口技术复杂度分别提升了93.63%和79.64%,整体而言,中西部地区出口技术复杂度提升速度大于东部地区,这一结论证实了 Allen(2011)的推论:由于"后发优势"的作用,出口技术复杂度较低的区域,往往具有较快的提升速度。

为了进一步分析各省级区域出口技术复杂度的分布及发展趋势,我们

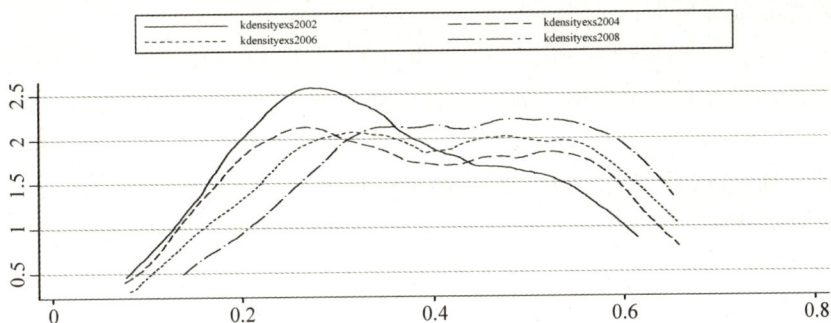

图 5-7　2002—2008 年各省份出口技术复杂度的 Kernel 密度估计

注:为防止过多曲线交叉而影响解读,此处仅给出 4 年的曲线。

对 2002—2008 年的 31 个省级区域出口技术复杂度的测度结果进行了
Kernel 密度估计,发现 Kernel 密度估计已经逐渐由 2002 年的"单顶点"变
成了 2008 年的显著"多顶点"(见图 5-7)。借鉴冼国明、文东伟(2006)关于
Kernel 密度估计曲线的表述可知,我国东中西部间出口技术复杂度具有"多
均衡收敛"特征,表现出一定的"区域集聚",即各"集聚"内部省份间出口技
术复杂度差异呈缩小的趋势,而"集聚"间省份出口技术复杂度呈现差距日
益扩大的趋势。

## 5.4.3　回归模型的设定与变量的选择

1. 计量模型的设定

本部分的研究目的为考察国际生产分散化对我国区域出口技术复杂度
的影响,即主要分析一个变量对另一个变量的影响。值得注意的是,参与国
际分散化生产体系与出口技术复杂度变迁可能存在双向因果关系,为此,进
行实证研究时,所采用的计量模型和方法需能有效地克服变量的内生性。
另外,实证的时间跨度为 2002—2008 年,样本个数为各省级区域,具有一定
的"小跨期"面板数据特征,沈坤荣、余吉祥(2011)和张杰、周晓艳(2011)的
研究指出动态面板数据模型能为具有上述特征的研究提供良好的估计结
果。为此,首先构建如下回归模型:

$$y_{it} = \alpha y_{it-1} + \beta X_{it} + \eta_i + \varepsilon_{it} \tag{5.9}$$

其中,$y_{it}$ 为被解释变量,即各省级区域的出口技术复杂度,$X_{it}$ 为解释变
量及实证中所采用的其他控制变量,$\eta_i$ 为实证中的省级效应,用于控制各省
级区域的固定效应,$\varepsilon_{it}$ 为式(5.9)的残差项。

为了克服式(5.9)中存在的省级区域固定效应,Arellano Bover(1995)建
议需采用 GMM(广义矩阵估计法)进行实证分析,为此,我们对式(5.9)进行

一阶差分处理可得：

$$y_{it} - y_{it-1} = \alpha(y_{it-1} - y_{it-2}) + \beta(X_{it} - X_{it}) + (\varepsilon_{it} - \varepsilon_{it-1}) \qquad (5.10)$$

式(5.10)有效地剔除了省级层面的固定效应，为了得到更为可靠的结果，我们还应处理变量之间的内生性，为此，实际估计时需采用工具变量，参考钱学峰、陈勇兵(2009)的研究，我们将解释变量和控制变量的一阶滞后项作为回归中的工具变量。Arellano Bover(1995)指出运用GMM估计时还应判断工具变量和模型设定的有效性，因此，我们采用 Hansen 检验和 Arellano-Bond AR(2)检验来判断工具变量及模型设定的合理性。

2. 变量的选择

(1)被解释变量

本研究的目的在于，揭示国际分散化生产模式对我国出口技术复杂度的影响，因而被解释变量为前面所测各省级区域出口技术复杂度。实证中用 $\ln(1+EXS)$ 表示。

(2)解释变量

国际分散化生产指数(FS)，目前学术界测度国际分散化指数的方法多通过投入产出表实现，但该研究方法存在一个很明显的缺陷：由于投入产出数据 5 年才有一次，用该方法进行研究只能做描述性对比(姚洋、张晔，2008)，难以实现该领域的动态研究。因此，笔者借鉴钱学峰、陈勇兵(2009)的方法，即采用各省级区域加工贸易额在总贸易中的比重来表示其参与国际分散化生产的程度。实证中用 $\ln(1+FS)$ 表示。

在得到本部分回归中所需的解释变量和被解释变量后，我们进一步选用一些能反映区域属性的变量作为实证分析中的控制变量。主要有以下几个方面：

①物质资本存量(WZ)。物质资本存量是区域创新能力提升的一个最基本条件，拥有越多的物资资本则意味着该地区拥有更多的、进行高端研发的资本基础，进而对该地区的出口技术复杂度产生影响。我们运用永续存量法，折旧率为 5%，在张军等(2004)[3]研究的基础上，测度出我国 31 个省级区域 2002—2008 年的物资资本存量。

②人力资本(HR)。人力资本是区域出口产业创新活动的主要载体，是区域出口技术复杂度提升的主要影响因素，因此，该变量对出口产业创新能力的作用是显而易见的。我们采用 31 个省级区域的大专及以上人口数来表示。

③贸易开放度(OPEN)。贸易开放区域更容易接触到源自于国外的新产品和新技术，从而对本区域出口技术复杂度产生一定的影响。我们采用

31 个省级区域对外贸易额占其 GDP 的百分比来衡量其开放程度。

④外商直接投资(FDI)。外商直接投资往往会给本地带来新技术,新技术产生的溢出效应会推动其出口技术复杂度的变迁。我们采用 31 个省级区域历年 FDI 的流量来表示

⑤经济发展水平(PGDP)。Hausmann(2005)指出区域经济发展水平的高低,决定了该区域投资于有别传统产业的高技术、高创新行业的能力,从而促使出口技术复杂度变迁。我们采用 31 个省级区域人均 GDP 表示。

所有数据的时间跨度为 2002—2008 年,为减少异方差,笔者对所有变量进行了自然对数处理,对数处理后的变量描述性统计见表 5-23。

表 5-23 变量的描述性统计[①]

| 变 量 | ln(EXS+1) | ln(FS+1) | ln PGDP | lnHR | lnWZ | lnFDI | lnOPEN |
|---|---|---|---|---|---|---|---|
| Mean | 0.3272 | 0.2786 | 9.529 | 5.2109 | 9.1749 | 5.1662 | 3.0202 |
| Min | 0.0731 | 0.009 | 8.0561 | 0.7113 | 5.9512 | 1.0986 | 1.6315 |
| Max | 0.5055 | 0.5819 | 11.2 | 6.4791 | 11.148 | 8.3331 | 5.1363 |
| Std. Dev. | 0.1067 | 0.1464 | 0.6271 | 0.9984 | 0.9711 | 1.5776 | 0.9487 |
| Obs | 217 | 217 | 217 | 217 | 217 | 217 | 217 |

## 5.4.4 估计结果与分析

前面对中国 31 个省级区域出口技术复杂度进行了测度,并在构建了国际生产分散化对出口技术复杂度影响的检验模型的基础上,选择了代表区域属性的控制变量。本部分则主要运用前面构建的模型对上述影响力进行实证检验。考虑到如果单独运用(4)式进行估计,会使得 GMM 估计过程面临弱化的工具变量(钱学峰、陈勇兵,2009),进而使得估计结果产生偏差甚至无效,为此,我们采纳沈坤荣、余吉祥(2011)和张杰、周晓艳(2011)的建议,将水平估计方程(3)也纳入估计系统进行分析,即采用两步法系统 GMM 的估计,整个估计过程通过 stata 10.1 实现。

1. 描述性分析

为了更直观地观测国际分散化生产对出口技术复杂度的影响,我们从全国、东部、中部和西部四个层面画出了两两关系的散点图,从图 5-8 可以看

---

① 后文分别用 EXS、FS、PGDP、HR、WZ、FDI 和 OPEN 简化表示 ln(EXS+1)、ln(FS+1)、ln PGDP、lnHR、lnWZ、lnFDI 和 lnOPEN。

出,在全国层面和东部地区,国际分散化生产与出口技术复杂度之间存在正向关系,而在东部地区和西部地区,两者存在负向关系,这表明国际分散化生产对出口技术复杂度的影响具有显著的区域差异性。在东部为正关系、中西部为负关系的情况下,全国层面依然表现出一定的正关系,这在一定程度上说明,国家层面出口技术复杂度的升级主要是由东部区域推动的。当然这些仅仅是无条件相关,还需进一步加入其他控制变量,并运用两步法系统 GMM 估计才能得到更为准确的结果。

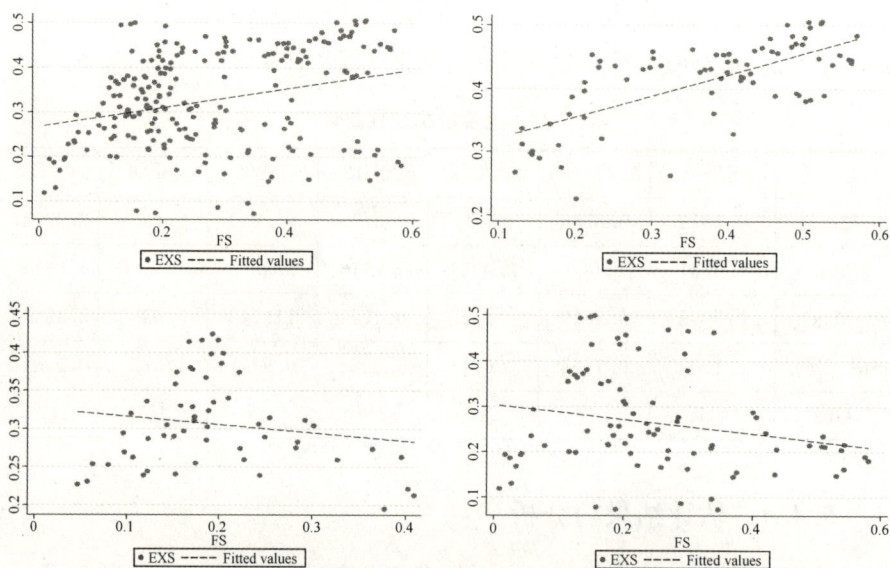

图 5-8　我国各区域出口技术复杂度与国际分散化散点图
注:上左、上右、下左、下右分别全国、东部、中部和西部示意图。

## 2. 估计结果与分析

考虑到国际分散化生产与出口技术复杂度之间的关系在区域间的差异较大(见图 5-8),如果进行全国层面的实证分析,可能产生"内部差异过大"带来的有偏估计,为此,我们仅从东部、中部和西部三个层面进行估计,以提高回归结果的准确性。

在进行两步法系统 GMM 估计前,本书先对东、中、西部区域的被解释变量、解释变量和控制变量进行平稳性检验。为确保检验结果的可靠性,本书同时采用 LLC 检验、ADF 检验、IPS 检验和 PP 检验来对三个区域各变量的平稳性进行检验,表 5-24 报告了各区域被解释变量和解释变量的平稳性估计结果。可知:东、中、西部地区解释变量和被解释变量在水平状态下均具有明显的单位根,因而笔者进一步对两者的一阶差分进行检验,结果表明:在1%的显著性水平上,三个区域的解释变量和被解释变量均拒绝了单位根(见表5-24),可见,解释变量与被解释变量为同阶平稳。各区域控制变量的平稳性检验得到了与解释变量和被解释变量相同的结论,限于篇幅,此处不一一列出。

表5-24　被解释变量与解释变量的单位根检验结果

| 检验方法 | LLC | Fisher-ADF | IPS | Fisher-PP | 单位根 |
|---|---|---|---|---|---|
| 东部地区 | | | | | |
| EXS | −3.95733(0.00) | 20.0508(0.58) | 0.46728(0.68) | 29.9339(0.12) | 是 |
| DEXS | −14.7930(0.00) | 72.9603(0.00) | −5.51374(0.00) | 96.9308(0.00) | 否 |
| FS | −2.05823(0.02) | 25.3507(0.28) | 0.46855(0.68) | 31.5067(0.08) | 是 |
| DFS | −18.0857(0.00) | 59.0925(0.00) | −5.98696(0.00) | 72.0158(0.00) | 否 |
| 中部地区 | | | | | |
| EXS | −4.69815(0.00) | 17.1576(0.37) | −0.23388(0.41) | 29.1777(0.022) | 是 |
| DEXS | −10.971(0.00) | 46.6935(0.00) | −3.79537(0.00) | 66.7138(0.00) | 否 |
| FS | −0.47424(0.32) | 9.97773(0.86) | 1.15340(0.87) | 11.0200(0.81) | 是 |
| DFS | −8.22928(0.00) | 32.9798(0.007) | −3.14002(0.00) | 36.5811(0.002) | 否 |
| 西部地区 | | | | | |
| EXS | −4.22726(0.00) | 24.1470(0.45) | 0.21812(0.58) | 48.5776(0.00) | 是 |
| DEXS | −18.0064(0.00) | 54.1389(0.00) | −5.18030(0.00) | 60.0350(0.00) | 否 |
| FS | −9.09606(0.00) | 33.8272(0.09) | −0.97106(0.16) | 38.7242(0.03) | 是 |
| DFS | −12.1922(0.00) | 49.9250(0.001) | −2.76066(0.002) | 67.4146(0.00) | 否 |

注:括号内为各检验结果的相伴概率,D为一阶差分,括号外为各检验方法的相应统计量。概率值小于0.1,表明该检验在10%的显著性水平上显著,概率小于0.05,表明该检验在5%的显著性水平上显著,概率小于0.01,表明该变量在1%的显著性水平上显著,下同。

运用面板数据模型进行回归时,不仅需检验变量的平稳性,还应确保各变量间具有协整关系,以表明被解释变量与其他变量间存在长期的均衡关系,防止估计结果出现"伪回归"。为此,本书进一步通过Kao-ADF检验对各区域内所有变量的协整关系进行检验。表4报告了相应结果:可知三个区域的Kao-ADF检验均在1%的显著性水平上表明协整关系成立(见表5-25),即被解释变量与其他变量间存在长期的均衡关系。

表 5-25　各区域面板协整检验结果

| 检验方法 | 东　部 | 中　部 | 西　部 |
|---|---|---|---|
| Kao ADF 检验 | −2.358293<br>(0.0092) | −2.374006<br>(0.0088) | −2.368756<br>(0.0089) |

实际回归中为了确保估计结果的稳健,我们采用依次和交替加入控制变量的形式对各区域两者关系进行多次回归分析。表 5-26 报告了东部地区两者关系系统 GMM 的估计结果。从各估计方程的二阶序列相关检验及 Hansen 过度识别的检验结果上看,五个方程不存在二阶序列相关,且工具变量不存在过度识别,Wald 检验也拒绝了解释变量系数为零的原假设(在显著 1％的显著性水平上),可见,整个模型的设定是有效的,估计结果是可靠的。

从回归系数上看,东部地区五个方程中,国际分散化生产的估计系数均大于零,而且均通过了至少 10％的显著性检验,这表明东部地区融入国际分散化体系的程度加深有利于其出口技术复杂度的升级,推动出口品技术含量的提升,进而优化其国际分工地位。其他控制变量回归结果显示:人均 GDP 对出口技术复杂度表现出显著的促进作用,这一估计结果从区域层面证明了 Hausmann 等学者关于出口技术复杂度与人均 GDP 关系的论述。另外,物质资本存量、人力资本和外商直接投资均对出口技术复杂度表现出促进作用,对外开放变量则对出口技术复杂度的作用并不显著,在第四个和第五个方程中分别表现出不显著的正效应和负效应。导致这一结果的原因可能在于:对外开放对东部出口技术复杂度正效应的作用力与负效应的作用力相当。对外开放对出口技术复杂度具有两方面的效应,一是正效应,对外开放使得区域内部更容易接触到国外技术,区域内企业通过模仿等形式提高自身的技术水平,进而提高出口技术复杂度;二是负效应,对外开放使得区域内部更容易接触到国外的产品特别是高端产品,高端产品在外国产品的竞争挤压下,可能会出现产能降低、逐渐退出市场等现象,从而不利于该区域出口技术复杂度升级。

表 5-26　国际分散化生产对出口技术复杂度影响的系统 GMM 估计:东部地区

| 变　量 | (1) | (2) | (3) | (4) | (5) |
|---|---|---|---|---|---|
| L.EXS | 0.5276***<br>(2.65) | 0.5875**<br>(1.98) | 0.8589**<br>(5.94) | 0.3373**<br>(2.413) | 0.39139*<br>(1.96) |
| FS | 0.0560**<br>(2.26) | 0.0563*<br>(1.84) | 0.0261**<br>(2.58) | 06406**<br>(2.57) | 0.05057**<br>(2.32) |

| 变 量 | (1) | (2) | (3) | (4) | (5) |
|---|---|---|---|---|---|
| WZ | — | 0.1737**<br>(2.17) | 0.0162*<br>(1.86) | 02651*<br>(1.73) | 0.0333***<br>(2.69) |
| HR | — | — | 0.0190***<br>(2.82) | 0.00195**<br>(2.11) | 0.01372**<br>(2.30) |
| OPEN | — | — | — | 0.00073<br>(0.09) | −0.0131<br>(−0.29) |
| FDI | — | — | — | — | 0.0029**<br>(2.18) |
| PGDP | 0.01799**<br>(2.43) | 0.21981**<br>(2.15) | — | — | — |
| OBS | 55 | 55 | 55 | 55 | 55 |
| AR(2) | 0.485 | 0.334 | 0.409 | 0.543 | 0.543 |
| Hansen | 0.485 | 0.954 | 0.499 | 0.582 | 0.327 |
| Wald | 0.000 | 0.000 | 0.000 | 0.000 | 0.000 |

注：括号内为 Z 统计量，***、**、* 分别代表在 1%、5% 和 10% 的显著性水平，Hansen、AR(2) 和 Wald 分别表示的是 AR(2)、Hansen test 和 Wald test 的概率。以下同。

表 5-27 报告了中部地区两者关系系统 GMM 的估计结果。可知 Hansen、AR(2) 和 Wald 检验均表明了模型的设定及工具变量的选择是合理有效的。从估计系数上看，国际生产分散化系数的五个估计结果均为负，且均通过了至少 10% 的显著性检验，这表明国际生产分散化对中部地区出口技术复杂度具有一定的负作用。由于本部分测度方法一定程度上反映了本土企业出口技术复杂度，可见，国际分散化生产给中部地区本土企业带来的冲击效应（负效应）大于其带来的技术外溢效应（正效应）。其他控制变量的估计结果与东部地区的估计结果较为相似。

表 5-27　国际分散化生产对出口技术复杂度影响的 GMM 估计：中部地区

| 变 量 | (1) | (2) | (3) | (4) | (5) |
|---|---|---|---|---|---|
| $L \cdot \ln(EXS+1)$ | −0.2946**<br>(−2.31) | −0.5916*<br>(−1.85) | −0.30189<br>(−1.59) | −0.9527**<br>(−2.31) | 0.0584***<br>(3.06) |
| lnFS | −0.1677**<br>(−2.09) | −0.3053***<br>(−2.69) | −0.1789*<br>(−1.73) | −0.1052***<br>(−2.90) | −0.0553**<br>(−2.47) |
| lnWZ | — | 0.0144<br>(0.14) | 0.0631***<br>(4.46) | 0.0641***<br>(4.57) | 0.1289*<br>(1.87) |

**续表**

| 变 量 | (1) | (2) | (3) | (4) | (5) |
|---|---|---|---|---|---|
| lnHR | — | — | 0.0047 **<br>(2.28) | 0.0188 ***<br>(2.95) | 0.04274 ***<br>(2.98) |
| lnOPEN | — | — | — | 0.0861<br>(0.72) | −0.08545<br>(−0.60) |
| lnFDI | — | — | — | — | 0.0722 ***<br>(2.95) |
| lnPGDP | 0.0790 ***<br>(8.61) | 0.0861 ***<br>(2.66) | — | — | — |
| OBS | 40 | 40 | 40 | 40 | 40 |
| AR(2) | 0.884 | 0.360 | 0.132 | 0.249 | 0.688 |
| Hansen | 0.968 | 0.992 | 0.882 | 0.499 | 0.117 |
| Wald | 0.000 | 0.000 | 0.000 | 0.000 | 0.000 |

表5-28 报告了西部地区两者关系系统 GMM 的估计结果。可知西部地区的国际生产分散化的估计系数显著为负,与中部相比,在相同的回归方程中,西部地区的负向效应明显小于中部,导致这一现象的原因可能在于:西部地区加入国际分散化生产体系的程度小于中部地区,因而其受到该生产体系的负向冲击一定程度上小于中部地区。另外,与东中部明显不同的是,对外开放对西部地区出口技术复杂度产生了显著的负效应,两个回归方程中(见表5-28方程(4)和(5))对外开放变量的估计结果均为负,且通过了5%的显著性检验。

**表 5-28　国际分散化生产对出口技术复杂度影响的 GMM 估计:西部地区**

| 变 量 | (1) | (2) | (3) | (4) | (5) |
|---|---|---|---|---|---|
| L·ln(EXS+1) | 0.9491 ***<br>(17.34) | 0.9088 ***<br>(10.57) | 0.8653 ***<br>(8.62) | 0.8114 ***<br>(8.88) | 1.014 ***<br>(12.28) |
| lnFS | −0.0596 ***<br>(−3.68) | −0.0669 **<br>(−2.32) | −0.0596 *<br>(−1.81) | −0.0459 **<br>(−2.27) | −0.0337 *<br>(−1.97) |
| lnWZ | — | 0.0600 ***<br>(2.60) | 0.0506 **<br>(2.22) | 0.0914 ***<br>(4.59) | — |
| lnHR | — | — | 0.0444 *<br>(1.65) | — | — |
| lnOPEN | — | — | — | −0.0056 **<br>(−2.14) | −0.0031 **<br>(−2.04) |
| lnFDI | — | — | — | — | 0.02767 **<br>(2.34) |

| 变 量 | （1） | （2） | （3） | （4） | （5） |
|---|---|---|---|---|---|
| lnPGDP | 0.0395** <br> (2.33) | — | — | — | — |
| OBS | 60 | 60 | 60 | 60 | 60 |
| AR(2) | 0.393 | 0.405 | 0.411 | 0.388 | 0.373 |
| Hansen | 0.992 | 0.995 | 0.999 | 0.991 | 0.859 |
| Wald | 0.000 | 0.000 | 0.000 | 0.000 | 0.000 |

对比三个区域国际分散化生产的估计系数可知,东部地区参与国际分散化生产有利于促进其出口技术复杂度的提升,而国际分散化生产却对中西部地区出口技术复杂度表现出一定的负效应。结合现有研究可知:东部地区的估计结果符合 Rodrik(2006)和 Schott(2006)的观点,即介入国际分散化生产的特定环节,能促进区域出口技术复杂度的提升;而中西部地区的估计结果证实了 Naughton(2007)和张杰、刘志彪(2008)的观点,即嵌入国际分散化体系会对出口技术复杂度产生一定锁定作用。而这一动态实证结果,实际上是印证了姚洋、张晔(2008)基于投入产出法静态对比分析的推论,即嵌入国际分散化生产体系对一地区出口技术结构的影响力为先下降后上升的 V 形,在越过拐点前,加入国际分散化生产体系越深,该体系对出口技术复杂度的负向作用力越大,这一点可以从中部的负效应大于西部中得到印证。越过拐点后,融入国际分散化生产体系的速度加深将促进本区域出口技术复杂度升级。

笔者以为导致 V 形模式出现的原因可能如下:短期内,由于嵌入国际分散化生产体系时间较短,单纯从事加工组装环节,就会被固定在低技术、低创新的劳动密集型环节,创新能力受限,从而出现出口技术复杂度被短暂"锁定"的情形。而长期条件下,由于区域较长时间的加工组装阶段,区域内部逐渐形成同类产品生产的专业化集聚(Ando & Kimura,2007;钱学峰、陈勇兵,2009),使得本国上下游企业能够从中获得更优的中间品或中间品生产技术,从而享有技术与知识外溢等外部性带来的正效应,进而推动其出口技术复杂度的提升。

对比三个区域其他控制变量的估计系数可以发现,经济增长、物资资本存量、人力资本与外商直接投资对各地区出口产业创新能力表现出正效应。所不同的是,贸易开放度对东部和中部地区出口技术复杂度的作用力不显著,而对西部地区表现出显著的负效应。从估计系数大小上看,三个地区的物资资本估计系数均大于人力资本的估计系数,这表明我国出口技术复杂度的提升路径不同于普通的发展中国家。唐海燕、张会清(2009)通过对40个主要的发展中国家出口技术复杂度的提升动因进行实证分析后发现,人力资本的增加是发展中国家出口技术复杂度提升的主要动力。我国出现有异于普通发展中国家现象的原因可能在于:我国技术的提升与赶超,具有明显的逆比较优势特征(杨汝岱、姚洋,2008;黄先海、陈晓华,2010)。外商直接投资的估计系数显示,外商直接投资对我国出口产业的创新能力提升作用具有明显的边际递减效应,作为吸引外资最多的东部区域,其估计系数仅为0.0029(通过了5%的显著性检验),而中西部的估计系数为0.0722和0.02767(分别通过了1%和5%的显著性检验),东部地区明显的估计系数明显效应中西部地区,中部地区的促进效应明显大于西部地区的原因可能在于:中部地区的基础设施优于西部地区,可以使外资发挥更大的效益。

为了确保估计结果的稳健、可靠,笔者对三个区域的估计结果作了进一步的稳健性检验。钱学锋、陈勇兵(2009)和夏冠军、陆根尧(2012)等的研究表明[1]:检验系统GMM估计结果是否有效可行和稳健,可以采用固定效应面板数据估计法进行检验。为此,笔者采用工具变量法的固定效应面板数据估计法进行检验。笔者继续以解释变量和控制变量的一阶滞后项作为工具变量进行回归,表5-29报告了相关方程的稳健性检验结果[2],可知采用工具变量固定效应面板数据的估计结果与两步法系统GMM的估计结果在显著性、系数的预期符号上表现出明显的相似性。为此,前述三个区域的两步法系统GMM估计结果是稳健的、可信的。

表5-29 稳健性检验结果

| 区 域 | 东 部 | | 中 部 | | 西 部 | |
|---|---|---|---|---|---|---|
| 变 量 | (1) | (5) | (1) | (5) | (1) | (5) |
| C | 3.926974*** (4.025291) | 5.650464*** (8.446771) | 0.519462*** (12.79752) | 8.365466*** (18.75739) | 7.913828*** (11.26562) | 9.662136*** (26.04985) |
| FS | 0.076034** (2.440520) | 0.016305** (2.117513) | 0.068277** (−2.33804) | −0.054292** (−2.36783) | −0.074325** (−2.15684) | −0.100321** (−2.39980) |

[1] 详细的表述见钱学锋、陈勇兵(2009)一文第8页和夏冠军、陆根尧(2012)一文第4页。

[2] 笔者对表5-7所有的方程均进行了稳健性检验,为避免累赘,仅给出各区域估计结果中方程(1)和方程(5)的稳健性检验结果。

续表

| 区　域 | 东　部 | | 中　部 | | 西　部 | |
|---|---|---|---|---|---|---|
| 变　量 | (1) | (5) | (1) | (5) | (1) | (5) |
| WZ | — | 0.131703*<br>(1.727484) | — | 0.139599*<br>(1.724459) | — | — |
| HR | — | 0.082715*<br>(1.802836) | — | 0.115506***<br>(3.011376) | — | — |
| OPEN | — | 0.343648<br>(0.946891) | — | 0.115069<br>(1.610710) | — | −0.115660**<br>(−2.12844) |
| FDI | — | 0.176283***<br>(3.466366) | — | 0.230704***<br>(3.382719) | — | 0.159992**<br>(2.700816) |
| PGDP | 0.538400***<br>(7.653225) | — | 0.051836***<br>(6.691600) | — | 0.210717***<br>(3.001515) | — |
| OBS | 66 | 66 | 48 | 48 | 72 | 72 |
| A-R$^2$ | 0.897524 | 0.915408 | 0.970281 | 0.977029 | 0.960879 | 0.946265 |
| F 检验 | 0.000 | 0.000 | 0.000 | 0.000 | 0.000 | 0.000 |

注:括号内为 T 统计量。

## 5.4.5　总结性评论

本部分通过修正和完善 Schott(2006)模型,构建了一个测度省级区域出口技术复杂度的新方法,并借助该方法结合我国(除港澳台地区)31 个省级区域 HS 码的 65 章产品出口数据,测度了 2002—2008 年我国各省市出口技术复杂度。在此基础上,运用系统 GMM 估计方法,从东、中、西部三个区域层面研究了国际分散化生产对我国出口技术复杂度的影响。得到的结论与启示主要有以下几点:

(1)近年来,我国各省级区域出口技术复杂度均呈现出明显的上升,但上升幅度并没有 Rodrik(2006)测度那么高,且出口技术复杂度有"多均衡收敛"的发展趋势。基于新型测度方法的各省级区域出口技术复杂度测度结果显示:2002—2008 年各省级区域出口技术复杂度均有一定幅度提升,其中全国及东部、中部和西部的出口品技术结构均值分别从 2002 年的 0.3479、0.474、0.306、0.2603 上升到了 2008 年的 0.4294、0.5445、0.404、0.3409,上升幅度与 Assche & Gangnes(2008)的研究颇为接近。这表明:剔除了"统计假象"后,中国的出口技术复杂度上升幅度并没有早期经济学家预测得那么高。Kernel 密度估计曲线显示:各省级区域出口技术复杂度的分布已经由 2002 年的不明显"单顶点"转向了 2008 年的"多顶点",即不同的区域收敛于不同的"顶点",且这一收敛趋势日趋明显。可见,提升不同收敛区域领头羊地区(如东部的江苏和上海、中部的湖北、西部的陕西和四川)的出口技术复杂度,会在一定程度上加快东、中、西部地区出口技术复杂度的整体性提升速度。

(2)"嵌入"国际分散化生产模式对出口技术复杂度表现出先负后正的V形影响。区域层面动态面板数据系统GMM估计结果表明:在加入国际分散化生产体系初期(如中西部地区),由于生产过程处于整个生产体系的价值链最底端,创新能力受到限制,从而使得国际分散化生产体系对本地区的出口技术复杂度表现出一定的负效应;在加入国际分散化体系一定时间后(如东部),由于生产积聚、专业化分工以及本地企业向国际分散化生产体系的上端和下端拓展,从而使得国际分散化生产体系对地区出口技术复杂度产生正向效应。为此,应加快融入国际分散化生产体系,以形成专业化生产的集聚,在此基础上,向生产体系的高端拓展,以提高出口技术复杂度提升的速度。

(3)我国出口技术复杂度的深化模式不同于普通发展中国家。各区域的估计结果均显示:在不考虑经济发展水平控制变量估计系数的情况下,物质资本显著为正,且人力资本对出口技术复杂度的正向作用并未大于物质资本。而现有文献研究(唐海燕、张会清,2009;Lall et al. 2006)多表明:发展中国家出口技术复杂度的提升主要依靠人力资本而不是物质资本,这一模式与早期韩国及中国台湾地区出口技术复杂度的提升模式较为相近。在这种提升模式作用下,如果人力资本素质及数量提升较慢,物质资本对出口技术复杂度的作用力会呈现出显著的边际递减效应(陈晓华、黄先海、刘慧,2011),因此,加大高端劳动力的培训力度、提高人力资本素质及数量,在我国出口技术复杂度的可持续提升中显得尤为重要。

(4)外商直接投资对出口技术复杂度的提升作用具有显著的边际递减效应。GMM估计结果显示外商直接投资对中西部地区出口技术复杂度提升的作用明显大于东部,可见,今后单纯依靠吸引普通外资来提高东部地区出口技术复杂度及其示范效应的难度将日益增大。为此,一方面应加大东部地区引入高技术、高质量外资的力度,以提高单位外资对东部地区出口技术复杂度的提升效应,使之发挥"领头羊"作用;另一方面应引导部分外资流向中西部,以提高其出口技术复杂度的"追赶能力",从而使得外资在我国出口技术复杂度提升中发挥更大的效应。

(5)后发优势一定程度上促进了我国欠发达区域出口技术复杂度的升级。我国出口技术复杂度相对较低的几个地区(如西藏、宁夏和甘肃),其出口技术复杂度在过去几年表现出显著的提升(见表 5-22),这表明后发优势在这些地区发挥着一定的作用。根据 Allen(2011)的研究可知:充分利用技术上的后发优势是缩小区域间巨大差距(great divergence)的一个重要手段。为此,我国可以通过建立东、中、西部研发联盟与将东部高端产能适度西移等方式加强东、中、西部的技术联系,以更好地发挥后发优势对欠发达地区出口技术复杂度赶超的作用效应,进而缩短国际分散化生产对欠发达地区出口技术复杂度的"锁定"时间。

# 6 产业出口技术复杂度演进的经济及出口增长效应分析

一国在技术进步与经济发展的过程中是否要遵循比较优势,这是一个非常重要的问题(杨汝岱、姚洋,2008)。事实上,关于出口技术复杂度的研究也源于对比较优势研究的拓展。出口技术复杂度的提升不仅意味着一国出口品质量及技术的上升,有时甚至表现为一国比较优势的变迁,从而可能使得一国经济发展所依赖的模式发生变迁,因而出口技术复杂度的变动,会对一国经济增长及出口增长均产生较为深远的影响。第 3 章机理分析中命题 6 和方程(3.60)也印证了上述观点。本章主要基于前面的测度与分析结果,对出口技术复杂度演进所带来的经济及出口增长效应进行研究。具体为:首先在考虑内生的基础上,构建出口技术复杂度演进机制的研究方法;其次运用前文测度所得 52 个经济体金属制品的出口技术复杂度,在前文关于发展中经济体和发达经济体研究的基础上,从动态角度分析出口技术复杂度演进的动态效应;最后在前文所测度得到的我国升级层面产业出口技术复杂度的基础上,对我国产业出口技术复杂度演进效应的动态效应进行分析。

## 6.1 估计方法的选择

第 3 章的机理分析和第 4 章的实证分析表明:经济增长和出口增长会促使产业出口技术复杂度深化,且机理分析中拓展后的 Namini et al. (2011)模型表明出口技术复杂度的演进会对经济增长和出口产生一定的影响,可见产业出口技术复杂度和经济、出口增长之间可能存在相互作用,即上述变量之间可能互为格兰杰因果关系,因而前面的实证分析中考虑了内生性,此处亦不例外。因而,此处的研究方法需能校正变量间的内生,以避免得到有偏甚至是错误的估计结果。

目前国内外学术界处理内生性多采用工具变量法,即选择一些与内生变量高度相关,而估计所得随机误差又不相关的解释变量作为工具变量,以使得回归结果中内生性变量的系数最大限度地接近实际值。考虑到本部分研究中所需的部分控制变量难以获得,我们借鉴马兹晖(2008)研究财政支出与财政收入之间关系的研究方法,采用被解释变量与单个解释变量回归的方法研究出口技术复杂度演进的相关效应。基于这一考虑,我们在实际研究中不采用 2SLS 法、SUR 法和 3SLS 法等包含工具变量的处理内生性的回归方法,而采用 Kao & Chiang(2000)提出的动态 OLS 估计法。

Kao & Chiang(2000)在研究协整关系时,构建了三种估计方法,分别为偏向修正法(BOLS)、完全修正法(FMOLS)与动态法(DOLS)。虽然三类方法在估计中都是通过修正残差的自相关来提高估计结果的有效性(即估计过程的原理相同),但 Kao & Chiang(2000)在对比三种估计方法后指出,动态 OLS 的回归方法明显优于前面两种。韩民春、樊琦(2007)分别运用上述三种估计方法回归后指出,动态 OLS 的优势在于两个方面:一是动态 OLS 进行回归时,对解释变量和被解释变量的要求相对较低,只要变量之间的协整关系成立,那么回归所得参数应当是有效的,因而很大程度上减少了伪回归出现的概率。二是动态 OLS 不仅考虑了解释变量的现值,还考虑了解释变量的超前值(lead)和滞后值(lag),因而能有效地消除回归模型中被解释变量和解释变量之间的内生性。值得一提的是,动态 OLS 还有一个优点,即所需要的解释变量并不多,因而在能获取到的解释变量相对有限的情况下,该估计方法不失为一种好选择。为此,我们采用动态 OLS 从三个层面对出口技术复杂度演进的经济效应和出口效应进行实证分析。Kao & Chiang(2000)构建的动态 OLS 具体方程如下:

$$y_{i,t} = \alpha_i + \beta x_{it} + \sum_{j=-q}^{q} c_{ij} V x_{i,t+j} + v_{it} \tag{6.1}$$

其中,$c_{ij}$ 为误差修正系数,$q$ 为滞后阶数,$\beta$ 为协整估计向量。由韩民春、樊琦(2007)、欧阳志刚(2007)及马兹晖(2008)的研究可知:在实际估计中,水平项是解释变量对被解释变量真正的作用力,因而解释一变量对另一变量的影响时,只需关注水平值的估计系数。

## 6.2 发达经济体产业出口技术复杂度演进的经济及出口增长效应分析

发达经济体往往具有较好的基础设施和制度环境,因而其出口技术复杂度演进的主要动力源自于经济增长,那么出口技术复杂度的深化对其经济增长及出口的反作用如何呢? 根据第 4 章的测度结果,本部分将就这一问题作深入分析。

### 6.2.1 变量间的协整关系分析

根据 Kao & Chiang(2000)对动态 OLS 的研究可知:采用该估计方法进行回归时,需考虑该变量间的协整关系是否存在,只有在协整关系存在的前提下,才可采用该方法进行估算,为此本部分我们先对各变量间的协整关系进行检验,而进行协整分析之前,我们先对各变量进行平稳性检验。

面板单位根的检验可分为两类,一类是假定所有的面板包含着共同单位根的检验方法,如 Breitung 检验、Hadri 检验和 LLC 检验;第二类检验则放宽了同质性假定的检验方法,如 Fisher-PP 检验、IPS 检验和 Fisher-ADF 检验等。为确保检验结果的稳健性,我们采用 LLC 检验、IPS 检验、Fsher-ADF 检验和 Fsher-PP 检验判断数据是否是单位根过程,以确保检验过程能同时囊括非共同单位根检验与共同单位根检验,并且在实际检验过程中,采用 AIC 原则来决定实际检验模型的滞后期数的选择。

表 6-1 报告了发达经济体 1993—2009 年三个变量的平稳性,可知出口技术复杂度在水平情况下的四个检验结果,均表明,其存在单位根,而其一阶差分项的估计结果显示:四个统计量均在 1‰的显著性水平上拒绝了存在单位根的原假设,因此出口技术复杂度在一阶差分情况下是平稳的。出口和人均 GDP 变量也表现出了与出口技术复杂度相似的情况,即在水平情况下均不能拒绝单位根的原假设,而在一阶差分情况下,均在 1‰的显著性水平上,拒绝了存在单位根的原假设。因此,三个变量均是一阶平稳的。

由平稳性检验可知,面板数据是一阶平稳,为此需继续判断各变量间是否存在协整关系。我们采用 Kao(1999)提出的 ADF 检验和 Pedroni(1999)提出的 7 个检验统计量来判断上述四个变量之间是否存在协整关系。

表 6-1  发达经济体各变量平稳性检验结果

| 检验方法 | LLC | IPS | Fisher-ADF | Fisher-PP | 单位根 |
|---|---|---|---|---|---|
| LNETS | −0.06780 (0.4730) | 5.84671 (1.0000) | 12.6745 (1.0000) | 19.9411 (1.0000) | 是 |
| D LNETS | −4.11532 (0.0000) | −6.57725 (0.0000) | 137.227 (0.0000) | 365.392 (0.0000) | 否 |
| LNEX | 0.72095 (0.7645) | 1.10928 (0.8663) | 40.7859 (0.8694) | 43.3431 (0.7981) | 是 |
| DLNEX | −0.26914 (0.3939) | −3.78777 (0.0001) | 96.0421 (0.0002) | 201.394 (0.0000) | 否 |

| 检验方法 | LLC | IPS | Fisher-ADF | Fisher-PP | 单位根 |
|---|---|---|---|---|---|
| LNPGDP | −3.33021<br>(0.0004) | 3.05628<br>(0.9989) | 27.2458<br>(0.9982) | 26.8854<br>(0.9985) | 是 |
| DLNPGDP | −5.95354<br>(0.0000) | −9.37100<br>(0.0000) | 188.772<br>(0.0000) | 184.979<br>(0.0000) | 否 |

注:括号内为各统计变量的概率,括号外为相应的统计量,D为一阶差分。

表 6-2 报告了发达经济体各个变量之间协整关系的检验结果,可知出口技术复杂度与经济增长的检验结果中,Pedroni(1999)检验的 7 个检验结果中有 4 个在 1%的显著性水平上表明两变量之间存在协整关系,更关键的是Kao(1999)的 ADF 检验结果也表明其协整关系在 1%的显著性水平上成立。出口技术复杂度与经济增长协整关系的检验结果中:Pedroni(1999)检验也有 4 个检验结果在 1%的水平上显著,且 Kao(1999)的 ADF 也通过了 1%的显著性水平检验。根据项本武(2009)的研究,我们可以确定发达经济体出口技术复杂度与经济增长和出口增长间均存在长期的协整关系。这也符合Hausmann et al.(2005)的推论,即出口技术复杂度的演进会对经济增长和出口产生深远影响。

表 6-2　发达经济体各变量协整检验结果

| 检验方法 | | 复杂度与经济增长 | | 复杂度与出口 | |
|---|---|---|---|---|---|
| | | Statistic | Prob | Statistic | Prob |
| Pedroni<br>(1999) | Panel v | 3.937608 | 0.0000 | 17.04486 | 0.0000 |
| | Panel PP | −3.664105 | 0.0001 | −3.448569 | 0.0003 |
| | Panel rho | −3.717264 | 0.0001 | −9.066536 | 0.0000 |
| | Panel ADF | 0.164965 | 0.5655 | −0.867809 | 0.1927 |
| | Group rho | −1.385557 | 0.0829 | 0.146959 | 0.5584 |
| | Group PP | −3.022594 | 0.0013 | −8.980524 | 0.0000 |
| | Group ADF | −0.250921 | 0.4009 | −0.038165 | 0.4848 |
| Kao(1999) | Kao ADF | −4.050874 | 0.0000 | 4.145532 | 0.0000 |

注:Statistic 为各检验的统计量,Prob 为相应的概率。

## 6.2.2　发达经济体产业出口技术复杂度演进效应整体分析

发达经济体的技术进步是世界技术进步的基础,因为只有经济较为发达的国家或地区才有能力投资于不同于传统产业的高端产业或者产业高端,进而推动世界的技术进步,因而发达经济体的出口技术复杂度升级,实际上往往意味着世界产品出口技术复杂度的提升,因而发达国家出口技术复杂度演进的经济效应,在一定程度上反映了世界出口技术复杂度演进的经济效应。

表6-3　出口技术复杂度演进的出口增长效应:发达经济体

| 系　数 | $q=1$ | $q=2$ | $q=3$ | $q=4$ |
|---|---|---|---|---|
| C | 9.467192** (2.380790) | 9.687447** (2.235143) | 10.84488** (2.306898) | 9.039546** (2.618122) |
| $\ln FZD$ | 1.059958*** (2.598430) | 1.037859** (2.334454) | 0.916528* (1.900934) | 1.097764* (1.916579) |
| $\Delta \ln FZD_t$ | 0.183246 (0.190717) | 0.210144 (0.177637) | −0.233064 (−0.139502) | 3.645723 (1.494706) |
| $\Delta \ln FZD_{t-1}$ | 0.040536 (0.051030) | −0.395873 (−0.350241) | −0.599720 (−0.365262) | 3.153257 (1.322175) |
| $\Delta \ln FZD_{t+1}$ | −1.398221* (−1.769421) | −0.859735 (−0.751672) | −1.348287 (−0.793592) | 1.787250 (0.757068) |
| $\Delta \ln FZD_{t-2}$ | — | −0.738633 (−0.819938) | −0.481930 (−0.309608) | 1.891138 (0.913842) |
| $\Delta \ln FZD_{t+2}$ | — | 0.619270 (0.693497) | −0.240647 (−0.154086) | 3.699557* (1.730540) |
| $\Delta \ln FZD_{t-3}$ | — | — | 1.214564 (1.094072) | 2.630798 (1.523350) |
| $\Delta \ln FZD_{t+3}$ | — | — | −1.378068 (−1.267939) | 3.660120** (2.018972) |
| $\Delta \ln FZD_{t-4}$ | — | — | — | 1.174778 (0.967358) |
| $\Delta \ln FZD_{t+4}$ | — | — | — | 3.963233*** (3.246842) |
| 似然 F 统计 | 0.466024 (0.9878) | 0.430792 (0.9930) | 0.663861 (0.8883) | 0.831942 (0.6972) |
| 模型的选择 | 随机效应 | 随机效应 | 随机效应 | 随机效应 |
| LLC | −8.30965 (0.0000) | −7.40956 (0.0000) | −6.35754 (0.0000) | −6.33488 (0.0000) |
| IPS | −5.85428 (0.0000) | −4.54962 (0.0000) | −2.62788 (0.0043) | −1.55244 (0.0603) |
| Fisher−ADF | 120.768 (0.0000) | 101.428 (0.0000) | 78.9029 (0.0094) | 68.1011 (0.0663) |
| Fisher−PP | 123.890 (0.0000) | 98.7821 (0.0000) | 77.5458 (0.0124) | 66.0892 (0.0905) |

　　为了进一步提高估计结果的稳健性,而且考虑到发达经济体的样本量及时间跨度较大,我们运用动态 OLS(即式(6.1))进行实证估计时,取 $q=1$、2、3 和 4 分别进行回归。在回归前我们先对面板动态 OLS 回归方程的类型进行判定,我们选择似然 F 统计来判定固定效应和随机效应。最后我们对每一个回归结果的残差进行协整检验,以确定回归结果是可靠的。

表 6-4　出口技术复杂度演进的经济增长效应:发达经济体

| 系　数 | $q=1$ | $q=2$ | $q=3$ | $q=4$ |
|---|---|---|---|---|
| C | −0.342459** (−2.394786) | −0.156433** (−2.165567) | −0.640936*** (−2.643115) | −1.204160** (−2.065318) |
| $\ln FZD$ | 1.066011*** (11.97944) | 1.046899*** (10.80194) | 1.096507*** (10.72759) | 1.154350*** (9.960917) |
| $\Delta \ln FZD_t$ | −0.091700 (−0.437499) | 0.330294 (1.280761) | 0.506227 (1.429295) | 0.579183 (1.121251) |
| $\Delta \ln FZD_{t-1}$ | −0.395485** (−2.282243) | 0.076723 (0.311378) | 0.327435 (0.940699) | 0.405457 (0.802805) |
| $\Delta \ln FZD_{t+1}$ | −0.711262*** (−4.126082) | −0.185271 (−0.743055) | −0.067233 (−0.186667) | 0.159133 (0.317382) |
| $\Delta \ln FZD_{t-2}$ | — | 0.488709** (2.488583) | 0.854946** (2.590822) | 0.772831* (1.757040) |
| $\Delta \ln FZD_{t+2}$ | — | 0.553852*** (2.845168) | 0.338184 (1.021423) | 0.638284 (1.401084) |
| $\Delta \ln FZD_{t-3}$ | — | — | 0.602290** (2.559179) | 0.403930 (1.094329) |
| $\Delta \ln FZD_{t+3}$ | — | — | −0.441774* (−1.917333) | 0.042670 (0.109992) |
| $\Delta \ln FZD_{t-4}$ | — | — | — | −0.143982 (−0.550299) |
| $\Delta \ln FZD_{t+4}$ | — | — | — | 0.450003* (1.712216) |
| 似然 $F$ 统计 | 0.385781 (0.9971) | 0.547262 (0.9634) | 0.553246 (0.9600) | 0.430356 (0.9923) |
| 模型的选择 | 随机效应 | 随机效应 | 随机效应 | 随机效应 |
| LLC | −18.1598 (0.0000) | −17.5416 (0.0000) | −13.8674 (0.0000) | −10.0572 (0.0000) |
| IPS | −13.2043 (0.0000) | −12.2309 (0.0000) | −7.79067 (0.0000) | −4.18594 (0.0000) |
| Fisher-ADF | 246.305 (0.0000) | 222.680 (0.0000) | 169.310 (0.0000) | 128.128 (0.0000) |
| Fisher-PP | 301.191 (0.0000) | 262.169 (0.0000) | 203.102 (0.0000) | 188.016 (0.0000) |

　　表 6-3 报告了发达经济体出口技术复杂度演进对其出口增长影响的估计结果,从各项检验指标上看:四个方程的似然 $F$ 统计均拒绝了固定效应,为此笔者运用随机效应对出口技术复杂度与出口量之间的关系进行研究,并且四个方程残差的平稳性检验结果均表明:残差在水平情况下是平稳的,即回归结果是可靠的。从估计系数上看,四个回归方程中出口技术复杂度的水平项,均通过了 1% 的显著性水平检验,且系数值均大于 0。这表明发达国家产业出口技术复杂度的深化会推动其出口的扩大,进而提高其产品的国际流出量。出口技术复杂度的提升,则意味着该国的产品拥有更好的质量或更高的技术含量,因而在国际市场上将更受欢迎,进而扩大其产品流出量。

　　表 6-4 报告了发达经济体出口技术复杂度演进对经济增长影响的估计结果。四个方程的似然 $F$ 统计均未通过 1% 的显著性检验,因而回归过程也采用随机效应。从估计结果的残差平稳性检验上看,四个方程均通过了 1% 的显著性水平检验,可知回归结果是可靠的。从估计系数上看,四个方程中出口技术复杂度的水平值均大于 1,且至少通过了 5% 的显著性水平检验,这表明出口技术复杂度每增加 1%,发达经济体的人均 GDP 将增加一点几个百分点,即出口技术复杂度的深化会显著促进一国的经济增长。

### 6.2.3　发达经济体产业出口技术复杂度演进效应动态分析

　　前面对发达经济体出口技术复杂度演进效应的分析,均为整体性的静态分析,为了进一步分析出口复杂演进对出口及经济增长影响力的动态变化过程,我们对 1993—2009 年的样本数据进行了分段回归,借鉴钱学峰、陈勇兵(2009)研究的样本数量及时间段中年限的控制方法,我们将 5 年作为一个时间段,对各时间段均进行实证估计。

　　考虑每个时间段只有 5 年的数据,采用动态 OLS 估计方法进行回归时,我们取 $q=1$(后文同)。表 6-5 报告了发达经济体出口技术复杂度演进对经济增长动态影响的估计结果,四个方程的似然 $F$ 统计均在 1% 的显著性水平上拒绝了随机效应模型。为此,实证中我们采用固定效应模型,从估计系数上看四个阶段出口技术复杂度的水平值均通过了 1% 的显著性检验,且估计结果均为正。但出口技术复杂度对经济增长的作用力呈现出不断扩大的趋势,已从 1993—1997 年的 0.980990 上升到了 2005—2009 年的 1.745320。这表明出口技术复杂度的深化对发达经济体经济增长的作用力越来越强,也在一定程度上表明:发达经济体经济增长越来越依赖于本国国内的技术进步,进而使得其技术进步对经济增长的贡献能力日渐增大。

表 6-5　出口技术复杂度演进对经济增长的动态影响:发达经济体

| 系　数 | 1993—1997 | 1997—2001 | 2001—2005 | 2005—2009 |
|---|---|---|---|---|
| C | 0.498127<br>(1.289280) | −4.788909***<br>(−2.745404) | 2.723718**<br>(2.585414) | −7.038611***<br>(−18.99024) |
| $\ln FZD$ | 0.980990***<br>(23.68926) | 1.528728***<br>(8.457835) | 0.759563***<br>(6.977764) | 1.745320***<br>(47.84072) |
| $\Delta\ln FZD_t$ | −0.635619***<br>(−11.72066) | −0.722818**<br>(−2.106465) | −0.580468***<br>(−3.591762) | −1.143005***<br>(−34.91906) |
| $\Delta\ln FZD_{t-1}$ | −0.297433***<br>(−10.23211) | −0.301086***<br>(−3.312008) | −0.186122*<br>(−1.893893) | −1.099785***<br>(−25.25655) |
| $\Delta\ln FZD_{t+1}$ | −0.007407<br>(−0.069662) | 0.440299**<br>(2.085252) | −0.006591<br>(−0.089901) | 0.314261***<br>(14.31185) |
| A-R² | 0.999900 | 0.998391 | 0.999502 | 0.999870 |
| 似然 F 统计 | 18360.03<br>(0.0000) | 530.496<br>(0.0000) | 2593.17537<br>(0.0000) | 2150.6123<br>(0.0000) |
| 模型的选择 | 固定效应 | 固定效应 | 固定效应 | 固定效应 |

表 6-6　出口技术复杂度演进对出口增长的动态影响:发达经济体

| 系　数 | 1993—1997 | 1997—2001 | 2001—2005 | 2005—2009 |
|---|---|---|---|---|
| C | 7.082469***<br>(2.962680) | −21.49780***<br>(−6.406143) | −19.37282***<br>(−4.248289) | 95.51451***<br>(12.4146) |
| $\ln FZD$ | 1.312144***<br>(5.241283) | 4.297803***<br>(12.30552) | 4.000803***<br>(8.393937) | 7.429207***<br>(9.7779) |
| $\Delta\ln FZD_t$ | −0.936085**<br>(−2.475937) | −5.193217***<br>(−10.76374) | −2.196058<br>(−1.850815) | −3.329540***<br>(−6.13143) |
| $\Delta\ln FZD_{t-1}$ | −0.525906***<br>(−2.703513) | −2.179235***<br>(−10.72387) | −0.074769<br>(−0.107113) | −3.478890***<br>(−6.6865) |
| $\Delta\ln FZD_{t+1}$ | 1.076111***<br>(4.870165) | −0.638779***<br>(−4.280204) | −0.102855<br>(−0.439589) | −4.312355***<br>(−7.86147) |
| A-R² | 0.999900 | 0.999609 | 0.999656 | 0.998398 |
| 似然 F 统计 | 373.891394<br>(0.0000) | 2794.9658<br>(0.0000) | 4523.37<br>(0.0000) | 684.6922<br>(0.0000) |
| 模型的选择 | 固定效应 | 固定效应 | 固定效应 | 固定效应 |

表 6-6 报告了发达经济体出口技术复杂度深化对出口增长动态影响的实证估计结果,四个时间段的似然 F 统计值均在 1% 的显著性水平下拒绝了出口随机效应,因而实际回归我们采用固定效应进行分析。从出口技术复杂度演进对发达国家出口增长的影响系数上看,1993—2009 年间出口技术复杂度对出口增长的作用力呈现出显著的递增效应,其估计系数已从 1993—1997 年的 1.312144 迅速上升到了 2005—2009 年的 7.429207。发达国家导致出口技术复杂度对出口作用力迅速增长的原因可能在于:我们选用的样本是各国出口到美国的数据,美国是一个国内产品技术创新能力较强的国家,因而同价条件下,发达经济体的产品要进入美国市场必须要拥有更好的技术含量和质量,因而出口技术复杂度的深化和提高成为发达经济体产品进入美国市场的重要途径。

## 6.3 发展中经济体产业出口技术复杂度演进的经济及出口增长效应分析

相对发达经济体而言,发展中经济体的技术创新能力要弱一点,因而发展中经济体出口技术复杂度的提升往往依靠介入发达国家跨国公司所主导的国际分工体系,因而正如前面实证结果显示:发展中经济体出口技术复杂度的提升主要源自于出口,而这种出口常常是由发达国家跨国公司在发展中经济体投资引致的。那么发展中经济体出口技术复杂度的深化会对发展中经济体的出口及经济增长产生什么样的影响呢? 这正是本部分要进一步研究的议题。

### 6.3.1 变量间的协整关系分析

与前面相同的是,我们先对发展中经济体三个变量的平稳性进行检验,发展中经济体出口技术复杂度变量的单位根结果显示(见表 6-7),在水平状态下四个检验量均不能拒绝存在单位根的原假设,因而该变量一阶情况下是不平稳的。但该变量的一阶检验结果显示各统计量在 1% 的显著性水平上拒绝了存在单位根的原假设,可知出口技术复杂度一阶差分是平稳的,出口及经济增长变量的检验结果相同,可知发展中经济体三个变量是一阶单整的。因此,可以进一步作协整分析。

表 6-7　发展中经济体各变量平稳性检验结果

| 检验方法 | LLC | IPS | Fisher-ADF | Fisher-PP | 单位根 |
|---|---|---|---|---|---|
| LNETS | −0.65011 (0.2578) | 5.28340 (1.0000) | 15.2297 (1.0000) | 21.0436 (0.9971) | 是 |
| D LNETS | −11.1984 (0.0000) | −13.5568 (0.0000) | 226.501 (0.0000) | 220.046 (0.0000) | 否 |
| LNEX | −3.64885 (0.0001) | −1.60199 (0.0546) | 51.9343 (0.1401) | 57.3892 (0.0571) | 是 |
| DLNEX | −12.5412 (0.0000) | −10.6219 (0.0000) | 180.422 (0.0000) | 202.366 (0.0000) | 否 |
| LNPGDP | −2.24495 (0.0124) | −1.62905 (0.0517) | 56.4738 (0.0670) | 48.5340 (0.2264) | 是 |
| DLNPGDP | −15.5998 (0.0000) | −12.8341 (0.0000) | 218.722 (0.0000) | 274.119 (0.0000) | 否 |

表 6-8 报告了发展中经济体出口技术复杂度与经济增长及出口的协整检验结果，可知：出口技术复杂度与经济增长的检验结果中，Pedroni(1999)检验的四个检验结果在 1% 显著性水平上拒绝了不存在协整关系的原假设，Kao(1999)的 ADF 检验结果而在 10% 的显著性水平上通过检验，表明协整关系的存在，而出口技术复杂度与出口量之间的协整关系检验也得到了类似的结果。因此，我们可以认为发展中经济体出口技术复杂度的演进与经济增长及出口增长均存在协整关系，即存在长期的均衡关系。

表 6-8　发展中经济体各变量协整检验结果

| 检验方法 | | 复杂度与经济增长 | | 复杂度与出口 | |
|---|---|---|---|---|---|
| | | Statistic | Prob | Statistic | Prob |
| Pedroni (1999) | Panel v | 14.76699 | 0.0000 | 11.58138 | 0.0000 |
| | Panel PP | −2.710999 | 0.0034 | −1.566523 | 0.0586 |
| | Panel rho | −5.794577 | 0.0000 | −4.655538 | 0.0000 |
| | Panel ADF | 0.405041 | 0.6573 | 0.196709 | 0.5780 |
| | Group rho | −0.712779 | 0.2380 | −0.184949 | 0.4266 |
| | Group PP | −5.419009 | 0.0000 | −4.034097 | 0.0000 |
| | Group ADF | −0.336993 | 0.3681 | 0.808961 | 0.7907 |
| Kao(1999) | Kao ADF | 1.611477 | 0.0535 | 2.248203 | 0.0123 |

### 6.3.2 发展中经济体产业出口技术复杂度演进效应整体分析

发展中经济体出口技术复杂度演进对经济增长和出口增长影响的估计方法，我们继续采用前述对发达经济体的方法，即在面板动态 OLS 中取 $Q=$ 1、2、3 和 4 分别进行回归，以确保出口技术复杂度作用力估计结果的稳健性，并用 LLC、IPS、Fisher-ADF、Fisher-PP 等四个统计量对每个回归方程的残差进行单位根检验，以确保每个回归方程估计结果的可靠性。

表 6-9 报告了发展中经济体出口技术复杂度演进对其经济增长的作用，从估计方程的似然估计上看，四个方程均应采用固定效应模型，并且四个回归方程的残差值在水平情况下均拒绝了单位根，这表明回归结果是可靠的。从估计系数上看，四个估计系数均为正，很明显的一个特点是其 $q$ 的取值越大，出口技术复杂度的估计系数越大，这表明出口技术复杂度的升级对经济增长具有明显的多期性，即在本期作用的同时，也会促使下一期经济增长速度加快，进而使得考虑期数越长，本期出口技术复杂度对经济增长的影响力越明显。对比发达经济体的出口技术复杂度的经济增长效应估计结果（见表 6-4）可以发现发达经济体亦有类似的估计结果，这一现象出现的根本原因可能在于：技术进步所具有的积累及传播效应。

表 6-9 出口技术复杂度演进的经济增长效应：发展中经济体

| 系　数 | $q=1$ | $q=2$ | $q=3$ | $q=4$ |
|---|---|---|---|---|
| C | 5.190503 *** <br> (3.942726) | 3.371330 *** <br> (2.850334) | $-2.299600$ * <br> $(-1.944482)$ | $-2.471637$ ** <br> $(-1.991172)$ |
| $\ln FZD$ | 0.358257 *** <br> (2.616720) | 0.542765 *** <br> (4.404117) | 1.141696 *** <br> (9.254998) | 1.162308 *** <br> (7.188541) |
| $\Delta \ln FZD_t$ | 0.167365 <br> (0.300047) | 0.073969 <br> (0.126685) | $-0.327209$ <br> $(-1.333765)$ | $-0.373047$ <br> $(-1.153023)$ |
| $\Delta \ln FZD_{t-1}$ | 0.103171 <br> (0.177158) | 0.149962 <br> (0.354415) | $-0.058719$ <br> $(-0.199506)$ | $-0.183806$ <br> $(-0.512509)$ |
| $\Delta \ln FZD_{t+1}$ | 0.466790 ** <br> (2.237674) | 0.466728 * <br> (1.861761) | 0.196825 <br> (0.901235) | 0.257197 <br> (1.065436) |
| $\Delta \ln FZD_{t-2}$ | — | 0.131936 <br> (0.703316) | $-0.044172$ <br> $(-0.193891)$ | $-0.230010$ <br> $(-0.786201)$ |
| $\Delta \ln FZD_{t+2}$ | — | 1.199174 *** <br> (3.827531) | $-0.046402$ <br> $(-0.254326)$ | $-0.078053$ <br> $(-0.358078)$ |
| $\Delta \ln FZD_{t-3}$ | — | — | $-0.097173$ <br> $(-0.585301)$ | $-0.236969$ <br> $(-0.893663)$ |

续表

| 系　数 | $q=1$ | $q=2$ | $q=3$ | $q=4$ |
|---|---|---|---|---|
| $\Delta \ln FZD_{t+3}$ | — | — | −0.096767<br>(−0.967142) | −0.192160<br>(−0.732030) |
| $\Delta \ln FZD_{t-4}$ | — | — | — | −0.079537<br>(−0.460022) |
| $\Delta \ln FZD_{t+4}$ | — | — | — | −0.105851<br>(−0.671860) |
| 似然 $F$ 统计 | 66.16449<br>(0.0000) | 73.60497<br>(0.0000) | 149.373265<br>(0.0000) | 104.686451<br>(0.0000) |
| 模型的选择 | 固定效应 | 固定效应 | 固定效应 | 固定效应 |
| LLC | −17.9510<br>(0.0000) | −5.50312<br>(0.0000) | −15.0665<br>(0.0000) | −13.1854<br>(0.0000) |
| IPS | −13.0775<br>(0.0000) | −6.27473<br>(0.0000) | −6.74901<br>(0.0000) | −3.74454<br>(0.0000) |
| Fisher-ADF | 211.085<br>(0.0000) | 122.555<br>(0.0000) | 129.934<br>(0.0000) | 91.4466<br>(0.0000) |
| Fisher-PP | 243.920<br>(0.0000) | 168.324<br>(0.0000) | 133.003<br>(0.0000) | 116.030<br>(0.0000) |

表 6-10 报告了发展中经济体出口技术复杂度深化对其出口增长影响的实证结果,可知动态 OLS 估计的似然 $F$ 统计拒绝了随机效应,四个方程残差的单位根检验也表明残差水平情况下是平稳的,即四个估计方程是可靠的。从估计系数上看四个方程中出口技术复杂度水平项均通过了 1% 的显著性检验,估计结果均为正且估值较大,可见出口复杂深化对发展中经济体出口量的提升具有显著的正效应。

**表 6-10　出口技术复杂度演进的出口增长效应:发展中经济体**

| 系　数 | $q=1$ | $q=2$ | $q=3$ | $q=4$ |
|---|---|---|---|---|
| C | −1.359078**<br>(−2.065576) | −1.222493**<br>(−2.223241) | −6.014913***<br>(−2.701187) | −2.150230**<br>(−2.463842) |
| $\ln FZD$ | 2.157405***<br>(16.01178) | 2.127345***<br>(3.695712) | 2.644699***<br>(7.145908) | 2.240181***<br>(4.538934) |
| $\Delta \ln FZD_t$ | −0.584836<br>(−0.655843) | 1.270202<br>(0.826126) | −1.271877<br>(−1.061322) | −1.243554<br>(−0.898488) |
| $\Delta \ln FZD_{t-1}$ | 0.268489<br>(0.606482) | −0.006653<br>(−0.009101) | −0.687202<br>(−0.712559) | −0.622816<br>(−0.46562) |

续表

| 系　数 | $q=1$ | $q=2$ | $q=3$ | $q=4$ |
|---|---|---|---|---|
| $\Delta \ln FZD_{t+1}$ | 1.032161*** (2.669769) | 3.060120*** (2.665678) | 1.760578 (1.434109) | 1.576124 (1.20436) |
| $\Delta \ln FZD_{t-2}$ | — | −1.144891* (−1.894721) | −0.563225 (−0.638081) | −0.717345 (−0.484141) |
| $\Delta \ln FZD_{t+2}$ | | 1.031183 (1.025916) | 0.667832 (0.676841) | 1.088306 (0.914837) |
| $\Delta \ln FZD_{t-3}$ | — | — | −0.478809 (−0.470736) | −0.838930 (−0.76648) |
| $\Delta \ln FZD_{t+3}$ | — | — | −0.057979 (−0.069551) | 1.014609 (0.707908) |
| $\Delta \ln FZD_{t-4}$ | | | | −0.572288 (−0.856570) |
| $\Delta \ln FZD_{t+4}$ | — | — | — | −0.234168 (−0.310975) |
| 似然 F 统计 | 54.391025 (0.0000) | 70.750423 (0.0000) | 217.71351 (0.0000) | 186.4703 (0.0000) |
| 模型的选择 | 固定效应 | 固定效应 | 固定效应 | 固定效应 |
| ⅠLC | −12.5449 (0.0000) | −6.24021 (0.0000) | −12.0877 (0.0000) | −10.5284 (0.0000) |
| IPS | −9.56534 (0.0000) | −4.50403 (0.0000) | −5.61017 (0.0000) | −4.04784 (0.0000) |
| Fisher-ADF | 157.199 (0.0000) | 89.6651 (0.0000) | 115.132 (0.0000) | 93.5113 (0.0000) |
| Fisher-PP | 167.387 (0.0000) | 88.5343 (0.0000) | 142.047 (0.0000) | 108.704 (0.0000) |

### 6.3.3　发展中经济体产业出口技术复杂度演进效应动态分析

本部分参照前面对发达经济体的估计方法，对出口技术复杂度对发展中经济体出口及经济增长影响力的动态变化过程进行实证估计。表 6-11 报告了发展中经济体出口技术复杂度演进对其出口增长的动态影响过程，可知 1993—2005 年间发展中国家出口技术复杂度的深化对其出口量增长具有正的促进作用，而这一促进作用的提升速度显著快于发达经济体，从 1993—1997 年的 0.734265 提升到了 2001—2005 年的 11.144692（两者均通过了1%的显著性检验），但是有意思的是发达经济体 2005—2009 年间出口技术复杂度对出口的影响力也呈现出明显的提升，而发展中经济体却从 2001—

2005 年的 11.144692 下跌至 2005—2009 年的 3.016451。

表 6-11　出口技术复杂度演进对出口增长的动态影响：发展中经济体

| 系　数 | 1993—1997 | 1997—2001 | 2001—2005 | 2005—2009 |
|---|---|---|---|---|
| C | 12.56125*** (26.10011) | −42.00178*** (−11.58982) | −88.892532*** (−49.50657) | −10.03226*** (26.44069) |
| $\ln FZD$ | 0.734265*** (13.37070) | 6.366787*** (16.89490) | 11.144692*** (62.27909) | 3.016451*** (2.634142) |
| $\Delta \ln FZD_t$ | −4.009887*** (−5.563272) | 1.229792*** (3.887442) | −9.5582632*** (−16.37617) | −1.134776 (1.278410) |
| $\Delta \ln FZD_{t-1}$ | −2.616580*** (−8.474430) | 2.123647*** (4.876514) | −5.5923242*** (−14.56548) | −0.904881 (1.193325) |
| $\Delta \ln FZD_{t+1}$ | −1.465004 (−1.351011) | 4.315861*** (12.16747) | 7.4589382*** (36.75343) | 0.616850 (1.131738) |
| A-R² | 0.999926 | 0.999765 | 0.99895 | 0.99980 |
| 似然 F 统计 | 273.03572 (0.0000) | 648.2383 (0.0000) | 921.1525 (0.0000) | 4456.335 (0.0000) |
| 模型的选择 | 固定效应 | 固定效应 | 固定效应 | 固定效应 |

　　导致上述现象出现的根本原因可能在于：美国爆发的次贷危机对不同经济体的出口影响不一致，中低复杂度产品出口受到的冲击可能较大，而发展中经济体的出口品的技术含量和复杂度多处于这一阶段，因而受到的冲击大于发达经济体，进而使得出口复杂深化对出口增长的作用力出现明显的下降。从中可以看出，高出口技术复杂度的产品在承受外来冲击方面的能力明显强于中低出口技术复杂度的产品，因此，发展中经济体在其发展过程中，应该更多注重高技术含量、高质量、高复杂度产品的生产，以使得外来冲击给自身发展带来的损失最小化。

　　表 6-12 报告了发展中经济体出口技术复杂度深化对其经济影响的动态变化过程，从估计系数的动态趋势上看，1993—2009 年间出口技术复杂度深化对发展中经济体经济增长的作用力有一个上升的过程（四个系数均通过了 1％的显著性水平检验），比较明显的增长过程出现在最后一个时间段（2005—2009 年），估计系数从 1993—2005 年间小于 2 的情况，迅速上升到了 3.486250。笔者以为：这一现象的出现，一定程度上与金融危机后发展中国家政策变动有关。金融危机过后，部分发展中经济体因执行的"出口导向型"战略，而受到较为明显的冲击，因而发展中国家开始慢慢重视国内市场的重要性，将生产的目光投向国内市场，从而使得一些原本仅仅用于出口的相对高复杂度产品转销国内，进而提高了复杂度提升对国内经济发展的贡

献率,使得出口技术复杂度的深化对其经济增长的作用力迅速提升。

表 6-12　出口技术复杂度演进对经济增长的动态影响:发展中经济体

| 系　　数 | 1993—1997 | 1997—2001 | 2001—2005 | 2005—2009 |
|---|---|---|---|---|
| C | −1.901918** | −9.909713*** | −2.474554 | −26.19613*** |
| | (−2.586017) | (−3.640209) | (−1.508760) | (−4.016942) |
| $\ln FZD$ | 1.108329*** | 1.931747*** | 1.157381*** | 3.486250*** |
| | (14.12352) | (6.824525) | (6.889982) | (5.33786) |
| $\Delta \ln FZD_t$ | −0.932050*** | −0.536686** | −0.607600*** | −2.231260*** |
| | (−11.83824) | (−2.584695) | (−3.178262) | (−6.35165) |
| $\Delta \ln FZD_{t-1}$ | −0.813631*** | −0.170054 | −0.361170*** | −2.017881*** |
| | (−5.948001) | (−0.840172) | (−3.943323) | (−5.56686) |
| $\Delta \ln FZD_{t+1}$ | 0.142341*** | 0.715832*** | 0.963484*** | 0.633765** |
| | (3.246519) | (5.556520) | (6.964643) | (2.48592) |
| A-R$^2$ | 0.999987 | 0.998669 | 0.999988 | 0.998382 |
| 似然 $F$ 统计 | 8082.805 | 1166.1787 | 766.8712 | 888.2106 |
| | (0.0000) | (0.0000) | (0.0000) | (0.0000) |
| 模型的选择 | 固定效应 | 固定效应 | 固定效应 | 固定效应 |

## 6.4　中国产业出口技术复杂度演进的经济及出口增长效应分析

前面分析了发达经济体和发展中经济体出口技术复杂度演进对经济增长和出口增长的动态与静态效应。中国出口技术复杂度的演进有着与发达国家和发展中国家均不相同的路径和模式(见第 4 章和第 5 章);杨汝岱、姚洋(2008)也指出中国并没有完全按照其比较优势发展对外贸易,Schott(2006)和 Rodrik(2006)指出中国出口品的复杂度已经接近发达国家,与 3 倍于其经济发展水平的国家相似,可见,完全按照前面发展中经济体的估计结果来分析出口技术复杂度演进的中国特征是不可行的,但是按照发达国家的特征来分析中国更不可行,因为中国的实际发展水平与发达国家相差甚远,从而有必要对中国的情况进行单独分析。为此,本部分基于第 5 章中国各省级层面出口技术复杂度的测度结果,对中国出口技术复杂度演进的经济增长及出口增长效应进行分析。

### 6.4.1　变量间的协整关系分析

在第 5 章的分析中,我们测度得到了中国 28 个省级区域出口技术复杂度,此处的分析我们继续沿用前面的测度结果。因而中国层面的研究,也属于面板数据,因而此处也采用面板动态 OLS 进行分析,为此,首先对各变量进行平稳性检验,表 6-13 报告了平稳性检验的结果,可知中国各变量的平稳性检验结果与发达经济体及发展中经济体相同,即所有变量都是一阶单整,为此,可以进一步做协整分析。

表 6-13 各变量平稳性检验结果

| 检验方法 | LLC | IPS | Fisher-ADF | Fisher-PP | 单位根 |
|---|---|---|---|---|---|
| LNETS | 0.70766<br>(0.7604) | 5.00386<br>(1.0000) | 7.35763<br>(1.0000) | 10.4618<br>(1.0000) | 是 |
| D LNETS | −17.0306<br>(0.0000) | −5.02927<br>(0.0000) | 131.634<br>(0.0000) | 182.898<br>(0.0000) | 否 |
| LNEX | −9.60510<br>(0.0000) | 1.16607<br>(0.8782) | 57.9811<br>(0.3307) | 82.1506<br>(0.0081) | 是 |
| DLNEX | −10.7421<br>(0.0000) | −3.20897<br>(0.0007) | 102.748<br>(0.0001) | 148.004<br>(0.0000) | 否 |
| LNPGDP | 1.98945<br>(0.9767) | 6.23628<br>(1.0000) | 13.0091<br>(1.0000) | 28.8126<br>(0.9981) | 是 |
| DLNPGDP | −11.7066<br>(0.0000) | −2.56746<br>(0.0051) | 90.3167<br>(0.0014) | 116.717<br>(0.0000) | 否 |

表 6-14 各变量协整检验结果

| 检验方法 | | 复杂度与经济增长 | | 复杂度与出口 | |
|---|---|---|---|---|---|
| | | Statistic | Prob | Statistic | Prob |
| Pedroni<br>(1999) | Panel v | 2.749110 | 0.0030 | −1.126120 | 0.8699 |
| | Panel PP | −0.709507 | 0.2390 | −1.134341 | 0.1283 |
| | Panel rho | −6.271340 | 0.0000 | −7.925476 | 0.0000 |
| | Panel ADF | −4.522241 | 0.0000 | −10.85983 | 0.0000 |
| | Group rho | 2.248418 | 0.9877 | 1.692397 | 0.9547 |
| | Group PP | −6.447525 | 0.0000 | −8.417006 | 0.0000 |
| | Group ADF | −5.276826 | 0.0000 | −15.44123 | 0.0000 |
| Kao(1999) | Kao ADF | −6.407131 | 0.0000 | −7.773645 | 0.0000 |

表 6-14 报告了中国出口技术复杂度演进与经济增长和出口增长的协整关系,可知出口技术复杂度与经济增长的 Pedroni(1999)检验结果中有五个通过 1% 的显著性水平检验,Kao ADF 检验也在 1% 水平上显著;出口技术

复杂度与出口增长之间的协整检验结果中,Pedroni(1999)检验有四个通过1%的显著性检验,Kao ADF 统计量也在 1% 的水平上显著。根据项本武(2009)的研究可知,上述结果表明出口技术复杂度与经济增长和出口增长的协整关系存在,即变量之间存在长期的均衡。这表明与发达经济体和发展中经济体一样,中国出口技术复杂度的演进,会对其经济增长和出口产生深远影响。

### 6.4.2 中国产业出口技术复杂度演进效应整体分析

由第 5 章的分析过程可知,由于数据可获得性不强,中国省级层面的出口数据仅能获得 7 年数据(2002—2008 年),考虑到动态 OLS 估计的基本特征及其对样本容量的基本要求,在对中国进行实证估计时,我们对 $q$ 的取值进行了适当的调整(仅取 $q$ 为 1 和 2 两个值进行估计),同时考虑到残差单位根估计所需要的样本容量较大,而取滞后阶数后估计所得的残差样本数量有限,笔者未对回归残差作平稳性检验。

表 6-15 出口技术复杂度演进的效应:整体层面

| 系 数 | 出口增长效应 | | 经济增长效应 | |
|---|---|---|---|---|
| | $q=1$ | $q=2$ | $q=1$ | $q=2$ |
| C | 2.128017 *** (3.865156) | 14.16059 *** (3.454216) | −0.566145 *** (−4.202550) | −0.957798 *** (−4.592839) |
| $\ln FZD$ | 2.128682 *** (37.99557) | 1.401670 *** (5.315415) | 1.049295 *** (71.87137) | 1.120895 *** (77.53623) |
| $\Delta \ln FZD_t$ | −1.654867 *** (−11.77921) | −11.91110 ** (−2.568779) | −0.354331 *** (−3.855668) | −0.875217 ** (−2.1860) |
| $\Delta \ln FZD_{t-1}$ | −0.791811 *** (−6.097217) | −7.708070 ** (−2.500109) | −0.148251 *** (−2.853114) | −0.996354 *** (−3.597013) |
| $\Delta \ln FZD_{t+1}$ | −1.27812 *** 8 (−4.473266) | −4.832194 ** (−2.505015) | 0.275079 ** (2.242772) | 0.293430 * (1.78286) |
| $\Delta \ln FZD_{t-2}$ | — | −3.702053 ** (−2.305049) | — | −1.159299 *** (−6.486865) |
| $\Delta \ln FZD_{t+2}$ | — | −6.498554 ** (−2.134091) | — | 0.490620 *** (9.679298) |
| A R-squared | 0.996430 | 0.999233 | 0.998728 | 0.99998 |
| F-statistic | 996.42 | 2158.464 | 2801.387 | 151346.8 |
| 似然 F 统计 | 538.608944 (0.0000) | 849.565 (0.0000) | 1679.504 (0.0000) | 21724.907 (0.0000) |
| 模型的选择 | 固定效应 | 固定效应 | 固定效应 | 固定效应 |

基于上述分析,我们对出口技术复杂度深化对中国出口及经济增长的作用力均做了实证估计。由估计结果可知(见表 6-15):在 $q=1$ 和 $q=2$ 的情况下,出口技术复杂度与经济增长及出口动态 OLS 估计的似然 $F$ 统计值均在 1% 的显著性水平上拒绝了随机效应,为此我们固定效应进行分析。

从估计系数上看,出口技术复杂度深化对出口增长表现出正效应,在 $q=1$ 和 $q=2$ 两种情况下出口技术复杂度的水平估计值均为正,且估计系数均通过 1% 的显著性水平检验。出口技术复杂度深化对经济增长也表现出正效应,两个估计结果均在 1% 的显著性水平上显著为正。可见,提升出口品的质量和技术含量(即出口技术复杂度),有助于推动我国经济和出口的增长。中国企业往往以加工贸易方式嵌入发达国家所主导的分工体系,将自己固定在国际分工体系的低附加值、低效率和低技术含量环节,使得自身产品复杂度的提升空间相对有限,因而有必要采用相关措施,扭转目前这种相对不利的局面,以加快中国出口技术复杂度的提升速度,进而更好地发挥其对国内经济和对外经济发展的正效应。

对比出口技术复杂度对经济增长和出口增长的作用系数,可以很明显地发现在 $q$ 值相同的情况下,出口技术复杂度深化对出口增长作用力的估计系数明显大于经济增长的估计系数,这一特征与前面分析中发展中经济体的结论较为相似,即中国在出口技术复杂度演进的功效方面在很大程度上具有发展中经济体的基本特征。与发展中经济体不同的是,在 $q$ 相同的情况下,中国出口技术复杂度演进对出口作用力的估计系数小于发展中经济体,而对经济增长的作用力估计系数大于发展中经济体[①]。而导致中国出口技术复杂度演进效应的这一非发展中国家特征的原因可能在于:与普通发展中国家相比,中国具有更大的国内市场。中国已经成为世界第二大经济体,国内高端产品的购买力和消费能力日渐提升。因而部分产品的质量或技术含量得到提升时,其一定程度上会先向国内市场要利润,再向国际市场要利润,进而提高了产品复杂度提升对经济增长的估计系数,降低了其对出口增长的估计系数。

### 6.4.3  中国产业出口技术复杂度演进效应动态分析

考虑到中国地域较广,对中国产业出口技术复杂度演进效应进行动态分析时,我们细化到具体区域层面(东中西),以使得估计结果更具有区域特

---

①  通过对比表 6-9、表 6-10 和表 6-15 可得出上述结论。

征,为不同区域的发展提供借鉴①。在实际估计中由于西部地区的估计结果与中部地区非常类似,因此,此处仅分析东部和中部的估计结果,西部地区就不再累赘。

表 6-16　出口技术复杂度演进对出口增长的动态影响:中国东部地区②

| 系　数 | 2002—2006 | 2003—2007 | 2004—2008 |
|---|---|---|---|
| C | −45.57940 ** <br> (−2.272403) | −0.201412 *** <br> (−11.02736) | 8.403583 *** <br> (51.8530) |
| lnFZD | 3.501742 *** <br> (3.488522) | 1.322163 *** <br> (3.811129) | 1.622998 *** <br> (75.4237) |
| $\Delta \ln FZD_t$ | −48.21969 *** <br> (−3.721165) | 42.86795 <br> (1.301816) | −0.313557 <br> (−1.08883) |
| $\Delta \ln FZD_{t-1}$ | −66.67919 ** <br> (−2.691230) | 21.05851 <br> (1.298865) | −0.383876 *** <br> (−21.920) |
| $\Delta \ln FZD_{t+1}$ | −21.95052 *** <br> (−7.631499) | 25.78035 <br> (1.27587) | −0.750874 *** <br> (−6.35100) |
| AR | 0.994408 | 0.99765 | 0.99999 |
| 似然 F 统计 | 102.0265 <br> (0.0000) | 712.068 <br> (0.0000) | 01455.2 <br> (0.0000) |
| 模型的选择 | 固定效应 | 固定效应 | 固定效应 |

表 6-16 报告了中国东部地区的出口技术复杂度演进对出口增长作用的估计结果。出口技术复杂度深化在三个阶段均对出口表现为正效应,且三个正的估计系数均通过了 1‰ 的显著性水平检验,这一结论也符合前述全国层面的估计结果。从动态效应上看,东部地区出口技术复杂度演进对经济增长的作用力呈现先明显下降、后略微上升的特征,在 2002—2006 年间估计系数为 3.501742,2003—2007 年则跌到了 1.322163,而 2004—2008 年间则略微上升至 1.622998。深入考察 2002—2008 年间中国对外贸易的发展历程,笔者以为导致这一特征主要是由 2001 年中国的"入世"引起的。加入世

① 东、中和西部的划分方法与第 5 章相同,具体为:东部区域包括北京、河北、辽宁、天津、山东、江苏、上海、福建、浙江、广东和海南等共 11 省市;中部地区包括山西、吉林、黑龙江、安徽、江西、河南、湖北和湖南等共 8 省;西部地区包括四川、贵州、云南、广西、陕西、甘肃、内蒙古和重庆等共 8 省市自治区。

② 考虑到面板动态 OLS 估计中,对样本容量的基本要求,结合本文所能获取到的中国出口技术复杂度数据,笔者将 2002—2008 年的测度结果,按每阶段包含五年样本的方式划分为三个阶段,具体为 2002—2006、2003—2007、2004—2008。

界贸易组织后,部分原有贸易壁垒的取消,使得中国出口产品更为顺畅,因而出口技术复杂度的小幅提升,就有可能在国外赢得更多的订单,从而使得2002—2006年间的估计系数较大,而2004—2008年作用力的小幅增加的真正原因是出口技术复杂度对出口量作用功效的提升。

表6-17是中国东部地区出口技术复杂度演进对其经济增长动态影响的估计系数,从估计系数上看,三个阶段的估计系数均为正,这表明出口技术复杂度的深化对经济增长具有正向促进作用。出口技术复杂度对出口量影响的估计结果颇为相似的是在加入世界贸易组织初期,出口技术复杂度深化对经济增长表现出较为强劲的促进作用(估计系数为1.220843),而后呈现出下降的趋势(0.875645),最后表现为一定的上升(1.036091)。从东部产业出口技术复杂度演进对出口和经济增长影响的估计系数还能看出,加入WTO对我国的出口技术复杂度演进效应的作用机制产生了一定的冲击,只不过这种冲击表现为正向冲击。

**表6-17　出口技术复杂度演进对经济增长的动态影响:东部地区**

| 系　　数 | 2002—2006 | 2003—2007 | 2004—2008 |
|---|---|---|---|
| C | −1.730554*** <br> (−2.759812) | 1.956260*** <br> (6.375787) | 0.021603*** <br> (4.393620) |
| ln$FZD$ | 1.220843*** <br> (4.306353) | 0.875645*** <br> (39.12099) | 1.036091*** <br> (156.128) |
| $\Delta$ln$FZD_t$ | −0.297278 <br> (−0.334965) | −1.921830*** <br> (−3.945845) | −0.190940*** <br> (−8.53506) |
| $\Delta$ln$FZD_{t-1}$ | −1.052968 <br> (−0.528726) | −0.951888*** <br> (−4.050058) | −0.073429*** <br> (−3.65741) |
| $\Delta$ln$FZD_{t+1}$ | 1.632595** <br> (2.543302) | −0.267194*** <br> (−3.838480) | 0.069944 <br> (1.23823) |
| AR | 0.99985 | 0.999935 | 0.9999 |
| 似然$F$统计 | 489.2034 <br> (0.0000) | 14496.077 <br> (0.0000) | 14113.92 <br> (0.0000) |
| 模型的选择 | 固定效应 | 固定效应 | 固定效应 |

表6-18报告了中部地区出口技术复杂度演进对出口增长动态影响的估计结果,三个阶段的估计结果均显示出口技术复杂度演进对出口增长表现出正效应,且三个变量均通过了至少5%的显著性检验。从估计系数的动态变化上看,其估计系数的变化趋势与东部相似(先降后增),这表明加入世界贸易组织对中国出口的影响是全面性的,不仅发达的东部地区受到影响,

欠发达区域也受到影响,而东部地区在第一阶段的估计结果明显大于中部,这表明加入世界贸易组织对东部地区产生的正向效应大于中部。而导致这一机制出现的原因可能在于:东部区域的开放程度明显大于西部,从而使得东部在正向外部冲击中的受益程度高于中部。这也给外向型经济的发展带来一个启示,通过适当扩大对外开放程度,可以改善出口技术复杂度深化对出口增长的作用机制。

表 6-18    出口技术复杂度演进对出口增长的动态影响:中部地区 ①

| 系    数 | 2002—2006 | 2003—2007 | 2004—2008 |
|---|---|---|---|
| C | −3.968788 *** <br> (−10.500747) | 6.124702 *** <br> (11.010549) | 4.011522 *** <br> (11.822386) |
| $\ln FZD$ | 3.202615 *** <br> (3.558882) | 1.649800 ** <br> (2.702296) | 1.966316 *** <br> (11.29224) |
| $\Delta \ln FZD_t$ | −11.64902 <br> (−4.635846) | −1.476260 <br> (−0.744554) | −4.084720 <br> (−2.650077) |
| $\Delta \ln FZD_{t-1}$ | −7.322518 <br> (−1.499311) | −0.754275 <br> (−0.750872) | −0.997457 <br> (−0.900109) |
| $\Delta \ln FZD_{t+1}$ | −13.73902 *** <br> (−4.502710) | 0.979900 <br> (0.837688) | −2.359228 <br> (−1.452140) |
| $AR^2$ | 0.920112 | 0.994589 | 0.993775 |
| 似然 F 统计 | 115.337208 <br> (0.0000) | 225.1067 <br> (0.0000) | 198.061 <br> (0.0000) |
| 模型的选择 | 固定效应 | 固定效应 | 固定效应 |

表 6-19 是中部地区出口技术复杂度演进对其经济增长影响的动态估计结果,与东部地区相同的是:出口技术复杂度深化对中部地区经济增长也表现为正效应。但是中部地区的动态效应并没有表现出先下降后上升的特征,而是呈现出持续上升的趋势,这表明加入世界贸易组织,对中部地区的出口技术复杂度的经济增长效应运行机制并未产生多大影响。而且 2004—2008 年东部地区的出口技术复杂度对经济增长的作用力(1.578595)已经略微大于中部地区(1.036091),这表明在其他条件一定的情况下,如果东中部出口技术复杂度提升相同量,那么中部地区经济增长幅度会略大于东部地区。中国政府一直致力于缩小东、中、西部收入差距,而表 6-19 和表 6-17 为政府提供了一个较好的途径,即通过大力提升中西部地区产业的出口技术

---

① 因为中西部实证估计结果非常类似,笔者此处仅分析中部,西部不再累赘。

复杂度,可以加快缩小东西部发展的差距。

表 6-19　出口技术复杂度演进对经济增长的动态影响:中部地区

| 系　数 | 2002—2006 | 2003—2007 | 2004—2008 |
|---|---|---|---|
| C | 4.619819 *** <br> (8.136291) | 0.677866 *** <br> (8.489790) | −6.721889 *** <br> (−11.33398) |
| ln$FZD$ | 0.497388 *** <br> (7.459994) | 0.904930 *** <br> (6.001293) | 1.578595 *** <br> (28.52101) |
| Δln$FZD_t$ | −0.012144 <br> (−0.033064) | −0.539232 <br> (−0.586866) | 0.478347 <br> (1.065872) |
| Δln$FZD_{t-1}$ | 0.846821 * <br> (2.205690) | −0.335162 <br> (−0.840863) | 0.537742 *** <br> (6.296158) |
| Δln$FZD_{t+1}$ | −1.361740 ** <br> (−3.418553) | 0.310742 <br> (0.375287) | 3.081937 *** <br> (4.83874) |
| AR² | 0.999943 | 0.99979 | 0.999124 |
| 似然 F 统计 | 495.63656 <br> (0.0000) | 229.184 <br> (0.0000) | 978.644 <br> (0.0000) |
| 模型的选择 | 固定效应 | 固定效应 | 固定效应 |

# 6.5　本章小结

　　本章在第 3 章出口技术复杂度演进对经济增长及出口影响效应机理分析的基础上,结合第 4 章、第 5 章测度所得的不同层面产业出口技术复杂度,运用 Kao & Chiang(2000)提出的动态 OLS 估计方法,从发达经济体、发展中经济体及中国省级区域三个层面对出口技术复杂度演进的经济增长及出口效应进行了实证估计,并借鉴钱学峰、陈勇兵(2009)的分段回归方法,对三个层面上述效应的动态演进过程进行了实证估计,得到的主要结论与启示有:

　　(1)产业出口技术复杂度的深化有利于一国扩大其出口规模,还有利于一国经济增长。发达经济体、发展中经济体及中国省级层面的出口数据均表明:产业出口技术复杂度的提升会对其出口和经济发展水平产生正向效应。作为生产和出口低技术含量、低附加值产品大国的中国,出口技术复杂度还有很大的提升空间。为此,亟须转变对外经济发展方式,以出口更多高质量、高技术含量的产品,进而更好地发挥产业出口技术复杂度提升给其经济发展带来的正效应。

　　(2)发达经济体出口技术复杂度深化对其出口及经济增长的促进作用

在增强,发展中经济体出口技术复杂度深化对其出口及经济增长的促进作用也在增强,所不同的是,发展中经济体的上述机制受到金融危机的冲击较为明显,而发达经济体的这一机制受到冲击影响相对较小。第4章的测度结果表明,发达经济体的出口技术复杂度明显高于发展中经济体,由此可见,高复杂度的产品在受到外在负向冲击时,具有更强的"抵抗力",因此,各国应加大创新及技术引进力度,以优化和提升出口产业复杂度。并且从出口技术复杂度对经济增长作用系数还可以看出,发展中经济体在金融危机冲击后,"出口导向型"政策已经有略微的缓解。

(3)中国出口技术复杂度演进有着与普通发展中经济体不同的效应。很明显在之后阶数相同的情况下,出口技术复杂度演进对中国经济增长的作用力明显大于其对出口的效应,这一现象的原因在于:在最近几年,在转变对外开放模式的呼声下,中国以往完全的"出口导向性"特征慢慢开始弱化,使得出口开始慢慢体现出"母国效应",即中国出口技术复杂度演进效应,在一定程度上已经逐渐体现出"发达经济体"的特征。

(4)中国中西部对外开放程度需进一步适当扩大。中国分区域层面出口技术复杂度演进效应的实证估计结果表明,东部在正向外部冲击下(加入世界贸易组织),出口技术复杂度对出口及经济增长的作用力明显大于中西部。并且从中部地区出口技术复杂度对经济增长作用力的估计系数上看,加入世界贸易组织并未对其作用机制产生明显的正向效应,可见中西部地区出口技术复杂度的作用机制,并未能全面享受正向冲击带来的成果,为此,应适当扩大其对外开放程度,以提升外向经济对其国民经济发展的作用力。

# 7 产业出口技术复杂度演进的要素收入分配效应:基于要素密集度偏向型视角

自 20 世纪 90 年代中期以来,我国的出口一直快速增长,从 1990 年的 620 亿美元,一直上升到了 2009 年的 12016 亿美元,出口量增长的同时,出口品的技术含量也得到了较高的提升(Rodrik,2006)。根据 Stolper-Samuelson 定理,作为在劳动密集型产业具有比较优势的中国,在对外出口扩张时会使得收入向劳动者倾斜(罗长远、张军,2009),从而使得劳动者收入占 GDP 的比重有所上升。但劳动力收入占比的事实却是:20 世纪 90 年代以来,我国劳动收入占比出现了持续的下降,从 1992 年的 54.6% 一直下降到了 2008 年的 39.73%,而资本的收入则从 1992 年的 31% 上升到了最近的 45.45%。可见,中国的劳动收入占比不仅远低于发达国家,而且还与很多发展中国家有较大的偏离,并没有像 Stolper-Samuelson 定理所预期的那样随着出口的增加而得到提高。

上述现象一方面对基于古典经济学构建的分析框架——卡尔多"特征事实"提出了严峻的挑战(罗长远,2008;王永进、盛丹,2010),另一方面逐步下降的劳动收入占比影响了社会公平,还在很大程度上制约了国内有效需求的提高,不利于经济的长远发展(李稻葵,2009)。最后劳动收入占比的下降与我国积极参与全球化分工的背景相悖(罗长远、张军,2009),为此,这一现象引起了学术界的广泛关注。但现有文献多集中于国内视角研究劳动收入占比的影响因素,如李稻葵(2007)指出经济结构变迁、企业利润率提升和生产税额在 GDP 中的比重增加是导致我国劳动力收入占比下降的主要原因。白重恩、钱震杰(2008)研究认为工业部门要素分配份额变化的主要原因是产品市场垄断增加和国有部门改制引起的劳动力市场环境改变。目前国内外尚无学者从产业出口技术复杂度变迁视角分析我国劳动力收入分配下降的原因。虽然有学者猜测这一现象的出现很可能是要素密集度偏向型产业出口技术复杂度变迁造成的(黄先海、徐圣,2009;王永进、盛丹,2010),

为此,本部分基于要素密集度异质性视角,对产业出口技术复杂度演进的收入分配效应进行实证分析,以揭示出口增加与收入占比"相悖"现象存在的内在动因,并解释 Stolper-Samuelson 定理在中国的适用性。

## 7.1 要素密集度偏向型出口技术复杂度的测度与分析

根据黄先海(2006)的研究,所有的产业可以划分为资源密集型、劳动密集型、资本密集型和技术密集型,由于技术密集型实际上是资本积累的结果(黄先海、陈晓华,2008),因而技术密集型产业往往被很多学者认定为资本密集型产业(韩燕、钱春海,2008;赵书华、张弓,2009)。在上述研究的基础上,结合 Acemoglu(2000)、罗长远(2008)关于偏向型技术进步的定义,可知要素密集度偏向型出口技术复杂度升级可以分为三类,即资源密集度偏向型出口技术复杂度升级、劳动密集度偏向型出口技术复杂度升级和资本密集度偏向型出口技术复杂度升级。由于我国的出口主要由劳动和资本密集型产业实现,为此,本部分主要测度劳动和资本要素偏向型出口技术复杂度升级。

### 7.1.1 要素产业的选择及密集度的划分

最终纳入出口技术复杂度测算的产业共有 12 大类①。

借鉴 OECD 技术划分产品的标准结合黄先海(2006)的分类方法,笔者将其划分为劳动密集度偏向型产业和资本密集度偏向型产业。其中劳动密度集偏向型产业有第 8 类出口品(革、毛皮及制品,箱包,肠线制品)、第 9 类出口品(木及制品、木炭、软木、编结品)、第 11 类出口品(纺织原料及纺织制品)和第 12 类出口品(鞋帽伞等、羽毛品、人造花、人发品),其余 8 类为资本密集度偏向型产业。另外,由于新疆、西藏和宁夏的部分年份数据不全,笔者并未测度这三个地区的要素密集偏向型出口技术复杂度。

### 7.1.2 测度方法的选择及改进

本章测度各省级层面要素密集度偏向型产业出口技术复杂度时,采用第 5 章中剔除了"统计假象"的测度方法,以确保测度结构的可靠性,同时为

---

① 此处所用产业的口径与前面一致,且所采纳的 12 大类产业与前面全国省级层面测度所用的产业是一致的。

了有效区分要素密集偏向型产业,本部分对测度方法进行了适当的改进。

虽然从 Lall(2000)开始着手研究出口技术复杂度起,国内外学者提出了众多的方法来测度一国出口技术复杂度,但仅有 Hausmann(2005)的方法能够赋予"一些贫穷的小经济体"足够的权重,进而使得测度结果更为合理可靠(Rodrik,2006)。因而此处继续运用 Hausmann(2005)模型对中国出口技术复杂度变迁进行测度。具体方法如下:

$$ETSI_m = \sum_j \frac{x_{mj}/X_j}{\sum_j x_{mj}/X_j} \tag{7.1}$$

其中,$ETSI_m$ 为 $m$ 产品的出口技术复杂度,$x_{mj}$ 为 $j$ 省 $m$ 产品出口额(剔除了加工贸易),$X_j$ 为 $j$ 省的总出口额(剔除了加工贸易),$Y_j$ 是 $j$ 省的人均GDP。$ETSI_m$ 值越高说明亚产业 $i$ 的出口技术复杂度越高,即产品的技术含量越高。在式(7.2)的基础之上,我们可以求得各省要素密集度偏向型出口技术复杂度。具体方法如下:

$$ETS_{jt} = \frac{x_{1jt}}{TX_{jt}}ETSI_{1t} + \frac{x_{2jt}}{TX_{jt}}ETSI_{2t} + \cdots + \frac{x_{njt}}{TX_{jt}}ETSI_{nt}$$

$$= \sum_{i=1}^{n} \frac{x_{it}}{TX_{jt}}ETSI_{it} \tag{7.2}$$

其中,$TS_{jt}$ 是 $t$ 年地区 $j$ 地区的某一要素密集度偏向型产业的出口技术复杂度。不同于前述的研究,本章主要目的是要测出各区域要素密集度偏向型产业出口技术复杂度,为此,笔者将 $TX_{jt}$ 设定为 $t$ 年地区 $j$ 某一要素密集型产品的总出口额(劳动密集度偏向型或资本密集度偏向型),$x_{ijt}$ 为 $j$ 省属于该密集型产业的某一特定产品的出口额。

### 7.1.3 测度的结果与分析

根据上述方法笔者测度出了我国 2002—2008 年 28 个省级区域劳动和资本密集度偏向型产品的出口技术复杂度。

表 7-1  2002—2008 年中国各省级区域劳动力密集度偏向型产业出口技术复杂度

(单位:元)

| 地 区 | 2002 | 2003 | 2004 | 2005 | 2006 | 2007 | 2008 | 均 值 |
|---|---|---|---|---|---|---|---|---|
| 北京 | 10966 | 12673 | 17781 | 17564 | 21066 | 24435 | 27390 | 18839 |
| 福建 | 11249 | 12882 | 16237 | 17450 | 19933 | 23454 | 27229 | 18348 |
| 广东 | 11069 | 12783 | 18197 | 17705 | 20684 | 24399 | 27935 | 18967 |
| 海南 | 10333 | 11653 | 12556 | 15463 | 17667 | 20031 | 23651 | 15908 |

续表

| 地 区 | 2002 | 2003 | 2004 | 2005 | 2006 | 2007 | 2008 | 均 值 |
|---|---|---|---|---|---|---|---|---|
| 河北 | 10135 | 11675 | 12809 | 15881 | 17956 | 21204 | 24888 | 16364 |
| 江苏 | 10885 | 12523 | 17620 | 17077 | 19771 | 23147 | 26406 | 18204 |
| 辽宁 | 10183 | 11631 | 15337 | 15832 | 18223 | 21728 | 25428 | 16909 |
| 山东 | 10694 | 12234 | 14650 | 16528 | 18992 | 22258 | 25543 | 17271 |
| 上海 | 10926 | 12598 | 17703 | 17349 | 20168 | 23736 | 27075 | 18508 |
| 天津 | 10596 | 12165 | 18252 | 16482 | 18868 | 22079 | 25528 | 17710 |
| 浙江 | 11233 | 12903 | 15215 | 17574 | 20351 | 23825 | 27044 | 18306 |
| 安徽 | 10695 | 12231 | 14605 | 16774 | 19112 | 22647 | 25830 | 17413 |
| 河南 | 10420 | 11889 | 12513 | 16232 | 18636 | 21748 | 25392 | 16690 |
| 黑龙江 | 10497 | 12064 | 14088 | 16169 | 18994 | 22766 | 25907 | 17212 |
| 湖北 | 10513 | 11906 | 13941 | 16090 | 18776 | 22051 | 25293 | 16939 |
| 湖南 | 9664 | 11076 | 12255 | 15220 | 17523 | 21100 | 24740 | 15940 |
| 吉林 | 10304 | 11848 | 13386 | 15787 | 18108 | 21496 | 25002 | 16562 |
| 江西 | 10366 | 11855 | 13241 | 15965 | 18284 | 21583 | 24984 | 16611 |
| 山西 | 9314 | 10444 | 11209 | 15110 | 17684 | 20860 | 24472 | 15585 |
| 甘肃 | 9460 | 10880 | 11207 | 15544 | 17897 | 20969 | 24852 | 15830 |
| 广西 | 9500 | 10952 | 12196 | 15109 | 17417 | 20754 | 24350 | 15754 |
| 贵州 | 8949 | 10498 | 12661 | 14480 | 16582 | 19570 | 23154 | 15128 |
| 内蒙古 | 10332 | 11863 | 12177 | 15828 | 17813 | 20858 | 24325 | 16171 |
| 青海 | 9396 | 10541 | 11211 | 14940 | 17102 | 20083 | 23523 | 15257 |
| 陕西 | 9182 | 10794 | 10674 | 15558 | 17196 | 20724 | 24077 | 15458 |
| 四川 | 10594 | 12240 | 15266 | 16592 | 19075 | 22371 | 25942 | 17440 |
| 云南 | 10491 | 11921 | 14745 | 16470 | 19332 | 22517 | 26018 | 17356 |
| 重庆 | 9166 | 10478 | 11443 | 14491 | 16817 | 19838 | 22323 | 14937 |
| 全国平均 | 10634 | 12193 | 14562 | 16713 | 19260 | 22675 | 26233 | — |

　　表 7-1 报告了 2002—2008 年我国 28 个省级区域劳动力密集度偏向型产业出口技术复杂度,可知劳动密集度偏向型产业出口技术复杂度在最近几年也有比较大的提升,全国均值从 2002 年的 10634 迅速提升到了 2008 年

的 26233。劳动密集度偏向型产业出口技术复杂度均值前 5 的省级区域分别为广东、北京、上海、浙江和江苏，可见资本密度偏向产业出口技术复杂度较高的区域同时在劳动密集型产品上具有一定的优势，即在我国无论是资本密集偏向型产业还是劳动密集型产业，东部地区生产和出口的产品，其复杂度和技术含量往往高于中西部地区。

　　对比劳动和资本密集型产业的估计结果还可以发现：历年各省级区域的资本密集度偏向型产业出口技术复杂度值均大于各省级区域劳动力密度偏向型产业的测度结果，这一定程度上表明本书第 3 章(3.2.1)中所提观点"资本密集型产业的生产率和生产技术往往高于劳动密集型产业"的正确性。

　　为了进一步分析各省级区域不同要素偏向型产业出口技术复杂度的分布及发展趋势，笔者对 2002—2008 年劳动力和资本密集度偏向型出口技术复杂度升级状况进行了 Kernel 密度估计(见图 7-1)，结果显示：首先历年的 Kernel 曲线呈不断右移的趋势，可见我国所有产品的出口技术复杂度均随经济的发展而升级；其次历年的 Kernel 曲线均呈现出显著的"双峰"，根据冼国明、文东伟(2006)的研究可知：劳动和资本偏向型产业收敛于不同的均衡点；最后 2002—2008 年间，各条 Kernel 曲线的"锋点"之间的"峰距"呈现不断扩大的趋势，这表明近年来我国资本密集度偏向型产业和劳动力密集度偏向型产业出口品复杂度的差距呈逐渐扩大的趋势。

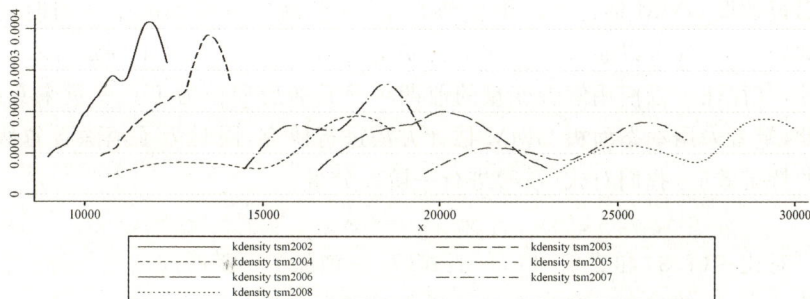

图 7-1　2002—2008 年中国各省市出口技术复杂度的 Kernel 密度估计图

## 7.2　模型的设定与变量的选择

　　考虑到要素密集度异质性产业出口技术复杂度的变迁会使得经济体对各要素的需求比例产生一定的变动，进而影响各要素的实际收入，从而使得劳动收入占比发生变动。与此同时，劳动力收入的变迁会改变劳动者参与产品生产过程中的积极性,进而对产品的技术含量和质量(即出口技术复杂度)产生一定的影响,可见出口技术复杂度变迁与劳动收入占比之间可能存在双向的作用力,即可能存在一定的内生性。为此,在分析出口技术复杂度演进的收入分配效应时,需采用能消除两者内生性的实证方法。

### 7.2.1 模型的设定和方法的选择

为了准确考察要素密集度偏向型出口技术复杂度升级的收入分配效应,我们采用动态面板数据进行估计,即:

$$y_{it} = \alpha y_{it-1} + \beta X_{it} + \eta_i + \varepsilon_{it} \tag{7.3}$$

其中,$y_{it}$ 为 $t$ 年 $i$ 省级区域的劳动收入占比,$X_{it}$ 代表某一要素密集度偏向型出口技术复杂度升级和影响劳动收入占比浮动的其他控制变量,$\eta_i$ 表示各省级区域不可观察的效应,其主要用于控制省市固定效应,$\varepsilon_{it}$ 为回归的残差项。

根据钱学峰、陈勇兵(2009)和戴枫(2010)的研究可知用式(7.3)进行估计,还存在两方面的不足:一是虽然式(7.3)中引入了时间效应,但是很难处理每个特殊区域的个体效应;二是解释变量之间可能存在一定的内生性,内生性会使得上述方法进行实证分析得到的结论是有偏的甚至是无效的。Arellano and Bond(1991)和 Arellano and Bover(1995)指出广义矩阵估计方法(GMM)是解决上述问题较为有效的手段。钱学峰、陈勇兵(2009)指出动态面板数据 GMM 估计方法的优势在于:在控制未观察到的个体与时间效应的处理中,其可以通过差分或工具变量的形式来控制,对于变量存在的内生性,其往往可以使用解释变量的前期项及其滞后项作为工具变量来克服。为此,笔者采用动态面板 GMM 估计方法进行研究,同时为了消除各省级区域的特定效应,我们对式(7.3)进行一阶差分得:

$$y_{it} - y_{it-1} = \alpha(y_{it-1} - y_{it-2}) + \beta(X_{it} - X_{it}) + (\varepsilon_{it} - \varepsilon_{it-1}) \tag{7.4}$$

对比式(7.3)和式(7.4)可知:式(7.4)消除了不随时间变化的特定省市个体效应,但却包含着方程中被解释变量的滞后项($y_{it-1} - y_{it-2}$),要克服各解释变量的内生性以及方程式(7.4)中残差项与被解释变量滞后项之间的可能相关性,须采用工具变量进行估计,借鉴钱学峰、陈勇兵(2009)和罗知(2008)的研究,我们采用解释变量的一阶滞后项作为工具变量。同时为了检验工具变量的有效性,我们采用 Hansen 检验和 Arellano-Bond AR(2)检验来判定工具变量和模型设定的有效性,并采用 Wald 检验对估计结果进行整体显著性检验。

## 7.2.2 变量的选择

(1)被解释变量(LSH)。此处主要是分析要素密集偏向型出口技术复杂度升级的要素收入分配效应,考虑到一般资本收入占比的变动一定程度上可以从劳动收入占比的变动中反映出来,为此,本章主要就要素密集度偏向型产业出口技术复杂度变迁对劳动收入占比的影响进行分析。这一研究主要通过 28 个省级区域的动态面板数据来实现,所采用的被解释变量是 28 个省级区域的劳动力收入在国民经济中的占比。这一数据主要源自历年《中国统计年鉴》和《中国国内生产总值核算历史资料:1952—2004》。由于国研网中仅能搜集到 2002—2008 年各省级区域的 HS 标准出口数据,此处笔者仅计算了 2002—2008 年 28 个省级区域的劳动力收入占比。

(2)解释变量(TSL,TSK,TSC)。解释变量主要有三个:一是劳动密集度偏向型出口技术复杂度(TSL)。二是资本密集偏向型出口技术复杂度(TSK),这两个解释变量通过国研网 HS 标准出口数据结合 Hausmann(2005)的测度方法已在前面测出。同时为了进一步衡量不同要素密集偏向型出口技术复杂度升级速度对劳动收入占比的影响,笔者选取了第三个解释变量,即资本密集度偏向型出口技术复杂度与劳动密集度偏向型出口技术复杂度之差(TSC)。在实证分析中,笔者将这三个变量置于不同的方程中,以对比分析解释变量的收入分配效应差异。

(3)其他控制变量。在选择其他控制变量上笔者主要选择能体现各地区基本特性的变量,借鉴罗长远、张军(2009)和周明海、姚先国(2010)等关于收入占比的研究,我们主要选取了以下变量:①人力资本(HR),此处用各省区就业人口中大学生人数(含大专)表示;②物质资本存量(WZ),该变量采用永续盘存法计算而得,并以 2000 年为基期,基期各省物质资本存量采用张军等(2004)的值,张军等(2004)将四川和重庆的物资资本存量进行了加总,笔者以两者 GDP 之比的形式将张军等(2004)的两省市 2000 年物质资本总量分别划分给四川和重庆,折旧率借鉴王小鲁(2000)的研究为 5%,从而可得到各省级区域 2002—2008 年的物质资本存量;③外商直接投资(FDI),罗长远、张军(2009)指出在"以市场换技术"战略的引导下,我国各省级区域的地方政府为了提高本地经济发展水平,往往会为外资提供各式各样的优惠措施,进而提高资本的谈判能力,降低劳动力收入占比;④区域开放程度(OPEN),地区的开放水平越高,其接触和学习到国外偏向型技术知识的机会越大(Acemoglu,2000),对区域内技术进步产生影响(潘士远,2007),进而对劳动力收入占比产生影响,此处用省级区域对外贸易总额与 GDP 之比衡量；⑤经济发展水平，其对劳动力收入占比具有显著影响（王永进、盛丹，2010），部分学者的研究还发现经济发展水平对劳动收入占比的作用力呈现U形（李稻葵，2009；罗长远、张军，2009），正是由于经济发展水平所具有的这一特性，笔者将经济发展水平作为估计结果稳健性检验中的控制变量。

在收集齐上述数据的基础上，为了减少异方差给回归结果带来的有偏影响，并便于观察变量之间的弹性大小，笔者对原始变量进行了取自然对数处理。取自然对数后各变量的描述性统计见表7-2。

表 7-2　变量的描述性统计

|  | 样本数 | 均　值 | 最大值 | 最小值 | 标准差 |
|---|---|---|---|---|---|
| LnLSH | 196 | 3.7665 | 4.1754 | 3.4485 | 0.1367 |
| LnTSK | 196 | 9.8462 | 10.308 | 9.3315 | 0.3029 |
| LnTSL | 196 | 9.6831 | 10.238 | 9.0993 | 0.315 |
| LnTSC | 196 | 7.8379 | 8.9523 | 5.5734 | 0.5571 |
| LnOPEN | 196 | 3.0605 | 5.1363 | 1.6315 | 0.9756 |
| LnWZ | 196 | 9.1847 | 11.127 | 7.2046 | 0.8459 |
| LnHR | 196 | 5.3872 | 6.4597 | 3.68 | 0.5875 |
| LnFDI | 196 | 5.4384 | 8.3331 | 1.9459 | 1.3742 |
| LnPGDP | 196 | 9.5568 | 11.191 | 8.0561 | 0.6424 |

## 7.3　计量结果与分析

前面测度了2002—2008年我国28个省级区域的要素密集度偏向型出口技术复杂度升级的情况，并构建了分析出口技术复杂度升级收入分配效应的基本模型——动态面板GMM估计方法。本部分主要运用差分GMM（difference-GMM）估计方法和前面所获相关变量从国家和区域双层面对要素密集度偏向型出口技术复杂度的收入分配效应进行实证分析，最后再运用系统GMM（system-GMM）方法、工具变量固定效应和工具变量随机效应对各层面的回归结果作稳健性检验。

### 7.3.1　国家层面的估计结果与分析

在实际操作过程中我们将资本（外商直接投资和国内物质资本）和人力控制变量交替加入差分GMM估计，以提高回归结果的可靠性，计量软件采用Stata10.0。从表7-3可知，9个回归模型的二阶序列相关检验结果（AR

（2）的概率）均支持回归方程不存在二阶序列相关的假设,并且 Hansen 过度识别的检验结果也显示,不能拒绝工具变量有效性的零假设,因此,整个模型的设定是合理的并且工具变量也是有效的。同时系数联合显著性的 Wald 检验都在 1% 的显著性水平下拒绝了解释变量系数为 0 的原假设,因此方程的估计结果是值得信赖的。

表 7-3　出口技术复杂度的收入分配效应的差分 GMM 估计结果:全国层面

| | 劳动偏向型 | | | 资本偏向型 | | | 两者之差 | | |
|---|---|---|---|---|---|---|---|---|---|
| | 模型 1 | 模型 2 | 模型 3 | 模型 4 | 模型 5 | 模型 6 | 模型 7 | 模型 8 | 模型 9 |
| $L \cdot lnLSH$ | 0.3259a (2.99) | 0.237b (2.39) | 0.322b (2.83) | 0.004c (2.05) | 0.035b (2.48) | 0.052b (2.20) | 0.283a (2.69) | 0.589a (7.07) | 0.463a (4.93) |
| $lnM$ | 0.234a (2.77) | 0.112a (3.6) | 0.109c (1.91) | −0.302a (−5.2) | −0.214a (−7.07) | −0.229a (3.9) | −0.007a (−2.67) | −0.016b (−2.04) | −0.0099a (−2.82) |
| $lnOPEN$ | −0.121b (−2.29) | −0.156a (−2.68) | −0.119a (−2.66) | −0.022 (0.46) | −0.073 (−1.30) | −0.041 (−0.88) | −0.120b (2.5) | −0.163a (−2.83) | −0.107b (−2.4) |
| $lnWZ$ | 0.116c (1.81) | | | 0.086b (2.28) | | | 0.051b (2.55) | | |
| $lnHR$ | | 0.093c (1.89) | | | 0.185a (3.90) | | | 0.105b (2.18) | |
| $lnFDI$ | | | −0.035c (−1.83) | | | −0.040b (−1.88) | | | −0.024c (−1.91) |
| OBS | 140 | 140 | 140 | 140 | 140 | 140 | 140 | 140 | 140 |
| AR(2) | 0.264 | 0.808 | 0.323 | 0.241 | 0.485 | 0.515 | 0.398 | 0.462 | 0.263 |
| Hansen | 0.832 | 0.793 | 0.852 | 0.503 | 0.865 | 0.800 | 0.929 | 0.765 | 0.471 |
| Wald | 106.51a | 101.28a | 105.55a | 65.80a | 57.41a | 59.00a | 142.05a | 137.97a | 217.63a |

注:括号内为 Z 统计量,a,b,c 分别代表在 1%、5% 和 10% 的显著性水平,AR(2) 和 Hansen 分别表示的是 Arellano-Bond test for AR(2) 和 Hansen test 的概率,M 为解释变量,在劳动偏向型一栏为 lnTSL,资本偏向型为 lnTSK,两者之差一栏为 lnTSC。以下同。

　　从表 7-3 可知劳动密集偏向型出口技术复杂度的估计系数显著为正,三个估计结果中有两个通过了 1% 的显著性检验,一个通过了 10% 的显著性检验,这表明劳动密集型产业出口品技术含量的提升有利于提高劳动力收入在国民经济分配中的比重。资本密集度偏向型出口技术复杂度的估计系数显著为负,三个估计结果均在 1% 的水平上显著,这表明资本密集型产业出口技术复杂度的升级会促使我国劳动收入占比继续下降。资本密集度偏向型出口技术复杂度与劳动密集度偏向型出口技术复杂度之差的回归结果显著为负,可见资本密集型产业和劳动力密集型产业出口品技术含量差距的扩大,会降低劳动收入在 GDP 中的比重,同时也表明当劳动密集度偏向型技术进步发生时(即劳动密集型产业技术进步速度快于资本密集型产业技术进步的速度),劳动收入占比会有所上升。

其他控制变量的回归结果显示:区域开放度的提升,并不利于我国劳动力收入占比的提升,在 9 个差分 GMM 估计结果中,该变量均表现为负作用,这表明过度依赖于对外贸易不利于国家层面劳动收入占比的提升。物质资本的估计结果显示,国内物质资本的提升有利于我国劳动力收入占比的提升,导致这一现象出现的原因在于:资本存量的提升,会促使生产过程中每一个劳动力所配备单位资本提升,进而提高劳动产出,改善劳动力收入,这一估计结果与黄先海、徐圣(2009)的研究结论颇为相似。人力资本的回归结果显示在国家层面,人力资本的提升有利于我国劳动力收入占比的提升,因此,加大教育投入、提升劳动力素质是我国劳动力收入占比提升的一个重要途径。外资的估计结果表明,外资的介入降低了国家层面劳动力收入在国民经济中的比重,这一结论验证了罗长远、张军(2009)国家层面的研究观点。

### 7.3.2 区域层面的估计结果与分析[①]

表 7-4 至表 7-6 给出了我国东部、中部和西部的差分 GMM 估计结果,从差分估计结果的检验上看:各个方程的二阶序列相关检验和 Hansen 过度识别的检验结果均显示差分 GMM 模型的设定是合理的并且工具变量也是有效的。同时系数联合显著性的 Wald 检验也都在 1% 的显著性水平下拒绝了解释变量系数为 0 的原假设,因此区域层面的估计结果也是可靠的。

表 7-4　出口技术复杂度的收入分配效应的差分 GMM 估计结果:东部省份

| | 劳动偏向型 | | | 资本偏向型 | | | 两者之差 | | |
|---|---|---|---|---|---|---|---|---|---|
| | 模型 1 | 模型 2 | 模型 3 | 模型 4 | 模型 5 | 模型 6 | 模型 7 | 模型 8 | 模型 9 |
| LLnLSH | −0.065b (−2.49) | −0.034b (−2.25) | −0.0262b (−2.36) | −0.046c (−2.32) | −0.072b (−2.40) | −0.233c (−1.87) | 0.126c (1.94) | 0.345a (3.65) | 0.089b (1.98) |
| lnM | 0.192a (2.60) | 0.187a (3.62) | 0.132b (2.54) | −0.268a (−4.49) | −0.204a (−4.35) | −0.139a (−2.91) | −0.004a (−2.74) | −0.007b (−2.03) | −0.003b (−2.35) |
| lnOPEN | −0.088c (−1.88) | −0.092 (−1.04) | −0.134c (−1.83) | −0.044a (−2.69) | −0.064 (−0.80) | −0.122 (−1.54) | −0.137c (−1.92) | −0.174b (−2.06) | −0.186b (2.00) |
| lnWZ | 0.044 (0.93) | — | — | 0.097b (2.20) | — | — | −0.053c (−1.83) | — | — |

---

①　此处我国东中西部区域的划分方法与前文相同。

续表

| | 劳动偏向型 | | | 资本偏向型 | | | 两者之差 | | |
|---|---|---|---|---|---|---|---|---|---|
| | 模型1 | 模型2 | 模型3 | 模型4 | 模型5 | 模型6 | 模型7 | 模型8 | 模型9 |
| $\ln HR$ | — | 0.127c (1.83) | — | — | 0.133c (1.84) | — | — | 0.014b (2.26) | — |
| $\ln FDI$ | — | — | −0.023a (−2.76) | — | — | −0.015b (−2.44) | — | — | −0.042b (2.54) |
| OBS | 55 | 55 | 55 | 55 | 55 | 55 | 55 | 55 | 55 |
| AR(2) | 0.623 | 0.379 | 0.899 | 0.203 | 0.461 | 0.528 | 0.866 | 0.983 | 0.872 |
| Hansen | 0.982 | 0.977 | 0.985 | 0.998 | 0.986 | 0.955 | 0.977 | 0.996 | 0.965 |
| Wald | 22.76a | 55.58a | 31.65a | 34.19a | 63.51a | 26.82a | 54.95a | 92.48a | 39.29a |

表7-5　出口技术复杂度的收入分配效应的差分GMM估计结果:中部省份

| | 劳动偏向型 | | | 资本偏向型 | | | 两者之差 | | |
|---|---|---|---|---|---|---|---|---|---|
| | 模型1 | 模型2 | 模型3 | 模型4 | 模型5 | 模型6 | 模型7 | 模型8 | 模型9 |
| $L \cdot \ln LSH$ | 0.509a (4.27) | 0.357a (4.58) | 0.383b (2.26) | 0.589a (4.69) | 0.2643a (3.57) | 0.360a (3.20) | 0.537a (4.37) | 0.407a (9.15) | 0.469a (6.08) |
| $\ln M$ | 0.348b (1.92) | 0.250b (2.06) | 0.230c (1.95) | −0.457a (−2.98) | −0.119b (−2.20) | −0.452b (−2.49) | −0.026b (−2.45) | −0.020b (−2.29) | −0.0178a (−2.85) |
| $\ln OPEN$ | −0.195c (−1.82) | −0.214b (−1.96) | −0.211c (−1.77) | −0.099 (1.35) | −0.206b (−2.12) | −0.159b (−2.28) | −0.270b (−2.13) | −0.258b (−2.29) | −0.2338c (−1.86) |
| $\ln WZ$ | 0.249c (1.76) | — | — | 0.294b (2.41) | — | — | 0.0545a (2.22) | — | — |
| $\ln HR$ | — | 0.097c (1.89) | — | — | 0.138b (2.12) | — | — | 0.0935c (1.86) | — |
| $\ln FDI$ | — | — | 0.194 (0.92) | — | — | 0.337b (2.13) | — | — | 0.0327c (1.87) |
| OBS | 40 | 40 | 40 | 40 | 40 | 40 | 40 | 40 | 40 |
| AR(2) | 0.839 | 0.558 | 0.555 | 0.776 | 0.636 | 0.4111 | 0.271 | 0.283 | 0.345 |
| Hansen | 0.939 | 0.973 | 0.995 | 0.992 | 0.990 | 0.995 | 0.975 | 0.931 | 0.991 |
| Wald | 98.81a | 308.70a | 271.16a | 81.88a | 132.84a | 74.23a | 135.01a | 369.75a | 211.44a |

　　从要素密集度偏向型出口技术复杂度的估计系数上看,三个区域各要素密集度产业出口技术含量的提升对劳动力收入占比的作用方向与全国层面是一致的,即劳动密集度偏向型表现为正作用,资本密集度偏向型为负作用,而两者之差亦表现为负作用。所不同的是劳动偏向型出口技术复杂度

的估计系数中,中部省份的估计系数显著大于东部,西部的估计系数最小,由此可以推测:中部地区劳动密集型产品出口技术含量的提升对劳动力收入占比的提升作用大于东部和西部。导致这一现象的原因可能在于:一方面中部的劳动密集型产业在国民经济中的比重高于东部地区,在产品出口技术含量提升相同幅度的情况下,中部劳动密集型产业在国民经济中比重上升的幅度会大于东部,进而提高劳动力收入在国民经济中的比重;另一方面部分东部劳动密集型产业的出口品技术含量提升到一定程度后,会逐渐将劳动密集型环节逐渐转向中西部,进而降低东部地区劳动密集度产业出口技术复杂度升级的劳动收入提升效应。而西部较小的原因可能在于:西部工业的基础配套设施和制度等方面比东部和中部相对滞后,进而影响了劳动密集度产品出口技术复杂度升级效应的发挥。

表7-6 出口技术复杂度的收入分配效应的差分 GMM 估计结果:西部省份

| | 劳动偏向型 | | | 资本偏向型 | | | 两者之差 | | |
|---|---|---|---|---|---|---|---|---|---|
| | 模型1 | 模型2 | 模型3 | 模型4 | 模型5 | 模型6 | 模型7 | 模型8 | 模型9 |
| $L \cdot \ln LSH$ | 0.8512a (19.09) | 0.878a (18.34) | 0.842a (18.27) | 0.1603b (2.15) | 0.0789 (0.63) | 0.0865a (2.58) | 0.3103 (1.47) | 0.5831a (4.84) | 0.4232b (2.41) |
| $\ln M$ | 0.0679a (3.59) | 0.0613a (3.24) | 0.0705a (3.99) | −0.2561a (−3.82) | −0.1667a (−3.01) | −0.1579a (−3.68) | −0.0276a (−4.06) | −0.0272a (−2.73) | −0.0121a (−2.91) |
| $\ln OPEN$ | 0.0007 (0.08) | 0.003 (0.37) | −0.0068 (−0.66) | −0.0526 (−1.56) | −0.0507 (−0.90) | 0.059b (2.13) | 0.1107a (3.65) | 0.071b (2.34) | 0.1036b (3.28) |
| $\ln WZ$ | 0.0139b (2.33) | — | — | 0.0715b (2.25) | — | — | 0.057b (2.11) | — | — |
| $\ln HR$ | — | −0.033 (−1.39) | — | — | 0.0558 (0.52) | — | — | −0.0372 (−0.46) | — |
| $\ln FDI$ | — | — | −0.021b (−2.39) | — | — | −0.0005 (−0.01) | — | — | −0.057b (−2.22) |
| OBS | 45 | 45 | 45 | 45 | 45 | 45 | 45 | 45 | 45 |
| AR(2) | 0.158 | 0.494 | 0.167 | 0.213 | 0.388 | 0.156 | 0.205 | 0.239 | 0.188 |
| Hansen | 0.968 | 0.987 | 0.990 | 0.998 | 0.997 | 0.994 | 0.999 | 0.993 | 0.995 |
| Wald | 33.25a | 44.23a | 34.27a | 29.64a | 27.51a | 20.18a | 45.70a | 267.47a | 84.27a |

从各控制变量上看,与国家层面估计结果不同的主要有以下几方面:

一是东中部的区域开放变量在多数模型中对劳动收入占比表现出负作用,但这一变量在西部的 9 个回归中,部分为正作用,部分为负作用,但其中有 4 个方程的正作用在至少 5% 的显著性水平下通过检验,可见西部对外开放的扩大在一定程度上能促进其劳动力收入占比的提升,西部地区是我国劳动力收入最低的区域,为此应逐步加大西部区域的对外开放力度。

二是劳动力素质的提升对东部和西部劳动收入占比具有显著的促进作用,但对西部劳动收入占比作用的作用力并不明显,导致这一现象的原因可能在于:西部存在一定数量的剩余劳动力而熟练人力资本相对稀缺,素质提升后劳动力的工资上升对熟练较大的整体劳动者劳动收入提升作用相对有限,为此,要发挥劳动力素质提高对西部地区劳动收入占比正向影响,需加快西部剩余劳动力释放速度。

表 7-7　系统 GMM 和工具变量面板数据的稳健性检验

| | 估计方法 | $T$ | lnM | LnPGDP | LnPGDPS | OBS | AR(2) | Hansen | A-R2 | 解释变量 |
|---|---|---|---|---|---|---|---|---|---|---|
| 全国 | 系统GMM | 0.554 ***<br>(31.93) | 0.0319 ***<br>(3.51) | −0.0198 ***<br>(−15.59) | 0.3311 ***<br>(12.56) | 168 | 0.140 | 0.975 | — | 劳动偏向型 |
| | 工具固定效应 | 16.81 ***<br>(3.531) | −0.263 ***<br>(−3.839) | −2.245 **<br>(−2.219) | 0.1199 **<br>(2.351) | 168 | — | — | 0.908 | 资本偏向型 |
| | 工具固定效应 | 12.92 ***<br>(3.703) | −0.017 **<br>(−2.537) | −1.754 **<br>(−2.43) | 0.0844 **<br>(2.28) | 168 | — | — | 0.866 | 两者之差 |
| 东部 | 系统GMM | 0.8612<br>(10.76) | 0.01796 **<br>(2.52) | −0.0033 *<br>(1.84) | 0.0646 *<br>(1.81) | 66 | 0.436 | 0.898 | — | 劳动偏向型 |
| | 工具随机效应 | 15.622 *<br>(1.753) | −0.2438 *<br>(−1.896) | −1.977 **<br>(−2.1637) | 0.1022 **<br>(2.1797) | 66 | — | — | 0.929 | 资本偏向型 |
| | 工具固定效应 | 13.782 **<br>(2.288) | −0.00063 **<br>(−2.063) | −1.8651 *<br>(−1.860) | 0.0856<br>(1.454) | 66 | — | — | 0.924 | 两者之差 |
| 中部 | 系统GMM | 0.7393 ***<br>(16.07) | 0.178 ***<br>(5.27) | −0.0272<br>(−0.34) | 0.0059 *<br>(1.69) | 48 | 0.905 | 0.629 | — | 劳动偏向型 |
| | 工具固定效应 | 14.29 ***<br>(3.099) | −0.44 ***<br>(−4.318) | −1.504<br>(−1.53) | 0.090 *<br>(1.705) | 48 | — | — | 0.887 | 资本偏向型 |
| | 工具固定效应 | 11.843 *<br>(1.886) | −0.011 **<br>(−2.569) | −1.595<br>(−0.5775) | 0.0788 **<br>(2.5525) | 48 | — | — | 0.766 | 两者之差 |
| 西部 | 系统GMM | 0.5495 ***<br>(3.63) | 0.0418<br>(1.23) | −0.0224 *<br>(1.95) | 0.3473 **<br>(−2.20) | 54 | 0.279 | 0.996 | — | 劳动偏向型 |
| | 工具随机效应 | 5.591 *<br>(1.753) | −0.058 **<br>(−2.151) | −0.1417<br>(−0.210) | 0.0011 **<br>(2.029) | 54 | — | — | 0.523 | 资本偏向型 |
| | 工具固定效应 | 8.307 *<br>(1.913) | −0.015 **<br>(−2.17) | −0.791<br>(−0.828) | 0.0343 **<br>(2.653) | 54 | — | — | 0.771 | 两者之差 |

注:$T$ 一栏中,系统 GMM 的估计结果表示的是 L. LSH 的估计系数,工具变量固定效应和工具变量随机效应的估计结果是常数项;括号内的数值,GMM 的估计条件下是 Z 统计量,工具变量固定效应或随机效应估计条件下是 t 统计量,其中*** , ** , * 分别表示在 1%、5% 和 10% 的显著性水平。由于篇幅有限,此处仅给出了三种检验方法中解释变量显著性水平最高的估计结果。

三是东部和西部地区外商直接投资的增加不利于劳动收入占比的提升，而中部外商直接投资却表现出正作用。导致这一现象的原因可能在于：外商直接投资对劳动收入占比的作用力主要取决于两个方面：①外商直接投资的资本"谈判能力"；②外商直接投资的要素密集度。前者表现为负作用，而中西部地区外商直接投资的劳动密集度偏向型特征比东部更为显著，因而中西部的外资要素密集度对劳动收入占比表现出正作用，中部地区是后者正作用大于前者负作用的结果，西部地区则是由于外资相对紧缺，外资谈判能力较高的负作用大于后者正作用的结果，而东部则是由谈判能力和资本密集度偏向型外资共同作用的结果。

### 7.3.3　稳健性检验

钱学锋、陈勇兵(2009)对差分 GMM 估计提供了三种稳健性检验方法，即系统 GMM 估计、工具固定效应模型(IV-FE)和工具随机效应(IV-RE)估计。如果系统 GMM、工具固定效应模型或工具随机效应估计的结果与差分 GMM 的结果的解释变量在方向上保持了一致，并且在统计上显著，则能证明差分方程回归结果的稳健性。同时为了更好反映前述研究结果的稳健性，我们将罗长远、张军(2009)和李稻葵等(2009)的研究结论引入检验过程。罗长远、张军(2009)和李稻葵等(2009)在研究中国的经济发展水平与劳动收入占比关系中得到一个相同的结论，即经济发展水平对劳动收入占比的作用力呈现 U 形。为此，笔者引入人均 GDP 自然对数及其平方作为控制变量，结合上述三种估计方法进行稳健性检验。在稳健的情况下得到的结论应该是人均 GDP 自然对数的平方值的估计系数为正，而人均 GDP 自然对数的估计系数为负，且解释变量(TSL、TSK 和 TSC)估计系数与前述估计结果在方向上保持一致。

表 7-7 给出了部分估计方法稳健性检验的结果，可知在全国和区域层面人均 GDP 自然对数平方的估计结果显著为正，且人均 GDP 的自然对数估计值的系数为负，可见在各个层面上 U 形曲线是成立的，这一结论与罗长远、张军(2009)的检验结果颇为相似。更为重要的是，稳健性检验结果中各解释变量显著，且与其差分 GMM 估计的方向一致，这表明前述的差分 GMM 估计所得到的结果是稳健可靠的。

## 7.4　本章小结

本章基于我国 28 个省级区域年出口数据，测度了各省级区域 2002—

2008 年劳动和资本密集度偏向型出口技术复杂度升级的状况,在此基础上,运用差分 GMM 估计从全国和东部、中部及西部对要素密集度偏向型出口技术复杂度升级的收入分配效应进行了实证分析,并运用系统 GMM 估计、工具变量固定效应和工具变量随机效应结合罗长远、张军(2009)和李稻葵等(2009)研究结论对各区域的差分 GMM 估计结果进行了稳健性检验。得到的结论与启示主要有:

(1)近年来,我国资本和劳动密集度偏向型产业的出口技术复杂度都有较大的提升,但两种要素密集度偏向型产品技术含量的差距在不断扩大。Hausmann(2005)模型的测度结果显示 2002—2008 年间我国各省级区域出口结构具有较大幅度的提升,其中资本密集度产业出口技术复杂度的各省均值上升了 146%。该密度估计曲线则表明:两种不同密集度产业的出口技术复杂度估计曲线呈现出明显"双峰",即两种要素密集度产业出口品技术含量不断收敛于不同的均衡点,并且这两个均衡点的距离逐年拉大,即不同要素密集度偏向型产品的出口技术复杂度差距在扩大。

(2)Stolper-Samuelson 定理关于劳动密集丰裕度国度劳动性产品出口扩大对劳动收入占比影响的表述在我国是适用的。该定理指出利用一国丰裕度要素生产的产品出口会使得该国该要素收益率趋于上升,我国属于劳动力丰裕度国家,根据这一定理,劳动密集度偏向型出口扩大会促使劳动力收入占比上升。全国和区域层面的差分 GMM 估计和稳健性检验结果均显示劳动偏向型出口技术复杂度的升级有利于我国劳动收入占比的提升,而黄先海、陈晓华(2010)的研究表明出口的增长会对产业技术升级产生正向作用(即产业出口扩大≥产业出口结构升级),结合本部分的实证结果:劳动密度偏向型产业出口技术复杂度升级能够促进劳动收入在国民经济中的比重(劳动密集度偏向型产业出口结构升级≥劳动收入占比的提升),为此,可以推定劳动密集偏向型出口的扩大有利于我国劳动收入占比的提升(劳动密集偏向型产业出口扩大≥劳动收入占比提升)。可见,Stolper-Samuelson 定理在我国的适用性在实证分析中得到了印证。为此,应加大劳动密集偏向型产业的技术引进和改进力度,提升其出口技术复杂度升级速度,最大化其劳动收入占比的正效应。

(3)造成中国出口增长与收入占比下降现象出现的原因之一是:近几年我国资本密集度偏向型产业出口增长速度大于劳动偏向型产业。全国和区域层面的差分 GMM 估计和稳健性检验结果均显示资本偏向型出口技术复杂度的升级会促使我国劳动收入占比下降,结合黄先海、陈晓华(2010)的研究可以推出:资本偏向型产业出口扩大≥劳动收入占比下降。而劳动密集度偏向型产业出口的扩大则有利于劳动收入占比的扩大,可见出口扩大的收入分配效应是两者相互作用的结果。结合 2002—2008 年中国海关出口数据及前面的分类方法可知:7 年间劳动密集度偏向型产业出口增长了192.03%,而资本密集度偏向型产业出口增长了 443.4%。可见,资本偏向型产业出口增长速度快于劳动密集度偏向型产业,使得前者的负作用大于后者的正作用,从而出现了前面所述的相悖现象。

(4)引导劳动密集度偏向型外资流向中西部、增强西部对外开放力度,有利于其劳动力收入占比的提升。这一观点主要基于前面的两个实证结果:一是外商直接投资对我国不同区域劳动力收入占比的影响力不同。深入到区域层面的差分 GMM 估计表明,FDI 流入对东部和西部劳动力收入占比具有负作用,但对中部地区的劳动力收入占比具有促进作用,这完善了罗长远、张军(2009)关于外商直接投资和劳动收入占比关系的研究。西部之所以未达到正效应的原因可能在于:劳动密集度偏向型外资进入的数量不够,外资间“谈判能力”相互削弱型竞争尚未出现,进而导致外资“谈判能力”对劳动收入占了的负作用大于其劳动偏向型正效应。因而将劳动密度偏向型外资引向中西部,提高中西部外资的数量,从而削弱外资“谈判能力”,会对中西部劳动收入占比的提升具有显著作用,不仅如此,劳动密集度偏向型外资进入中西部还有利于缩小我国东西部区域的收入差距。由此可见,在中西部引进外资时不应过分追求高技术含量外资,应适当引进劳动要素偏向型外资。二是西部区域的差分 GMM 估计结果显示部分方程中的对外开放变量对劳动收入占比具有显著的正作用,这表明加大西部地区融入国际市场的力度,有利于其劳动收入占比的提升。

# 8 产业出口技术复杂度赶超的经济增长与出口广化效应

改革开放以来,中国的出口一直快速增长,出口额从 1980 年的 181.2 亿美元上升到了 2010 年的 15779.3 亿美元。在出口快速增长的同时,中国出口品的内涵也发生了巨大的变化,出口品技术复杂度得以快速提升,Rodrik(2006)研究指出中国的出口技术复杂度已经远远超过了同等收入国家的水平,越来越与发达国家相似(Schott,2008)。杨汝岱、姚洋(2008)将这种以超越自身收入水平形式[1]出口高技术复杂度产品的策略称为赶超(catch up)。由于出口技术复杂度的赶超行为会对一国的经济增长产生深远影响,这使得出口技术复杂度赶超成为当前国际贸易研究界的一个热点问题。本部分借鉴杨汝岱、姚洋(2008)的研究方法在测度出 50 国及国内 28 个省级区域出口技术复杂度赶超系数的基础上,运用多门槛效应估计模型,对出口技术复杂度赶超的经济增长和出口广化效应进行实证分析,以期从更深层次揭示出口技术复杂赶超的经济效应。

## 8.1 出口技术复杂度赶超的经济增长效应

执行出口技术复杂度赶超策略的国家,多为以中国为代表的发展中国家(Rodrik,2006;Schott,2008),为此,该领域的已有文献多以发展中国家为研究对象。研究初期,学术界多关注发展中国家出口技术复杂度快速赶超的原因。学术界普遍认为以下因素导致了发展中国家出口技术复杂度的快速赶超:一是加工贸易。发展中国家多以加工贸易形式嵌入全球价值链,此时发达国家跨国公司在零配件与原料上的配给,会使得积极参与加工贸易的发展中国家出口技术复杂度实现快速升级(Assche,2010)。的二是国际

---

[1] 杨汝岱、姚洋(2008)、Rodrik(2006)和 Schott(2008)将收入水平视为界定经济体赶超力度的重要工具。

直接投资。如 Xu& Lu(2009)研究发现外商直接投资(特别是来自 OECD 成员国的外资)对中国出口品技术含量的快速提升具有显著的正效应。也有学者认为本国内部因素也是发展中国家出口技术复杂度快速赶超的重要原因,如陈晓华、黄先海、刘慧(2011)的实证结果显示:21世纪以来,中国各区域产业出口技术复杂度快速赶超的根本动力是国内物质资本的积累。

在对出口技术复杂度赶超动因进行一定的分析之后,部分学者开始关注产业出口技术复杂度赶超的经济效应,尤其是出口技术复杂度赶超对经济增长的作用。如 Boccardo et al.(2007)基于跨国经验结果指出:产业出口技术复杂度的赶超是发展中国家经济实现"蛙跳"的最重要途径之一;杨汝岱、姚洋(2008)运用112个国家进行分析后发现:产业出口技术复杂度的赶超会对发展中国家经济增长速度产生显著的正效应,并且短期效应明显大于长期效应。陈晓华、黄先海(2010)在研究50国出口品技术含量变迁动因后指出,产业出口技术复杂度的赶超,有利于出口品技术含量的提升,进而提高产品的国际竞争力,从而对该国经济增长产生正效应。陈晓华、刘慧(2011)基于跨国金属制品数据,对出口技术复杂度进行实证研究后指出,产业出口技术复杂度的赶超不仅会对发展中国家的经济增长产生影响,还会对发展中国家出口的产品种类数发生作用。

综上可知,国内外学者已经对出口技术复杂度赶超的经济增长效应作了较为深入的研究,这些研究也为我们理解出口技术复杂度赶超与经济增长,提供了非常深刻的见解。但是由于研究的历史较短,已有的研究尚存以下几点不足:一是现有研究多基于跨国层面研究出口技术复杂度赶超的经济增长效应,进而归纳出中国的赶超效应。而中国内部各省级区域的对外贸易与经济发展水平具有极大的不平衡性(陈晓华、黄先海,2011),各省级区域的比较优势并不相同,因而以国家层面的平均水平来衡量中国的赶超行为,实际上是提高了欠发达区域的"比较优势零值①",降低了发达区域的"比较优势零值"。二是以往研究多以线性关系来判断出口技术复杂度赶超的经济增长效应,但出口技术复杂度的赶超不可避免地要受到国内各种经济因素的影响(陈晓华、刘慧,2011),为此,不能简单地以线性关系来研究出口技术复杂度赶超的经济增长效应。三是不同要素密集型产业的赶超行为对经济增长的效应可能并不相同,而以往的研究往往忽略了这一差异。为弥补上述不足,我们试图从以下几个方面进行完善:以省级区域不同要素密

---

① 根据陈晓华、刘慧(2011)和杨汝岱、姚洋(2008)的研究,所谓的比较优势零值,实际上是出口技术复杂度与人均 GDP 之间的拟合线,位于该线上的点被称为比较优势零值点。

集型产业出口技术赶超为研究对象,首次测度出中国各省级区域要素密集度异质性产业出口技术复杂度的赶超系数,进而采用 Hansen(1999)的门槛效应模型,在判定线性与非线性的基础上,对要素密集度异质性产业出口技术复杂度赶超的经济增长效应进行检验,以期得到更为可靠和科学的结论。

## 8.1.1  要素密集度异质性产业出口技术复杂度赶超的测度与分析

1. 产业的选择及数据的来源

考虑到近几年中国出口技术复杂度赶超多发生于制造业(陈晓华、黄先海、刘慧,2011),我们并未将 HS 码中所有的出口品纳入此处的研究,而是对中国出口产业进行了一定的筛选,以更好体现我国各省级区域要素密集度异质性产业出口技术复杂度的赶超力度:首先借鉴黄先海(2008)、陈晓华、范良聪(2011)以及前述的研究,最终选定的出口产业总数为 HS 码中 12 大类产品。

参考黄先海(2008)和陈晓华、范良聪(2011)的研究,并结合 OECD 划分技术产品的标准,可以将第 8、9、11 和 12 类划分为劳动密集型产业[①],其余 8 类划分为资本密集型产业[②]。本部分所有出口数据均来自于国研网统计数据库和海关统计数据库,其他数据来自《中国统计年鉴》。由于宁夏、新疆和西藏三个区域部分年份数据不全,并未将其纳入此处研究。

2. 测度方法的选择

采取出口技术复杂度赶超策略的经济体,往往会集中其自身资源研发和生产一些超越自身比较优势范畴内的高技术含量的产品(陈晓华、刘慧,2011),进而使得产品出口技术复杂度高于经济发展应有的水平(杨汝岱、姚洋,2008)。为此,杨汝岱、姚洋(2008)和陈晓华、刘慧(2011)指出可以运用经济体出口技术复杂度与该经济体人均 GDP 的拟合曲线来衡量一经济体出口技术复杂度的赶超程度。为此,先需得到一国的产业出口技术复杂度,

---

①  分别为第 12 类出口品(鞋帽伞等;羽毛品;人造花;人发品)、第 11 类出口品(纺织原料及纺织制品)、第 9 类出口品(木及制品;木炭;软木;编结品)和第 8 类出口品(革、毛皮及制品;箱包;肠线制品)。

②  分别为第 6 类出口品(化学工业及其相关工业的产品)、第 7 类出口品(塑料及其制品;橡胶及其制品)、第 10 类出口品(木浆及造纸制品)、第 13 类出口品(矿物材料制品;陶瓷品;玻璃及制品)、第 15 类(贱金属及其制品)、第 16 类(机电、音像设备及其零件、附件)、第 17 类(车辆、航空器、船舶及运输设备)和第 18 类(光学、医疗等仪器;钟表;乐器)。

本部分的出口技术复杂度采用第 5 章中基于省级层面的测度结果。借鉴杨汝岱、姚洋（2008）的研究，我们采用以下方法来测度各区域要素密集度异质性产业出口技术复杂度的赶超系数。

$$GCI_{it} = (\ln PRODYI_{it}) - (\ln PRODYI_{it})^f \quad I = K \text{ 或 } L \qquad (8.1)$$

其中，$GCI_{it}$ 为出口技术复杂度赶超系数，$(\ln PRODYI_{it})^f$ 被称为"比较优势零值"，具体为 $i$ 省 $t$ 年某一要素密集型产业出口技术复杂度与该区域人均 GDP 自然对数的拟合值，该拟合值可以通过年度截面数据的形式求出（杨汝岱、姚洋，2008；陈晓华、刘慧，2011）。当 $GCI_{it} > 0$ 时，该省份某一要素密集型出口技术复杂度存在着赶超；当 $GCI_{it} < 0$ 时，表明该省级区域以低于其自身比较优势的形式出口其产品；当 $GCI_{it} = 0$ 时，表明该省级区域的对外贸易完全体现了其比较优势，出口品的技术复杂度与人均 GDP 的坐标点正好位于"比较优势零值"上。

3. 测度结果与分析

基于上述方法和数据，我们测度出来 2002—2008 年我国 28 个省级区域出口技术复杂度的赶超系数，表 8-1 报告了 2002—2008 年劳动密集型和资本密集型产业出口技术复杂度赶超系数前 8 位的省份，可知：从均值上看，在考察范围内，劳动密集型产业赶超力度最大的省份是云南，其次是安徽、四川、广东和福建等。而资本密集型产业赶超力度最大的省份是江苏，其次是四川、广东和贵州等。这表明近几年来，不仅部分发达省份存在一定的赶超，一些欠发达省份也存在一定的赶超。省级层面的测度结果还显示：每年都有一些省级区域的赶超系数小于零，这表明部分省级区域产品的技术含量是以低于自身发展水平的形式出口的，并未存在出口技术复杂度赶超，这一结论一定程度上完善了已有学者的部分观点（如 Rodrik，2006；Schott，2008）[①]。对比存在赶超的省份个数，可以发现：虽然个别中西部省份在赶超力度上大于东部，但无论劳动密集型产业，还是资本密集度产业，东部地区赶超系数大于零的省份均明显多于中部和西部。这一定程度上印证了"中国执行出口技术复杂度赶超策略的区域，多为发达省份"（Xu&Lu，2009）的观点。

对比表 8-1 中劳动密集型产业与资本密集型产业出口技术赶超系数，还可以发现劳动密集型赶超系数前 8 位的省份，在考察期内赶超系数均稳健为

---

① 跨国层面的测度结果（如 Rodrik，2006；Schott，2008）多表明，我国出口技术复杂度存在整体性赶超，而省级层面的出口技术复杂度则表明我国部分省份并未超越其经济发展水平，这一方面表明省级层面的测度结果体现出来我国国内区域间的不均衡性，另一方面很大程度上说明省级层面测度结果更具科学性。

正,而资本密集型产业的赶超系数只有江苏、广东和江西稳健为正,其他省级区域则时而大于零,时而小于零,即资本密集型产业出口技术复杂度赶超系数的波动程度明显大于劳动密集型产业。导致这一现象的原因可能在于:我国在资本密集型产业上的比较优势并不像劳动密集型产业那么明显(甚至是无比较优势),因而走资本密集型产业赶超路线时,需付出更多的努力,而各省级区域支撑自身走资本密集型产业赶超的资源和能力相对有限,这些因素给资本密集型产业的赶超带来了一定的不确定性,进而使得资本密集型产业的赶超呈现出较大的波动。

表 8-1 2002—2008 年各省级区域出口技术复杂度赶超系数(前 8 位)

| 序 号 | 地 区 | 2002 | 2003 | 2004 | 2005 | 2006 | 2007 | 2008 | 均 值 |
|---|---|---|---|---|---|---|---|---|---|
| 劳动密集型产业 | | | | | | | | | |
| 1 | 云南 | 0.0667 | 0.0607 | 0.1864 | 0.0656 | 0.0908 | 0.07928 | 0.0684 | 0.0883 |
| 2 | 安徽 | 0.0768 | 0.0762 | 0.1465 | 0.0766 | 0.0701 | 0.0746 | 0.0521 | 0.0818 |
| 3 | 四川 | 0.068 | 0.0774 | 0.1815 | 0.0626 | 0.0644 | 0.05702 | 0.0526 | 0.0805 |
| 4 | 广东 | 0.0368 | 0.0444 | 0.1687 | 0.0568 | 0.0657 | 0.07 | 0.0699 | 0.0732 |
| 5 | 福建 | 0.0614 | 0.0629 | 0.0834 | 0.0616 | 0.0511 | 0.04976 | 0.0583 | 0.0612 |
| 6 | 江苏 | 0.0235 | 0.0257 | 0.126 | 0.0203 | 0.0192 | 0.01551 | 0.0101 | 0.0343 |
| 7 | 江西 | 0.0454 | 0.0423 | 0.0372 | 0.0212 | 0.0201 | 0.02276 | 0.0176 | 0.0295 |
| 8 | 浙江 | 0.0427 | 0.0415 | −0.052 | 0.0404 | 0.04 | 0.03675 | 0.0301 | 0.0257 |
| 资本密集型产业 | | | | | | | | | |
| 1 | 江苏 | 0.012 | 0.0234 | 0.0363 | 0.0312 | 0.0469 | 0.0229 | 0.0121 | 0.0264 |
| 2 | 四川 | 0.0241 | −0.013 | 0.0376 | 0.0166 | 0.0707 | 0.0313 | 0.0129 | 0.02576 |
| 3 | 广东 | 0.0087 | 0.0172 | 0.0322 | 0.0215 | 0.0536 | 0.0257 | 0.0155 | 0.02492 |
| 4 | 贵州 | −0.016 | −0.01 | −0.009 | 0.0433 | 0.0573 | 0.0329 | 0.0262 | 0.01777 |
| 5 | 福建 | −0.005 | 0.0147 | 0.0062 | 0.0267 | 0.0509 | 0.0149 | 0.0081 | 0.01661 |
| 6 | 陕西 | 0.0197 | −0.012 | 0.0489 | 0.0245 | 0.0098 | | −0.006 | 0.01203 |
| 7 | 江西 | 0.0254 | 0.0187 | 0.0147 | 0.0025 | 0.0041 | 0.0024 | 0.015 | 0.01181 |
| 8 | 广西 | 0.0065 | −0.009 | −0.004 | 0.0328 | 0.0164 | 0.0085 | 0.0112 | 0.00891 |

注:限于篇幅,此处仅给出劳动密集型和资本密集型产业出口技术复杂度赶超系数前 8 位的省级区域。

### 8.1.2　估计模型的设定和变量的选择

出口技术复杂度赶超对经济增长的作用力会受到各种特定外部环境的影响,从而使得该作用力表现出非线性关系,为此,我们采用 Hansen(1999)构建的门槛效应模型,该模型能根据因素间作用力的自身特点来内生地划分区间(连玉君、程建,2006),进而方便我们分析不同区间内出口技术复杂度赶超对经济增长的作用力。并且该区间是通过反复抽样回归的方式来自动识别,因此,所得结果较为可靠[①]。

根据 Hansen(1999)的研究可知:门槛效应有单一门槛效应模型、双重门槛效应模型和多重门槛效应模型,双重门槛效应和多重门槛效应均可由单一门槛效应拓展而得。当方程为单一门槛效应时,我们设定回归方程如下:

$$\ln PGDP_{it} = \mu_i + a_1 GCI_{it} I(g_{it} \leqslant \gamma) + a_M GCI_{it} I(g_{it} > \gamma) + \theta x_{it} + \xi_{it} \tag{8.2}$$

其中,$PGDP$ 为省级区域的经济增长,用人均 GDP 表示,$I(*)$ 为示性函数(indicator function),$\gamma$ 为门槛值,$\mu_i$ 反映各省级区域的未观测特征,$x_{it}$ 为回归中的控制变量的自然对数。门槛效应实际上是分组抽样检验法的一种拓展,因此式(8.2)式实际上可以表示为:

$$\ln PGDP_{it} = \begin{cases} \mu_i + a_1 GCI_{it} + \theta_i x_{it} + \xi & GCI_{it} < \gamma \\ \mu_i + a_2 GCI_{it} + \theta_i x_{it} + \xi & GCI_{it} > \gamma \end{cases} \tag{8.3}$$

令 $\quad GCI_{it}(\gamma) = \begin{pmatrix} GCI_{it} I(g_{it} \leqslant \gamma) \\ GCI_{it} I(g_{it} > \gamma) \end{pmatrix}, a = (a'_1, a'_2)'$

可得:

$$\ln PGDP_{it} = \mu_i + a' GCI_{it}(\gamma) + \theta_i x_{it} + \xi_{it} \tag{8.4}$$

根据连玉君、程建(2006)和 Hansen(1999)的研究可知[②],同样利用上述步骤进行叠加可将式(8.4)变成:

$$\ln PGDP_{it} = \mu_i + \beta' M_{it}(\gamma) + \xi_{it} \tag{8.5}$$

根据 Hansen(1999)和连玉君、程建(2006)的研究,为提高回归结果的稳健性,可采用矩阵组内去均值的方式,将各省级区域的未观测特征($\mu_i$)剔除,具体为:

---

①　Hansen(1999)的门槛效应估计模型还有一个优点在于:既能用于非线性估计,也能用于线性估计。当被估计对象为线性关系时,其单一门槛效应估计结果($F$ 统计量)将通不过 10% 的显著性检验。

②　令 $M(\gamma) = \begin{pmatrix} GCI_{it}(\gamma) \\ x_{it} \end{pmatrix}, \beta = (a', \theta'_i)'$。

令　　$\ln \overset{*}{PGDP}_{it} = \ln PGDP_{it} - \dfrac{1}{T}\sum_{1}^{T}\ln PGDP_{it}$ （8.6）

则可得:$\ln \overset{*}{PGDP}_{it} = \beta' \overset{*}{M}_{it}(\gamma) + \overset{*}{\xi}_{it}^{①}$ （8.7）

令 $\ln \overset{*}{PGDP}_{i} = [\ln \overset{*}{PGDP}_{i1}, \ln \overset{*}{PGDP}_{i1}, \cdots, \ln \overset{*}{PGDP}_{iT}]'$, $\overset{*}{M}_{i}(\gamma) = [\overset{*}{M}_{i1}(\gamma), M_{i2}(\gamma)\cdots, \overset{*}{M}_{iT}(\gamma)]'$, $\overset{*}{\xi}_{i} = [\overset{*}{\xi}_{i1}, \cdots, \overset{*}{\xi}_{iT}]$。 再 令 $\ln \overset{*}{PGDP} = [\ln \overset{*}{PGDP}_{1}, \ln \overset{*}{PGDP}_{2}, \cdots, \ln \overset{*}{PGDP}_{T}]$, $\overset{*}{M}(*) = [\overset{*}{M}_{1}(\gamma), M_{2}(\gamma), \cdots, \overset{*}{M}_{T}(\gamma)]'$, $\overset{*}{\xi}_{i} = [\overset{*}{\xi}_{i1}, \overset{*}{\xi}_{i2}, \cdots, \overset{*}{\xi}_{iT}]$ 代入(8.7)式可得:

$\ln \overset{*}{PGDP} = \overset{*}{M}(\gamma)\beta + \overset{*}{\xi}$ （8.8）

对于式(8.8)我们则可通过最小二乘法(OLS)的形式求出参数。

$\beta(\gamma) = (\overset{*}{M}(\gamma)'\overset{*}{M}(\gamma))^{-1}\overset{*}{M}(\gamma)'\ln \overset{*}{PGDP}$ （8.9）

残差之和为 $S = \overset{*}{\xi}' \times \overset{*}{\xi}$,其中 $\overset{*}{\xi} = \ln \overset{*}{PGDP} - \overset{*}{M}(*)\beta(*)$,可以通过多次自由抽样探索,从而以最小化 $S$ 值的形式得到门槛值,即 $\gamma = ar\min_{\gamma}S(\gamma)$,进而得到各变量的估计系数和残差。

双重和多重门槛效应模型可以通过上述推导过程得出(Hansen,1999;连玉君、程建,2006),多重估计方程可以表示为:

$\ln PGDP_{it} = \mu_i + a_1 GCI_{it}I(g_{it} \leqslant \gamma_1) + a_2 GCI_{it}I(\gamma_1 < g_{it} \leqslant \gamma_2) + \cdots + a_m GCI_{it}I(\gamma_{m-1} < g_{it} \leqslant \gamma_m)$
$\cdots + a_M GCI_{it}I(\gamma_{M-1} < g_{it} \leqslant \gamma_M) + a_{M+1}GCI_{it}I(g_{it} > \gamma_M) + \theta x_{it} + \xi_{it}$ （8.10）

在设定好估计方程后,结合本书的研究目的及出口技术复杂度赶超的基本特征,我们选定了能反映各省级区域基本特征的变量作为控制变量[②]。具体:外商直接投资、物质资本存量和人力资本。这三个变量对区域经济增长的作用力是显而易见的,其中外商直接投资为历年各省级区域实际接收的外商直接投资;物质资本变量根据永续盘存法计算而得,具体为以张军

---

① 其中 $\overset{*}{M}(\gamma) = M(\gamma) - \dfrac{1}{T}M(\gamma)$, $\overset{*}{\xi}_{it} = \xi_{it} - \dfrac{1}{T}\xi_{it}$。

② 考虑到门槛效应模型在回归时,需多次自由抽样回归,样本容量越高,多次抽样的结果更为可靠,本文仅选择了三个控制变量。

(2004)所计算的各省级区域 2000 年的资本存量为基期[①],采用 5％的折旧率[②],进而计算出 2002—2008 年各省级区域的物资资本存量;人力资本以各省级区域就业人口中,大学生的人数(含大专)来表示。

### 8.1.3　出口技术复杂度演进对经济增长影响的实证分析

1. 描述性分析

为了更直观地观察要素密集度异质性产业出口技术复杂度赶超与经济增长之间的关系,我们分别从全国层面以及东、中、西部画出了两种密集型产业赶超系数与经济增长之间的散点图及两者简单地非线性拟合曲线。

图 8-1 报告了全国层面两者的散点图和简单的非线性拟合曲线[③],可知,资本密集型产业出口技术复杂度赶超系数与经济增长之间的关系呈现 U形,劳动密集型赶超系数与经济增长之间呈现倒 U 形。图 8-2 报告了东、中、西部三个区域两种密集型出口技术复杂度赶超与经济增长间的关系,可以发现东、中、西部间的资本和劳动密集型产业出口技术复杂度赶超与经济增长的非线性拟合曲线均存在较大的差异。这表明不同要素密集型产业出口技术复杂度赶超在不同区域内的经济增长效应可能并不相同。

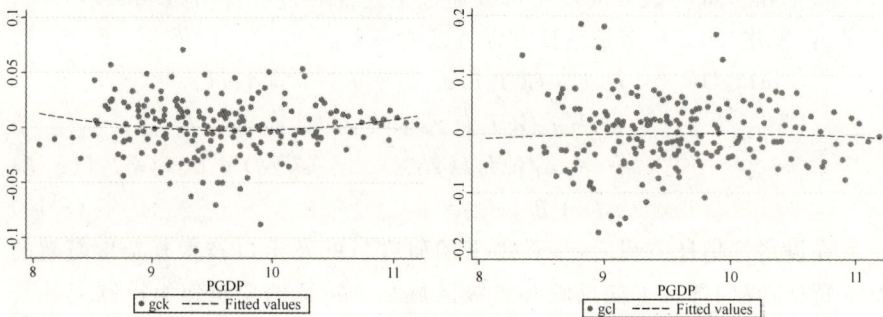

图 8-1　赶超系数与经济增长的散点图:全国层面
注:左图为资本密集型散点图、右图为劳动密集型散点图。

---

①　在张军(2004)的研究中,其将 2000 年重庆的物质资本存量纳入了四川,本书的测度过程中,按照 2000 年两省市 GDP 之比,将 2000 年物质资本存量分别划分给四川和重庆。

②　这一折旧率主要借鉴王小鲁(2004)和陈晓华、黄先海、刘慧(2011)的研究。

③　考虑到不同层面两者关系的门槛数并不相同,笔者此处简单的采用抛物线拟合法,即在 stata 中采用 qfit 命令拟合。

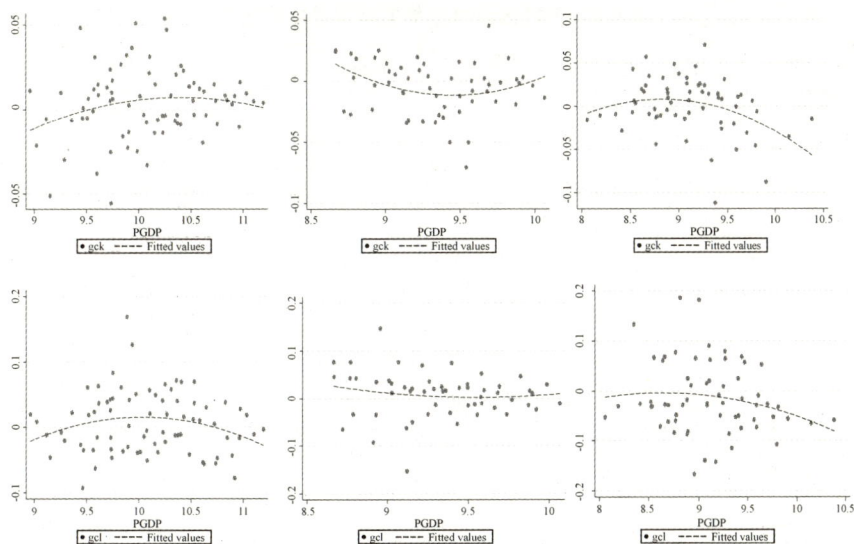

图 8-2　赶超系数与经济增长的散点图：东、中、西部层面

注：上左、上中、上右分别表示东、中、西部资本密集型赶超；下左、下中、下右分别表示东、中、西部劳动密集型赶超。

### 2. 计量结果与分析

考虑到不同要素密集型产业出口技术复杂度赶超对不同区域经济增长的作用差异较大（见图 8-1 和图 8-2），如果简单将两种密集型出口技术复杂度赶超在同一区域层面进行合并回归，或将同一要素密集型出口技术复杂度赶超在全国层面合并进行估计，都有可能产生因内部异质性较大而带来的有偏影响。为此，从东、中、西部三个层面，分别对劳动密集型和资本密集型出口技术复杂度赶超的经济增长效应进行实证分析。本部分所有估计过程均通过 stata10.1 实现。

在进行实证估计前，我们需进一步确定不同区域各变量的平稳性，以确保面板门槛效应估计结果的准确性。本书同时采用 LLC、IPS、ADF 和 PP 四种方法来检验三个区域各变量的平稳性，表 8-2 报告了东部地区的平稳性检验结果，可知：各变量的水平状态均存在明显的单位根。为此，笔者进一步对各变量的一阶差分进行检验，结果表明：在相伴概率为 1% 的显著性水平下，各变量的一阶差分项拒绝了存在单位根的原假设，可见各变量为一阶单整，即各变量为同阶平稳，为此，可进行面板数据的门槛效应估计。中部和西部的稳健性检验得到了与东部相同的结论，限于篇幅，不全部列出。

表 8-2　东部区域面板数据单位根检验结果

| 检验方法 | LLC | IPS | Fisher-ADF | Fisher-PP | 单位根 |
|---|---|---|---|---|---|
| GCL | −7.31341(0.00) | 0.06184(0.52) | 21.6925(0.48) | 43.7076(0.00) | 是 |
| DGCL | −10.6019(0.00) | −2.76403(0.00) | 49.0261(0.00) | 68.7316(0.00) | 否 |
| GCK | −5.0193(0.00) | −0.9745(0.16) | 28.763(0.15) | 40.961(0.01) | 是 |
| DGCK | −16.836(0.00) | −5.6754(0.00) | 57.934(0.00) | 63.859(0.00) | 否 |
| LNPGDP | −0.10346(0.45) | 3.21502(0.99) | 9.60828(0.98) | 24.3591(0.32) | 是 |
| DLNPGDP | −7.17797(0.00) | −6.33889(0.00) | 43.2128(0.00) | 46.1149(0.00) | 否 |
| LNFDI | −0.82367(0.20) | 3.77250(0.99) | 22.6714(0.42) | 33.5576(0.05) | 是 |
| DLNFDI | −76.3481(0.00) | −42.0474(0.00) | 185.425(0.00) | 188.392(0.00) | 否 |
| LNWZ | −3.33994(0.00) | −1.37230(0.09) | 32.6032(0.07) | 33.9688(0.05) | 是 |
| DLNWZ | −179.570(0.00) | −157.295(0.00) | 209.679(0.00) | 208.915(0.00) | 否 |
| LNHR | −2.29921(0.01) | −0.54499(0.29) | 24.9181(0.30) | 26.7936(0.22) | 是 |
| DLNHR | −20.6964(0.00) | −6.57949(0.00) | 79.6893(0.00) | 111.138(0.00) | 否 |

注:括号外为相应的统计量,括号内为概率,D 表示一阶差分。概率值<0.1 表明在 10%的显著性条件下拒绝被检验变量存在单位根的原假设;概率值<0.05 表明在 5%的显著性条件下拒绝被检验变量存在单位根的原假设,概率值<0.01 表明在 1%的显著性条件下拒绝被检验变量存在单位根的假设。

　　在进行门槛效应估计前,我们先需确定两类要素密集型出口技术复杂度赶超效应的门槛类型,为此,我们在单一门槛、双重门槛与三重门槛假设性下①,分别进行了相应的检验。表 8-1 报告了不同区域不同要素密集型产业在上述三种假设下,经"自由抽样法"(bootstrap)300 次模拟所得到的概率、相应显著性的临界值以及 F 统计量。

　　由表 8-3 可知,东部地区资本密集型产业在单一门槛效应假设下通过了 10%的显著性检验,而在双重门槛假设下并未通过 10%的显著性检验,这表明东部地区资本密集型产业应采用单一门槛效应模型进行估计。东部地区的劳动密集型产业在单一门槛效应和双重门槛效应假设下分别通过了 10%和 1%的显著性检验,而三重门槛效应则未通过 1%的显著性检验,这表明东部地区劳动密集型产业应采用双重门槛效应模型进行估计。同理可知,中

---

　　①　就实证的角度而言,当 A 重门槛效应估计结果不显著时,则无需对 A+1 重门槛效应进行估计,而本书检测到三重门槛效应时,所有区域两类要素密集型赶超效应估计的 F 值均为通过 10%的显著性检验。为此,笔者无须进行四重门槛效应的估计。

部资本密集型和劳动密集型产业均为双重门槛效应,西部资本密集型产业为双重门槛效应,劳动密集型为单一门槛效应模型。

表 8-3　东中西部两类要素密集型产业门槛效应类型的检验

| 检验对象 | | 资本密集型 | | | | | 劳动密集型 | | | | |
|---|---|---|---|---|---|---|---|---|---|---|---|
| 检验模型 | | F 值 | P 值 | 临界值 | | | F 值 | P 值 | 临界值 | | |
| | | | | 10% | 5% | 1% | | | 10% | 5% | 1% |
| 东部 | 单一门槛 | 4.8774 | 0.050 | 3.184 | 4.883 | 9.036 | 3.0967 | 0.073 | 2.4255 | 3.861 | 7.296 |
| | 双重门槛 | 1.6205 | 0.1833 | 2.555 | 3.2737 | 7.1683 | 12.7243 | 0.000 | 2.8634 | 4.1949 | 7.211 |
| | 三重门槛 | 1.2843 | 0.1967 | 2.274 | 2.9657 | 6.4381 | 1.2782 | 0.303 | 3.3432 | 4.0921 | 7.974 |
| 中部 | 单一门槛 | 5.5326 | 0.020 | 2.428 | 3.273 | 6.863 | 10.8887 | 0.003 | 2.857 | 3.7386 | 7.870 |
| | 双重门槛 | 11.4629 | 0.0033 | 2.862 | 3.594 | 8.488 | 7.0633 | 0.013 | 2.912 | 2.912 | 8.714 |
| | 三重门槛 | 1.5276 | 0.2267 | 3.122 | 4.532 | 7.967 | 2.2741 | 0.116 | 2.388 | 3.336 | 4.838 |
| 西部 | 单一门槛 | 5.6271 | 0.0233 | 2.834 | 4.398 | 7.085 | 2.970 | 0.086 | 2.5825 | 3.952 | 9.177 |
| | 双重门槛 | 6.5680 | 0.0100 | 2.834 | 3.922 | 6.701 | 2.0479 | 0.133 | 2.5495 | 4.205 | 9.248 |
| | 三重门槛 | 2.3993 | 0.1333 | 2.86 | 4.269 | 8.143 | 1.8075 | 0.136 | 2.262 | 3.534 | 7.355 |

注:F 值、概率(P 值)和临界值均为自由抽样法模拟 300 次后得到的结果,表 2-7 也是在模拟 300 次后得到的估计结果。

在测度出门槛类型的基础上,我们需进一步估计出各回归方程的门槛值。表 8-4 报告了经"自由抽样法"300 次模拟后,不同要素密集型赶超在三个区域的门槛值和 95% 的置信区间。在得出门槛效应类型和门槛值的情况下,即可进一步得到门槛效应估计结果。

表 8-4　门槛值估计值及其置信区间

| 检验对象 | | 资本密集型 | | 劳动密集型 | |
|---|---|---|---|---|---|
| | | Estimate | 95% 置信区间 | Estimate | 95% 置信区间 |
| 东部 | 门槛值 1 | 0.0121 | [−0.0332,0.0363] | 0.0184 | [−0.0563,0.0700] |
| | 门槛值 2 | — | — | 0.0275 | [0.0257,0.0301] |
| 中部 | 门槛值 1 | −0.0271 | [−0.0329,−0.0250] | −0.0114 | [−0.0337,0.0153] |
| | 门槛值 2 | 0.0209 | [−0.0233,0.0267] | 0.0464 | [−0.0657,0.0762] |
| 西部 | 门槛值 1 | 0.0154 | [−0.0626,0.0463] | −0.0589 | [−0.1397,0.0908] |
| | 门槛值 2 | 0.0242 | [0.0200,0.0262] | — | — |

表 8-5 报告了东部地区的门槛效应估计结果[①]，结合表 8-4 可知：当资本密集型产业出口技术复杂度赶超系数大于 0.0121 时，出口技术复杂度赶超力度的加大，会对经济增长表现出显著的正效应（通过了 1% 的显著性检验）。当资本密集型产业出口技术复杂度赶超系数小于 0.0121 时，赶超的扩大对经济增长的作用力并不显著（系数为负，未通过 10% 的显著性检验）。查阅前面资本密集产业出口技术赶超系数测度结果，我们发现超越这一门槛的东部地区并不多，以 2008 年为例，仅有广东和江苏超越这一门槛值，可见东部地区资本密集型产业赶超力度还可进一步加大。

从东部地区劳动密集型产业出口技术赶超的估计结果上看，当劳动密集型产业赶超系数低于 0.0184 时，赶超对经济增长的作用力并不显著（估计结果未通过 10% 的显著性检验），当赶超系数位于 (0.0184, 0.0275) 之间时，赶超对经济竞争具有显著的负效应，估计系数达到了 -27.68，且通过了 1% 的显著性检验。只有当赶超系数大于 0.0275 时，赶超才对经济增长表现出正效应。结合劳动密集型产业赶超系数的测度结果，可以发现 2008 年仅有广东和浙江大于 0.0275，其余有赶超行为的省份多位于负区间内。可见，东部省份享受劳动力密集型赶超正效应的省份并不多，多数有赶超行为的省份，面临较强的回拉力。

表 8-5　东部地区门槛效应参数估计结果

| 检验对象 | 资本密集型 | | | 劳动密集型 | | |
|---|---|---|---|---|---|---|
| 变　量 | 估计值 | OLS SE | RUS SE | 估计值 | OLS SE | RUS SE |
| LNFDI | 0.1294*** | 0.0310 | 0.0360 | 0.1168* | 0.077 | 0.064 |
| LNHR | 0.1259** | 0.0566 | 0.0512 | 0.0369*** | 0.0075 | 0.0089 |
| LNWZ | 0.0958*** | 0.0321 | 0.0281 | 0.0873*** | 0.0254 | 0.0258 |
| GCI1 | -3.7480 | 3.3719 | 2.4040 | 0.6708 | 2.0667 | 1.4494 |
| GCI2 | 7.7975*** | 3.5272 | 2.4677 | -27.6805*** | 7.2284 | 4.1842 |
| GCI3 | — | — | — | 1.4663** | 0.6943 | 0.6269 |

注：OLS SE 为 OLS 回归系数的标准差，RUS OLS 为 Stata 中加 Robust 稳健回归的标准差。其中 GCI1≤门槛值1，门槛值1<GCI2≤门槛值2，GCI3>门槛值2。***、** 与 * 分别表示相应统计量在 1%、5% 和 10% 显著性水平上显著，显著性的标注以加 Robust 稳健回归结果为准。

---

① 由于三个控制变量在不同的区域中估计结果均显著为正，符合我们的预期以及相关的经济学原理，所以在三个区域不同要素密集型产业出口技术复杂度赶超效应的分析中我们只分析赶超的门槛效应回归结果。

表 8-6 报告了中部地区门槛效应值的估计结果,从资本密集型产业的估计结果上看,当赶超系数低于 −0.0271 时,赶超力度的加大对经济增长的作用力并不显著(未通过 10% 的显著性水平检验),当赶超系数位于(−0.0271,0.0209)区间内时,赶超力度的扩大将对经济增长表现出显著的正效应,估计系数达到了 24.3776,且通过了 1% 的显著性检验。这表明中部地区要享受资本密集型产业赶超的正效应,其门槛远低于东部。导致这一现象出现的原因可能在于:相比于东部而言,中部拥有更为廉价的劳动力,当中部集中资源进行资本密集型赶超时,在生产能力和生产工艺得到改进的情况下,其生产同一技术含量的产品在国际市场上,往往可以以低于东部的价格进行销售,从而产生比东部更大的经济效应,进而使得中部正效应的门槛值低于东部地区。实证结果还显示当赶超系数大于 0.0209 时,赶超力度的加大将对经济增长表现出显著的负效应,这表明东部地区资本密集型产业的赶超力度过大时,会遇到较大的朝"比较优势零值"的"回拉力"。而导致"回拉力"出现的原因可能在于:中部地区在资本密集产业上并不具备明显的比较优势,当资本密集型产业出口偏离"比较优势零点"过远时,中部省份能支撑起在较远偏离点创新的能力越弱,因而在较远偏离点所生产出来的产品国际竞争力相对有限,进而使得产品的国际销售受阻,此时,销售收益难以弥补赶超的沉没成本,将会使得赶超对经济增长产生负效应。

表 8-6　中部地区门槛效应参数估计结果

| 检验对象 | 资本密集型 | | | 劳动密集型 | | |
|---|---|---|---|---|---|---|
| 变　量 | 估计值 | OLS SE | RUS SE | 估计值 | OLS SE | RUS SE |
| LNFDI | 0.7149 *** | 0.2664 | 0.1671 | 0.4767 ** | 0.2673 | 0.1871 |
| LNHR | 0.1446 *** | 0.0381 | 0.0295 | 0.1327 *** | 0.0452 | 0.0446 |
| LNWZ | 0.3077 ** | 0.1848 | 0.1222 | 0.2651 ** | 0.1882 | 0.1087 |
| GCI1 | 0.4313 | 2.8585 | 1.9209 | 6.0956 *** | 2.3607 | 2.5418 |
| GCI2 | 24.3776 *** | 7.0639 | 7.3559 | −18.5610 *** | 4.7345 | 4.2445 |
| GCI3 | −9.2445 *** | 3.5556 | 3.1863 | 3.9182 ** | 2.5632 | 1.8913 |

值得一提的是,中部地区的朝向"比较优势零值"的"回拉力"并未在东部的估计结果中出现。这并不意味着东部不存在"回拉力",根据杨汝岱、姚洋(2008)的研究任何赶超都将面临一定的收敛力(回拉力),所不同的是产生回拉力的点不同。东部地区集中了我国大量的物质资本,因而东部地区在资本密集型产业上比中部地区更具比较优势,为此,东部地区资本密集型

产业出口技术复杂度赶超的"回拉点"与"比较优势零值"之间的距离大于中部地区。这也表明：东部地区目前的赶超力度尚未触及赶超的"回拉点"，进而使得东部地区的出口技术复杂度赶超未表现出收敛性。

从中部地区劳动密集型产业出口技术复杂度赶超的估计结果上看，当赶超系数小于－0.0114时，出口技术复杂度向"比较优势零值"靠近时，会对经济产生显著的正效应。赶超系数位于（－0.0114,0.0464）区间内时，出口技术复杂度赶超力度加大，将会对经济增长产生一定的负效应，当出口技术复杂度赶超系数大于0.0464时，赶超力度的扩大有利于促进区域内部的经济增长。结合前面赶超系数的测度结果可知：2008年，中部仅有安徽一省的赶超系数大于0.0464，其余均小于0.0464。这表明中部省份劳动密集型产业出口的"比较优势零值"具有较强的双向回拉力，因为对于中部绝大多数有赶超行为的省份而言，向"比较优势零值"附近靠近时，会有利于其经济增长。为此，其会主动向"比较优势零值"靠拢，进而越来越局限于其比较优势。当然实证结果还表明：一旦脱离其"比较优势零值"的"双向回拉力"时，劳动密集型产业的赶超将对其经济增长表现出正效应[①]。

表8-7报告了西部地区门槛效应值的估计结果，从估计结果上看，资本密集型赶超的经济增长效应与中部地区颇为相似，也存在较为一定的收敛特征，当赶超系数超越0.0242时，赶超力度的加大会对经济产生负效应。而位于门槛值一至门槛值二区间内时，资本密集型产业出口技术复杂度赶超会对经济增长产生显著的正效应。与中部不同的是，西部地区要获得显著性正效应的门槛远高于东部地区（中部正效应的门槛值为－0.0271，西部门槛值为0.0154），导致这一现象的原因可能在于：西部地区的基础设施和人力资本方面略低于中部地区，因而其在资本密集型产业上的赶超需比中部投入更大的努力，才能获得正效应。

表 8-7　西部地区门槛效应参数估计结果

| 检验对象 | 资本密集型 | | | 劳动密集型 | | |
|---|---|---|---|---|---|---|
| 变　量 | 估计值 | OLS SE | RUS SE | 估计值 | OLS SE | RUS SE |
| LNFDI | 0.2207*** | 0.0895 | 0.0752 | 0.1709** | 0.0909 | 0.0788 |
| LNHR | 0.0355*** | 0.0083 | 0.00519 | 0.0002** | 0.00012 | 0.00011 |

①　结合杨汝岱、姚洋（2008）可知，中部的劳动密集型产业在离"比较优势零值"较远的地方还应存在一个回拉点，只因中部在劳动力密集型产业上的优势，使得目前的赶超还未到达该回拉点。

| 检验对象 | 资本密集型 | | | 劳动密集型 | | |
|---|---|---|---|---|---|---|
| LNWZ | 0.085** | 0.0523 | 0.0385 | 0.034*** | 0.0099 | 0.0046 |
| GCI1 | 0.0352 | 2.4216 | 1.9011 | 1.7119* | 1.6426 | 0.9526 |
| GCI2 | 24.0048*** | 8.6582 | 8.2609 | −1.3815** | 0.8318 | 0.7689 |
| GCI3 | −1.7063 | 3.2164 | 1.9891 | — | — | — |

从西部劳动密集型产业的估计结果上看,当劳动密集型产业的赶超系数大于门槛值时,赶超力度加大将对经济增长产生显著的负效应;当赶超系数低于门槛值时,加大赶超力度会对经济增长具有显著的正效应。这表明西部地区劳动密集型产业出口技术复杂度在"比较优势零值"附近也存在一个非常明显的双向"回拉力"。

对比东、中、西部劳动密集型产业出口技术复杂度的估计结果我们还发现一个特征,东、中、西部劳动密集型产业的赶超,均存在明显的"拉力点"。笔者以为出现这一现象可能与我国的劳动力资源比较丰富有关,当赶超力度低于"拉力点"时,赶超力度加大则意味着比较优势得到进一步体现,进而有利于劳动力就业,从而推动相应地区的经济增长;当赶超力度高于"拉力点"时,赶超力度加大会给经济增长带来两个方面的影响:一是负向作用,具体为赶超会带来产品技术含量的提高,则意味着资本要素的需求增长,进而对劳动力就业产生一定的冲击,从而对经济增长产生一定的负向作用力;二是正向作用,具体为赶超引致型技术含量提升,会使得相应的产品的国际竞争力得以提升,进而有助于出口规模的扩大,从而对经济增长产生正向作用力。超过第一门槛值后,赶超产生负效应主要是因为上述负向作用大于正向作用。而一旦赶超带来的正向作用大于负向作用时(超过门槛值二),赶超力度的扩大将对经济增长产生正效应(见东中部GCI3的估计结果)。

考虑到本书的门槛效应估计过程是以省级区域为面板产生的估计结果,我们进一步对估计结果的稳健性进行诊断,以确保所得的结论科学、可靠。该类型面板估计结果的稳健性主要取决于估计结果残差的平稳性(苏振东、周玮庆,2010),我们采用前面所述四种检验方法对不同区域不同要素密集型产业估计结果的残差进行平稳性检验。表8-8报告了残差检验的结果,可知:前面6个估计结果残差的水平值均在1%的显著性水平上拒绝了存在单位根的原假设,这表明6个估计结果均存在较好的稳健性,不存在"伪回归",即前面所得研究结论是稳健和可靠的。

表 8-8　面板数据门槛效应估计结果的残差平稳性检验

| 区域 | 密集型 | LLC | IPS | Fisher-ADF | Fisher-PP | 单位根 |
|---|---|---|---|---|---|---|
| 东部 | 劳动 | −5.70437(0.00) | −3.70311(0.00) | 46.6556(0.00) | 50.1145(0.00) | 否 |
| | 资本 | −20.1072(0.00) | −3.37546(0.00) | 61.2754(0.00) | 112.652(0.00) | 否 |
| 中部 | 劳动 | −30.0039(0.00) | −10.9472(0.00) | 89.5563(0.00) | 103.370(0.00) | 否 |
| | 资本 | −18.6047(0.00) | −7.41657(0.00) | 71.9904(0.00) | 73.0721(0.00) | 否 |
| 西部 | 劳动 | −6.85999(0.00) | −4.98235(0.00) | 45.9438(0.00) | 47.2766(0.00) | 否 |
| | 资本 | −15.7031(0.00) | −3.82305(0.00) | 44.1857(0.00) | 46.4134(0.00) | 否 |

## 8.1.4　总结性评论

本部分基于 2002—2008 年中国 28 个省级区域 12 大类(HS 码)产品的出口数据,在测度出各省级区域劳动和资本密集型产业出口技术复杂度的基础上,测度了 28 个省级区域劳动和资本密集型产业出口技术复杂度的赶超系数,进而运用 Hansen(1999)的门槛效应模型对赶超的经济增长效应进行了非线性检验,得到的结论与启示主要有:

一是出口技术复杂度赶超对经济增长的作用力呈现出明显的非线性。与以往研究结果不同的是,我们通过门槛效应检验发现:出口技术复杂度赶超的经济增长效应在不同的区域至少存在一个门槛值是显著的(10%的显著性水平),为此,采用非线性检验法进行估计,所得结论将更为可靠。估计结果还显示:我国不同区域呈现出不同的门槛数,在不同的门槛区间内,不同要素密集型出口技术复杂度赶超对经济增长的作用效应并不相同。

二是执行赶超策略不一定能促进本地的经济增长。与多数跨国层面研究结果不同的是:本部分的估计结果显示,资本和劳动力要素密集型产业出口技术复杂度的赶超不仅会给经济增长带来正效应,也有可能给经济增长带来负效应。为此,执行赶超策略的省级区域,应根据本区域不同要素密集型产业出口技术复杂度赶超所处的阶段,制定不同的政策,从而对赶超行为进行恰当的激励或控制,以最大化赶超给其经济增长带来的正效应。

三是我国劳动密集型产业出口技术复杂度赶超对经济增长的作用力存在显著的"收敛区间"。实证结果表明:东、中、西部地区劳动密集型产业在"比较优势零值"附近均存在显著的双向"回力点",将赶超向该点拉近,使得赶超在一定范围内过度偏离这一"回拉点"。"收敛区间"的存在不仅不利于我国劳动密集型出口品技术含量的快速提升,也不利于产品快速介入全球价值链的高端。结合资本密集型产业的实证结果,可以从以下两个层面来降低"收敛区间"带来的不利影响：一是实行要素密集型逆转策略（如传统产业与战略性新兴产业对接），支持劳动密集型产业向资本要素密集型逆转，逆转后的企业则更容易享受赶超给其带来的正效应（见表 8-5）；二是加大劳动力（特别是技能型人力资本）培训的支持力度，要素密集型逆转后的企业会对劳动力技能提出更高的要求，因而在要素密集型逆转的情况下，给劳动力以恰当的培训，会使之更适应转型后的企业，进而降低要素密集型逆转给就业和经济增长带来的负向冲击。

四是东部地区资本密集型产业和东中部劳动密集型产业的赶超力度可进一步加强。东部资本密集型产业实证结果显示，当东部地区越过第一门槛值时，赶超将对经济产生较为明显的正效应，但真正享受这一正效应的省份只有江苏和广东。另外，当东中部劳动密集型产业赶超系数一旦超越"回拉点"的"收敛范围时"（过第二门槛值），赶超力度的加大将会对经济增长表现出显著的正效应。为此，东部地区可集中优势资源，提升资本和劳动力密集型产业出口技术复杂度的追赶速度；中部地区则应加大劳动密集型产业的赶超力度，进而享受出口技术复杂度赶超带来的正效应。

五是出口技术复杂度大幅赶超策略并不适合中西部地区资本密集型产业。中西部资本密集型产业门槛效应估计结果显示，中西部资本密集型产业的赶超系数在第一门槛值和第二门槛值之间时，赶超对经济增长表现出显著的正效应。一旦赶超系数超过第二门槛值，赶超将对经济增长表现出负效应（中部显著为负，西部不显著），为此，保持适当的赶超力度是中西部资本密集型产业赶超的最优选择。

## 8.2　出口技术复杂度赶超的出口广化效应

近年来，中国和印度等发展中国家的出口技术复杂度得到了迅速的提升，甚至已经远远超过同等收入国家的水平（Rodrik，2006），而且中国出口品复杂度越来越与发达国家相似（Schott，2008）。大量的跨国研究还证实，采用这种"超经济发展水平"方式提升出口技术复杂度，已经成为包含中国和印度在内的很多发展中国家转变对外经济增长方式的一种重要手段（Hausmann et al. 2007；杨汝岱、姚洋，2008；黄先海、陈晓华，2010）。与发展中国家相比，发达国家在资本、技术、熟练劳动力方面拥有明显的比较优势，因而其更有能力生产和出口资本与技术密集型的复杂产品（唐海燕、张会清，209），因而以中国和印度为代表的国家实际上是采用了"逆比较优势"战略，杨汝岱、姚洋（2008）将这一行为称为赶超。由于适当的出口技术复杂度赶超行为,会对一国的经济增长产生深远影响(杨汝岱、姚洋,2008;王永进,2010),因此,出口技术复杂度追赶成为当前学术界研究的一个热点。目前关于出口技术复杂度赶超的研究主要集中于以下两个方面:

一是出口技术复杂度赶超产生的动因。多数学者认为类似中国和印度这样的发展中国家的赶超其实是一种"表象赶超"(Yao,2009;Parteka & Tamberi,2008)而这种现象是由加工贸易和外商直接投资对其原有比较优势的冲击造成的(Branstetter & Lardy,2006)。但仅关注加工贸易和外商直接投资来研究一国出口技术复杂度赶超,事实上是忽略了各国国内的发展因素(Wang & Wei,2007;陈晓华、黄先海,2011)。因而一些学者结合国内因素后指出要素积累(施炳展、李坤望,2009;陈晓华、黄先海,2011)与赶超的经济刺激效应(杨汝岱、姚洋,2008)是赶超国执行逆比较优势战略的根本动因。

二是出口技术复杂度赶超的经济效应。由于出口技术复杂度赶超的研究历程并不长,因而相关研究并不多,仅有少数学者对赶超的经济增长及收入分配效应进行了研究。如杨汝岱、姚洋(2008)基于112国面板数据实证检验后指出:适当的赶超有利于促进一国经济增长,但长期内赶超会收敛于本国比较优势,因而要最大化发挥赶超的正向效应的有效方法是延长赶超的收敛过程。戴翔、张二震(2011)对中国出口技术复杂度赶超进行研究后指出:中国出口技术复杂度的赶超过程中不会出现发达国家所谓的"工资收入不平等"。

虽然已有学者(如 Rodrik,2006;Schott,2008;Xu&Lu,2009)意识到出口技术复杂度赶超对理解一国出口贸易的扩张非常重要,但目前尚无学者对出口技术复杂度赶超的出口扩张效应进行系统的分析。此外,已有的研究还至少存在以下不足:一方面现有研究多以线性关系来研究出口技术复杂度赶超效应。部分研究已表明复杂度追赶可能具有非线性经济效应(杨汝岱、姚洋,2008),虽然有学者简单地加入赶超系数的平方来弥补单纯线性的不足,但加入平方只是假设线性关系只有一个门槛值,因此,所得结果并不可靠。另一方面已有研究多关注国家整体层面,忽略了产业层面的出口技术复杂度赶超。国家层面与产业层面赶超的意义并非完全相同,国家层面赶超意味着国家集中力量实现全面赶超,而产业层面则只需集中力量实现特定产业赶超,国家层面赶超的难度明显大于产业层面,因而采用国家层面的研究结论来分析产业层面的赶超不一定科学。

新贸易理论赋予了出口品种类的扩张一个重要的角色(钱学锋,2009),出口品种类已经成为一国国际贸易利益的重要来源,而且与出口量相比,出口种类数更能体现一国出口品的劳动生产率和技术含量。因此,研究出口技术复杂度赶超对出口扩张的影响时,我们采用的是出口种类扩张来替代数量扩张,即边际广化(extensive margin),以更好地理解出口技术复杂度赶超对一国出口品品质及技术含量的影响。同时为弥补已有研究不足,还做如下改进:①采用 Hansen(2000)构建的门槛效应模型,对出口技术复杂度赶超的边际广化效应进行多门槛非线性检验,并构建相应的虚拟变量方程进行稳健性检验,以期在提高实证结果可靠性的同时,完善 Hansen(2000)模型检验过程。②以单个产业为研究对象,从而将出口技术复杂度赶超的研究层面拓展到产业,揭示单个产业的出口技术复杂度赶超对出口边际广化的作用机理。值得一提的是,Hansen(2000)在门槛效应检验过程中有几百次甚至上千次的反复抽样,可见实证过程需大样本数据,为此,我们采用长时间跨度(14 年)的跨国(50 国)面板数据进行研究,以提高估计结果的可靠性。

### 8.1.1 跨国层面产业出口技术复杂度赶超的测度与分析

1. 数据来源及产业的选择

采用各国出口到美国的历年的数据作为实证的依据,主要基于以下两点考虑:一是美国一直是高复杂度产品的主要进口国(黄先海、陈晓华,2010),因而各国出口到美国产品的复杂度变迁过程,能更好地反映一国出口技术复杂度赶超;二是美国历年各类产品的进口量较大,且进口品种类较多。为此,贸易数据来自于 NBER(由 Feenstra 整理提供),其他数据来自联合国数据库,数据跨度为 1993—2006 年。

由于出口种类数,在本部分的研究中至关重要,因而如能选取美国进口产品种类较多的产业,则能使得研究结论更为可靠。在运用 Stata 对美国历年进口数据种类(HS10 位)进行简单分析后,发现进入 21 世纪后金属制品产业的进口在多数年份是美国进口种类数最多的产业(如 2003、2005),为此笔者选用金属制品产业作为研究对象。考虑到历年数据中有100 多个国家或地区出口金属制品到美国,而部分国家出口种类较少,笔者以 1999 年为标准,选定出口种类数前 50 位的国家。分别是委内瑞拉(VEN)、乌克兰(UKR)、英国(UK)、土耳其(TUR)、泰国(THA)、瑞典(SWE)、斯洛伐克(SVK)、瑞士(SUI)、西班牙(SPA)、斯洛文尼亚(SLO)、新加坡(SIN)、俄罗斯(RUS)、南非(RSA)、罗马尼亚(ROM)、葡萄牙(POR)、波兰(POL)、菲律宾(PHI)、巴基斯坦(PAK)、新西兰(NZL)、挪威(NOR)、荷兰(NED)、墨西哥(MEX)、马来西亚(MAL)、韩国(KOR)、日本

(JPN)、意大利(ITA)、以色列(ISR)、爱尔兰(IRE)、印度(INA)、印度尼西亚(IND)、匈牙利(HUN)、希腊(GRE)、德国(GER)、法国(FRA)、芬兰(FIN)、埃及(EGY)、厄瓜多尔(ECU)、多米尼加(DOM)、丹麦(DEN)、捷克(CZE)、哥伦比亚(COL)、中国(CHN)、智利(CHI)、加拿大(CAN)、巴西(BRA)、比利时(BEL)、奥地利(AUT)、澳大利亚(AUS)、阿根廷(ARG)、阿联酋(AE)。在 Feenstra 提供的数据中剔除非样本国数据后,基于 HS10 位码的数据仍有 20 余万组。

2. 各国出口技术复杂度赶超系数的测度

根据杨汝岱、姚洋(2008)的研究可知,测度出口技术复杂度赶超系数的前提是测度出各国金属制品的出口技术复杂度,因此,先需测度出各国金属制品的出口技术复杂度。本部分借用第 4 章所测度的各国产业出口技术复杂度值(不含香港和台湾地区)。图 8-3 给出了 2002—2006 年间 50 国金属制品出口技术复杂度的 Kernel 估计结果[①],可知五年间各国 Kernel 持续右移,这表明五年间各国出口到美国的金属制品技术含量呈不断增加的趋势,从 Kernel 曲线还可以看出历年曲线均呈现出明显的"单峰",且有一小段曲线在"峰值"右边"较远"的延伸段,这表明多数国家金属制品均以向一个均衡点收敛(即国家间差异化缩小)的方式提升其出口技术复杂度,少数国家以面向高复杂度的非均衡点递进(即国家间差异化扩大)的方式提升其出口技术复杂度。

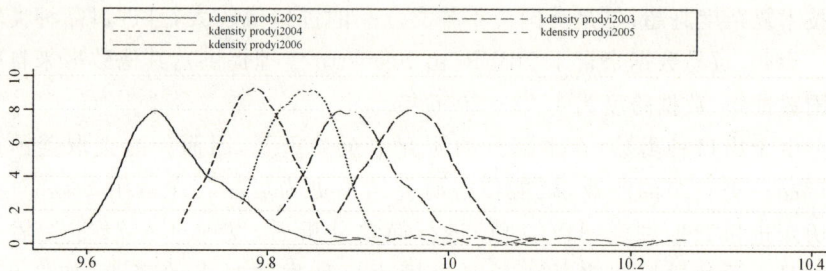

图 8-3　2002—2006 年 50 国金属制品出口技术复杂度的 Kernel 估计

出口技术复杂度赶超系数的测度方法继续沿用式(8.1),在上述方法的基础上,我们测度出了 50 国 1993—2006 年的出口技术复杂度赶超系数。结果表明不仅发展中国家存在赶超行为,而且发达国家也存在赶超行为。而

[①]　考虑到如将 1993—2001 年各国出口技术复杂度的情况也进行 Kernel 密度估计,会使得改图存在过多的交叉线,不便看清历年的分布情况,笔者此处仅给出了 2002—2006 年的示意图。

且与赶超国并非像 Rodrik(2006)、Schott(2008)所描述"发展中国家为赶超的主体",在部分年份存在赶超行为的发达国家数量超过了发展中国家[①](见图 8-4),如 2000、2001 和 2006 年。整体而言,每年至少有 30% 的国家存在赶超行为,赶超国数量在 2000 年时达到了峰值(25 国),之后开始慢慢回落至 2003 年的 14 国,但 2003 年后赶超国数量又迅速上升到了 2006 年的23 国。

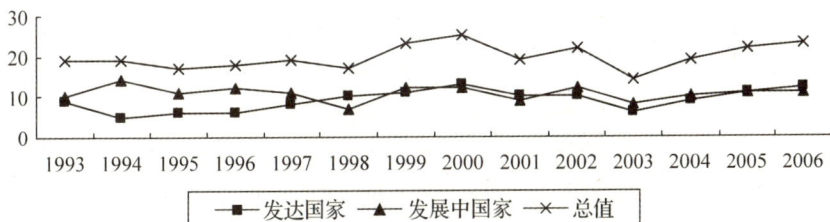

图 8-4　1993—2006 年金属制品赶超国的数量

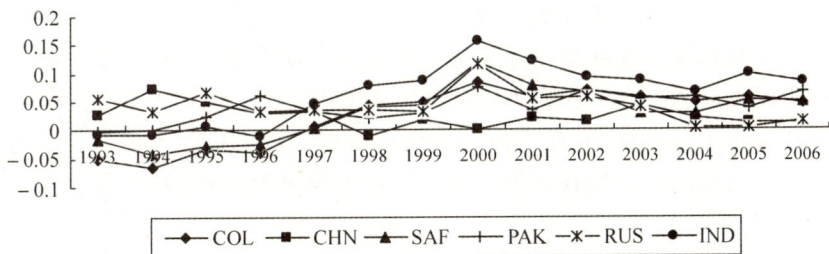

图 8-5　1993—2006 年发展中国家赶超均值前 5 国历年赶超系数

　　为了进一步分析发展中国家和发达国家的赶超情况,我们给出了两类经济体 1993—2006 年出口赶超均值前 5 国历年的赶超系数状况(见图 8-5和图 8-6),可知发展中国家赶超均值前 5 国的赶超系数呈现出倒 U 形,除中国外的其余 4 国 2000 年赶超系数值均大于其余年份。发达国家的赶超系数则相对平稳,挪威在 1995 年以后的赶超系数一直稳居发达国家之首。对比发展中国家与发达国家出口技术复杂度赶超系数还能发现:部分发达国家(如挪威和澳大利亚)历年的出口技术复杂度赶超系数明显大于发展中国家,而且发展中国家的赶超系数的动荡程度明显高于发达国家,导致这一现

　　① 本书划分发达国家与发展中国家的方法借鉴黄先海(2010)的研究,即将经购买力评价修正后的人均 GDP 大于 15000 美元的国家视为发达国家,其余国家视为发展中国家,同时划分时仅考虑各国的人均 GDP,不考虑各国产业结构。按照这一划分方法,样本中发达国家有 26 个,发展中国家有 24 个。

象的原因可能在于：发展中国家在发展高复杂度或技术含量的产品方面的能力明显劣于发达国家，因而其走赶超路线需要付出比发达国家更高的代价，而国内支撑起赶超路线的资源可能相对有限，这为其赶超策略带来了较大的不确定因素，从而使得其赶超系数呈现出较为明显的波动。

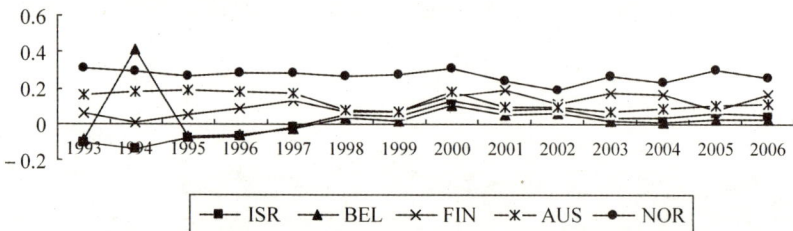

图 8-6    1993—2006 年发达国家赶超均值前五国历年赶超系数

## 8.2.2    产业出口技术复杂度赶超对出口广化影响的实证分析

1. 模型的设定及变量的选择

出口技术复杂度赶超实际上是一种逆比较优势行为，往往会促使一国集中力量发展和生产一些原本不属于自身比较优势范畴内的产品，从而使得出口品更丰富多样，表现为边际广化。由于一国出口技术复杂度的赶超能力不可避免地要受到其国内经济发展的特定环境影响，从而使得出口技术复杂度赶超与边际广化存在一定的非线性关系[①]。因此，我们运用 Hansen(1999)的门槛效应面板数据模型来分析出口技术复杂度赶超对边际广化的非线性效应。

门槛效应面板数据模型实际上是分组检验法的一种有效拓展（邵军、徐康宁，2008），其最大的特点是通过反复抽样回归的方式来自动识别具体的门槛值。根据 Hansen(1999)和连玉君(2006)的研究以及前面的推导，我们设定如下多门槛效应模型：

$$\ln EM_{it} = \mu_i + a_1 GCI_{it} I(g_{it} \leqslant \gamma_1) + a_2 GCI_{it} I(\gamma_1 < g_{it} \leqslant \gamma_2) + \cdots +$$
$$a_m GCI_{it} I(\gamma_{m-1} < g_{it} \leqslant \gamma_{m+1}) \cdots + a_M GCI_{it} I(\gamma_{M-1} \leqslant g_{it} \leqslant \gamma_M) +$$
$$a_M GCI_{it} I(g_{it} \geqslant \gamma_M) + \theta x_{it} + \xi_{it} \tag{8.11}$$

其中，$EM$ 为出口品范围广化，以各国出口到美国的金属制品种类数表示，具体到 HS10 位码，$GCI$ 为金属制品产业的赶超系数，$I(*)$ 为门槛面板回归的示性函数，$M$ 表示门槛个数，$m \in M$，$\xi_{it}$ 为随机干扰项，$\gamma$ 为门槛值，$\mu_i$

---

①    实际上杨汝岱、姚洋(2008)研究出口技术复杂度赶超与经济增长的关系时，已经发现出口技术复杂度赶超对其他因素的影响具有一定的非线性。

反映各国未观测特征,该变量在回归中通过矩阵组内去均值的形式消除,因而不出现在最终回归结果中。结合本书的研究目的和边际广化的基本特性,我们引入了以下控制变量:

经济发展水平(PGDP):经济发展水平越高的国家越有能力投资于资本需求加大、技术创新能力较强的产业,而这些产业往往出现产品较多,从而使得本国生产更多的新产品。另外随着经济发展水平的提升,一国国内消费者对一些质量较高的新产品提出更多的需求,因而国内该类新产品的生产会增加。以上两种情况在母市场效应(home market effect)作用下,反映到出口层面时,将表现为一国出口边际广化。

本国该产业的出口量(EX):一般而言出口量越大,该国产业内企业的获利能力越强。从而有助于产业内企业改进生产技术和工艺,进而生产风险更高,但附加值、获利能力更强的产品,从而使得一国出口品种类数得以增加。

外商直接投资(FDI):外商直接投资对出口广化的作用渠道主要有两个:一是外商直接投资带来的技术外溢效应,使得东道国企业生产技术得以升级,进而能生产和出口更多产品;二是外商直接投资带来的竞争加剧效应,使得部分厂商为了避免与其他同行同水平正面竞争,进而开拓一些新产品,以降低竞争风险。这两个渠道的作用力延伸到国家层面时,都将有助于出口广化。

出口价格水平(P):出口价格水平对出口边际广化具有双向效应,以出口价格水平提升为例,当产品能销售出去时,则意味着产业内企业能获得更高的收益,从而增加企业的研发能力,进而促进边际广化。相反,当因价格上涨导致销量下降时,产业内企业活力能力降低,从而不利于出口的边际广化,此处用各国金属制品的出口价格指数表示[①]。

Hansen(1999)在门槛效应回归方法中提供了两种的检验方法:一是针对门槛估计值是否与真实值一致的检验方法;二是门槛效应是否显著的检验方法。但对于门槛效应估计中不同门槛区间内解释变量估计系数的稳健性,其并未做进一步分析[②]。由于门槛效应面板数据模型为分组检验的扩

---

① 出口价格水平的计算方法 $P_{ij} = \sum[(value_{ijt}/quantity_{ijt}) * (value_{ijt}/\sum value_{ijt})]$,其中 $value_{ij}$ 表示 $i$ 国金属产品 $j$ 的出口金额,$quantity_{ij}$ 为 $i$ 国金属产品 $j$ 的出口量,$P_{it}$ 为 $i$ 国金属制品的出口价格指数,计算时 $j$ 具体到 HS6 位码。

② 后续的学者如连玉君(2006)、魏下海(2010)以及李平、王春晖(2010)等均只运用了 Hansen(1999)的方法进行回归,并未考虑估计系数是否稳健。

展,因而我们采用类似于分组检验的方法进行稳健性检验,以确保计算结果的可靠性。借鉴邵军、徐康宁(2008)的研究,我们构建区间虚拟变量面板数据模型进行稳健性检验,方法如下:

$$\ln EM_{it} = \mu_i + a_1 GCI_{it} \times dummy + \theta x_{it} + \xi_{it} \qquad (8.12)$$

其中,$dummy$ 为虚拟变量,当赶超系数属于这一区间时 $dummy$ 为 1,不属于时为 0,$x_{it}$ 为门槛效应回归中估计系数较为显著的变量。

2. 计量结果与分析

根据 Hansen(1999)和连玉君(2006)等对门槛效应模型的基本特征的分析,笔者采用 stata10.0 进行实证分析。考虑到发达国家和发展中国家之间的国别差异较大,我们将两类经济体分别进行检验。为了确定两个经济体出口技术复杂度赶超对边际广化影响的门槛个数,笔者分别在单一门槛、双重门槛和三重门槛假设下分别对门槛效应进行检验。表 8-9 报告了两类经济体在三种情况下门槛效应估计所得 $F$ 统计量及"自由抽样法"所得的概率与临界值。

表 8-9　发展中国家和发达国家门槛效应检验

| 检验对象 | 发展中国家 | | | | | 发达国家 | | | | |
|---|---|---|---|---|---|---|---|---|---|---|
| 检验模型 | $F$ 值 | $P$ 值 | 临界值 | | | $F$ 值 | $P$ 值 | 临界值 | | |
| | | | 10% | 5% | 1% | | | 10% | 5% | 1% |
| 单一门槛 | 5.3064** | 0.02 | 2.2982 | 3.578 | 6.223 | 12.563*** | 0.00 | 2.674 | 3.641 | 7.523 |
| 双重门槛 | 4.1413** | 0.046 | 3.0663 | 4.0875 | 7.5292 | 4.1122** | 0.02 | 2.463 | 3.191 | 5.545 |
| 三重门槛 | 2.8112 | 0.11 | 2.945 | 4.528 | 6.7871 | 1.1354 | 0.27 | 2.0929 | 3.839 | 10.801 |

注:$F$ 值、概率($P$ 值)和临界值均为自由抽样法模拟 300 次后得到的结果,*** 、** 与 * 分别表示相应统计量在 1%、5% 和 10% 显著性水平上显著,以下同。

由表 8-9 可知:发展中国家单一门槛和双重门槛检验的 $F$ 值分别为 5.3064 和 4.1413,查阅显著性临界值可知,两者均在 5% 的显著性水平上显著,三重门槛的 $F$ 值为 2.8112,未能通过 10% 的显著性水平。发达国家的单一门槛和双重门槛检验的 $F$ 值为 12.563 和 4.1122,分别通过了 1% 和 5% 的显著性水平检验,而三重门槛检验结果并不显著。这表明对发展中国家和发达国家进行检验时,均应采用双重门槛效应模型进行分析,即方程式(8.11)中 $M$ 值为 2。

在确认回归方程为双重门槛效应模型后,我们需进一步确定两类经济体的门槛值。表 8-10 报告了两类经济体双重门槛效应模型的门槛估计值及门槛值 95% 的置信区间。发展中国家的门槛值分别为 0.0277 和 0.0360,发达国家的门槛值分别为－0.0718 和 0.1737,可见发达国家的第一门槛值明显小于发展中国家,而发展中国家的第二门槛值明显小于发达国家。

**表 8-10  门槛值估计值及其置信区间**

| 检验对象 | 发展中国家 | | 发达国家 | |
|---|---|---|---|---|
| | Estimate | 95％置信区间 | Estimate | 95％置信区间 |
| 门槛值 1 | 0.0277 | [－0.0262, 0.0461] | －0.0718 | [－0.0793, 0.0842] |
| 门槛值 2 | 0.0360 | [－0.0637, 0.0690] | 0.1737 | [－0.0643, 0.1757] |

在求出门槛值后,我们得到双重门槛效应模型的参数估计结果(见表 8-11)。从控制变量的系数来看,两类经济体的控制变量均对出口品范围广化表现出正向效应,所不同的是发展中国家经济发展水平、出口额及外商直接投资的估计系数均通过了 1％的显著性检验。而发达国家中仅有经济发展水平和出口额通过了 1％的显著性检验,其余两个变量未通过 10％的显著性检验。为此在稳健性检验中,我们选用发展中国家的经济发展水平、出口额和外商直接投资以及发达国家的经济发展水平和出口额分别作为稳健性检验的控制变量。表 8-12 报告了区间虚拟变量面板数据模型的估计结果,可知发展中国家和发达国家的赶超系数虚拟变量估计系数的正负号及显著性与双重门槛效应模型的回归结果基本一致,可见表 8-11 所得结果是可靠的。

**表 8-11  双门槛模型参数估计结果**

| 检验对象 | 发展中国家 | | | 发达国家 | | |
|---|---|---|---|---|---|---|
| 变  量 | 估计值 | OLS SE | RUS SE | 估计值 | OLS SE | RUS SE |
| LNPGDP | 0.3069*** | 0.0612 | 0.0878 | 0.2597*** | 0.0351 | 0.0483 |
| LNEX | 0.1666*** | 0.0183 | 0.0273 | 0.1082*** | 0.0179 | 0.0215 |
| LNFDI | 0.0443*** | 0.0135 | 0.0134 | 0.0023 | 0.0062 | 0.0065 |
| LNP | 0.0147 | 0.0105 | 0.0091 | 0.0086 | 0.0066 | 0.0058 |
| GCI1 | －0.0896 | 0.3766 | 0.3057 | －0.1925 | 0.1928 | 0.1487 |
| GCI2 | 4.2084*** | 1.4536 | 0.9915 | 0.3406 | 0.1972 | 0.2124 |
| GCI3 | 1.3120*** | 0.4535 | 0.4431 | 0.9219*** | 0.1979 | 0.4349 |

注:OLS SE 为 OLS 回归系数的标准差,RUS SE 为 Stata 中加 Robust 稳健回归的标准差。其中 GCI1≤门槛值 1,门槛值 1<GCI2≤门槛值 2, GCI3>门槛值。

表 8-12　稳健性检验结果

| 估计系数 | 发展中国家 | | | 发达国家 | | |
|---|---|---|---|---|---|---|
| | GCI<br>0.0277 | 0.0277<<br>GCI<<br>0.036 | GCI><br>0.036 | GCI<<br>−0.0718 | −0.0718<<br>GCI<<br>0.1737 | GCI><br>0.1737 |
| GCI·dummy | −0.186 | 2.132 *** | 0.806 ** | −0.083 | 0.025 | 0.665 *** |
| LNPGDP | 0.329 *** | 0.338 *** | 0.344 *** | 0.313 *** | 0.309 *** | 0.311 *** |
| LNEX | 0.172 *** | 0.174 *** | 0.173 *** | 0.063 *** | 0.064 *** | 0.068 *** |
| LNFDI | 0.025 ** | 0.024 ** | 0.021 ** | — | — | — |
| 常数项 | −1.504 *** | −1.599 *** | −1.547 *** | 1.445 *** | 1.471 *** | 1.363 *** |
| R2 | 0.543 | 0.985 | 0.986 | 0.989 | 0.989 | 0.988 |
| F-Statistic | 94.35 *** | 761.41 *** | 776.09 *** | 1087.32 *** | 1087.70 *** | 1073.40 *** |
| F 似然估计 | 101.99 *** | 112.95 *** | 110.26 *** | 413.20 *** | 351.75 *** | 363.55 *** |
| 效应选择 | FE | FE | FE | FE | FE | FE |
| OBS | 322 | 322 | 322 | 378 | 378 | 378 |

　　发展中国家双重门槛效应的估计结果显示：出口技术复杂度赶超系数低于第一门槛值时，赶超系数的增加将对范围广化产生不显著的负效应（估计系数为−0.0896，未通过10%的显著性检验）。而赶超系数处于双门槛之间时，赶超行为将对范围广化产生显著的正向效应（在1%的水平上显著），估计系数达到了4.2084。当赶超系数超过第二门槛值时，赶超系数的增加虽然也表现出显著的正向效应，但其边际贡献明显小于两门槛之间的作用力。导致这一现象的原因可能在于：赶超系数越高，发展中国家偏离本国"比较优势零点"越远，国内支持其在较远偏离点创新出新产品的能力越弱，新产品种类增速将降低，而且即使研发出新的产品，由于过度偏离其比较优势，与具有生产该新产品比较优势的发达国家相比，发展中国家的产品难以获得国际竞争优势，从而对出口品范围广化的促进作用降低。这一结论也在一定程度上表明：发展中国家出口技术复杂度赶超对范围广化的促进作用有一定的收敛性，即偏离"比较优势零点"越远，其对范围广化的促进效应将逐渐降低。发达国家双重门槛效应的估计结果显示：出口技术复杂度赶超系数低于第一门槛值时，赶超系数的提升对范围广化产生不显著的负效应。当出口技术复杂度赶超系数位于两个门槛值之间时，赶超系数的提升对范围广化产生不显著的正效应。只有赶超系数大于第二门槛值时才对出

口范围广化产生显著的正效应。

对比发展中国家和发达国家门槛效应值的估计结果还可以发现：首先发达国家出口技术复杂度赶超要获得正向效应要付出比发展中国家更高的代价，发展中国家需要越过 0.0277 的门槛值，而发达国家则需越过 0.1737 的门槛值，不仅如此，发展中国家所获得的正向效应（系数估计值）也明显大于发达国家。其次外商直接投资显著地促进了发展中国家的范围广化，而发达国家却表现为不显著的正效应，导致这一现象的原因可能在于：对外投资的跨国公司通常来自发达国家，发达国家与发展中国家的技术差距较大，外商直接投资对发展中国家产生的技术外溢效果较为明显，从而对发展中国家表现为显著的正效应，而发达国家间技术差异相对较小，从而使得其技术外溢效应不明显。

### 8.2.3  总结性评论

本部分在计算各国金属制品出口技术复杂度的基础上，测度了 50 国金属制品产业的出口技术复杂度赶超系数，进而运用双重门槛效应模型对产业出口技术复杂度赶超的出口品范围广化效应进行非线性检验，得到的结论与启示主要有：

（1）产业出口技术复杂度以低于"比较优势零点"的形式演进，并不利于出口品的范围广化。双重门槛效应回归结果显示：两类经济体的赶超系数低于第一门槛值的估计系数均为不显著的负值，这意味着当这些国家提高出口技术复杂度赶超系数时，将对本国出口品范围广化产生不显著的负效应。这会在一定程度上降低该国靠近甚至超越"比较优势零点"的积极性，不利于其自身比较优势的发挥。

（2）产业出口技术复杂度赶超是各国发展中比较普遍的现象，发达国家的赶超力度并不低于发展中国家。发达国家如挪威和澳大利亚的赶超系数在多数年份位居 50 个样本国的前两位，超过了所有的发展中国家。而经济发展较快的发展中国家（如金砖四国）都采取了一定的赶超策略，其中以印度的赶超最为显著。与发达国家相比，发展中国家要获得出口技术复杂度赶超的正效应，不仅门槛低而且回报率高。一方面发展中国家的赶超系数只需超越 0.0277，就会对范围广化表现出正效应，而发达国家要获得正效应，赶超系数需至少大于 0.1737；另一方面发展中国家赶超对范围广化正向效应的估计系数（两阶段分别为 4.208 和 1.312）也远大于发达国家（0.922）。因此，逆比较优势的出口技术复杂度赶超，可以成为发展中国家介入高端新产品市场的有效手段之一。

（3）一国采取适度逆比较优势的出口技术复杂度赶超策略能促使本国产品的出口范围广化。双重门槛效应估计结果显示：发展中国家和发达国家的赶超系数一旦超过一定的门槛值，出口技术复杂度赶超系数的增加将会对出口范围广化表现出显著的正向效应。可见对于后发国家而言，一定程度的赶超能有效地缩小其出口扩张能力与前沿国家的差距，特别是新产品的扩张能力。发展中国家的估计结果显示：并非是偏离越远（赶超系数越大）促进作用越大，保持适度的赶超才能使赶超的出口品范围广化效应最大化。

（4）中国的赶超行为对金属制品的范围广化效应并不明显。虽然中国在多数年份存在着明显的出口技术复杂度赶超行为，但赶超系数一直未跨过发展中国家的正向效应门槛值（0.0277），赶超的作用一直徘徊于不显著的负效应区间内。值得庆幸的是，中国金属制品产业的赶超系数已经逐渐靠近门槛值，因而应适当加大金属制品出口技术复杂度的赶超力度，以实现赶超行为对出口范围广化的正向效应。

# 9 | 结论与启示

本部分在梳理前面研究的基础上,归纳和概括本书的主要研究结论,进而提出相应的对策与检验,最后分析本书研究的局限性以及未来工作中需进一步努力的方向。

## 9.1 主要结论

本书在修正和拓展 Kancs(2007)、Long(2001)、Namini et al. (2011)等模型的基础上,分别构建了跨国层面出口技术复杂度演进动因分析框架、经济体内部区域出口技术复杂度演进动因分析框架以及产业出口技术复杂度演进对出口、经济增长及收入分配影响的分析框架。在上述分析框架的基础上,运用相应的计量模型和计量方法分别从跨国和我国内部跨区域双维度进行了实证分析。得出的基本结论有以下几点:

一是从跨国出口二元扩张的理论推导上看,经济体产业出口技术复杂度深化的动力主要有三个,即出口增长、经济增长和价格变迁,但实证结果表明这三个因素对发展中经济体和发达经济体的作用机制并不相同。第 3 章中拓展后的 Kancs(2007)模型表明:经济体出口技术复杂度演进动力主要有出口增长、经济增长和价格变迁。第 4 章中基于 52 个经济体 1993—2009 年金属制品出口数据的实证数据表明:出口、经济增长和价格因素对不同类型的经济体有着不同的作用力,经济增长对发达经济体出口技术复杂度深化的作用力明显大于其出口增长,出口增长对发展中经济体出口技术复杂度的深化作用明显大于其经济增长。为此,发达经济出口技术复杂度的深化类型为经济增长推动型,而发展中经济体的出口技术复杂度为出口增长推动型。第 4 章的实证结果还表明价格因素对于发展中出口技术复杂度的深化具有显著的正效应,而对发达国家出口技术复杂度的深化效应并不明显。

二是国内生产要素存量的增加不一定有助于产业出口技术复杂度的升级。拓展后的 Long(2001)模型表明:要素增加对产业出口技术复杂度产生正向推动作用需一定的外部条件,如熟练劳动力对出口技术复杂度的作用方向,取决于生产性资本生产部门和服务性资产生产部门的非熟练劳动力和熟练劳动力之比,当这一比例较低时,熟练劳动力能有效促进出口技术复杂度的升级;当这一比例过高时,会使得熟练劳动力对出口技术复杂度升级呈负作用;非熟练劳动力对出口技术复杂度升级的影响取决于两个因素:①是出口价格;②是非熟练劳动力的工资,当应有的出口价格水平低于生产相应技术含量产品的非熟练劳动力应有的工资水平时,会使得非熟练劳动力对出口技术复杂度升级表现为负作用,而出口价格水平高于非熟练劳动力应有的价格水平时,非熟练劳动力会对出口技术复杂度起正作用。上述观点也在第 5 章中国省级层面的实证分析中得到了一定印证。

三是劳动密集型产业出口技术复杂度提升有助于劳动力收入的增加,资本密集型产业出口技术复杂度的提升有助于资本收入的增加。在修正 Namini et al.(2011)模型的基础上,对要素密集度偏向型产业出口技术复杂度升级的收入分配效应进行分析后得到的命题 4 和 5,印证了上述结论。本书第 7 章运用中国 28 个省级区域出口数据进行的实证后表明:劳动密集度偏向型产业出口技术复杂度的提升,有助于劳动力要素收入占比的提升,即第 3 章中拓展后 Namini et al.(2011)模型所得的命题 4 和 5 是成立的。

四是中国的出口技术复杂度并没有 Rodrik(2006)和 Schott(2008)所测度的那么高,并且中国产业出口技术复杂度有着与普通发展中国家不同的升级机制。第 5 章中运用修正后的 Hausmann et al.(2005)模型对中国 28 个省级区域 2002—2008 年产业出口技术复杂度进行了测度,并将测度结果与 Rodrik(2006)和 Schott(2008)的进行对比发现,中国的出口技术复杂度并没有他们测度的那么高。第 5 章的实证结果还表明:中国各区域产业出口技术复杂度演进的主要动力是物质资本的增长,而不是劳动力(包括熟练劳动力和非熟练劳动力),这与普通发展中国家出口技术复杂度以劳动力为主要升级动力的模式并不相同。第 5 章所发现的这一机制,在第 4 章的实证结果中也得到了一定的体现,第 4 章的实证结果表明:中国金属制品的出口技术复杂度演进机制已经在 2000 年左右出现了拐点,从出口增长推动型转向了经济增长推动型。可见,中国产业出口技术复杂度的演进机制与发达经济体越来越相似。

五是产业出口技术复杂度存在异常是各经济发展中比较普遍的现象,而这种异常可能会随着经济发展发生变动。第 4 章的实证结果表明:不仅发展中经济体产业出口技术复杂度存在异常,发达经济体产业出口技术复杂度也存在一定的异常,所不同的是发展中国家的异常表现为正向效应(即该异常有助于其出口技术复杂度的升级),发达国家的异常表现为负向效应(即该异常不利于其出口技术复杂度的升级),而中国的实证结果表明:随着经济的发展,经济体的异常性效应会出现拐点,使得正向效应向负向效应转变。

六是应清楚地看到,从全国层面而言,原料价格上涨已经成为推动我国制造业出口技术复杂度升级的内生因素,但原料价格上涨过快会促使原料价格越来越成为企业的负担,进而降低企业出口技术复杂度的升级能力。为此,政府在制定抗通胀型货币政策的同时,应关注到其给制造业带来的压力,并因地制宜地制定相应的措施,引导不同地区制造业实现转型升级。

七是产业出口技术复杂度演进对一国(经济体)的出口和经济增长都具有显著的正效应,产业出口技术复杂度深化对各类经济体出口及经济增长的促进作用在增强。发达经济体、发展中经济体及中国省级层面的实证分析均表明,产业出口技术复杂度的提升会对其出口产生正向效应。所不同的是产业出口技术复杂度演进对发展中经济体出口增长的促进作用要略大于发达经济体,而产业出口技术复杂度演进对发达经济体经济增长的促进作用要略大于发展中经济体。中国产业出口技术复杂度演进对经济增长和出口的作用力已经呈现出一定的"发达经济体"的特征,即出口技术复杂度演进对经济增长的促进作用大于其对出口的作用力。上述结论还表明拓展后的 Namini et al.(2011)模型中出口技术复杂度升级对经济增长及出口产生负效应的现象并未在各国出现。

八是 Stolper-Samuelson 定理在我国是适用的,近几年中国出口增长与收入占比下降现象的出现,很大程度上是因为资本密集偏向型产业出口增长速度大于劳动偏向型产业。全国和区域层面的差分 GMM 估计和稳健性检验结果均显示劳动偏向型出口技术复杂度的升级有利于我国劳动收入占比的提升,这说明 Stolper-Samuelson 定理的基本观点在中国是成立的。同时全国和区域层面的差分 GMM 估计和稳健性检验结果均显示资本偏向型出口技术复杂度的升级会促使我国劳动收入占比下降。2002—2008 年间劳动密集偏向型产业出口增长了 192.03%,而资本密集偏向型产业出口增长了 443.4%。可见,资本偏向型产业出口增长速度快于劳动密集度偏向型产业,使得后者的负作用大于前者的正作用,从而出现了前面所述的相悖现象。

九是出口技术复杂度赶超对经济增长的作用力呈现出明显的非线性,

执行赶超策略不一定能促进本地的经济增长。我国劳动密集型产业出口技术复杂度赶超对经济增长的作用力存在显著的"收敛区间",且东部地区资本密集型产业和东中部劳动密集型产业的赶超力度可进一步加强,出口技术复杂度大幅赶超策略并不适合中西部地区资本密集型产业。

十是产业出口技术复杂度赶超是各国发展中比较普遍的现象,发达国家的赶超力度并不低于发展中国家。产业出口技术复杂度以低于"比较优势零点"的形式演进,并不利于出口品的范围广化,即一国采取适度逆比较优势的出口技术复杂度赶超策略能促使本国产品的出口范围广化。但是,中国的赶超行为对金属制品的范围广化效应并不明显。

## 9.2 政策启示

加快中国产业出口技术复杂度升级速度和优化产业出口技术复杂度升级的正向效应,对于加快中国对外经济发展方式而言,具有非常重要的意义。基于上述研究及结论,笔者以为可以从以下几个方面着手,以实现出口技术复杂度的快速提升和出口技术复杂度正向效应的优化。

(1)加大高端产业的投资力度,提高 FDI 的流入质量,引导国内国外投资流向中西部。基于中国国内跨区域层面的实证结果显示,中国有着与普通发展中国家不同的出口技术复杂度演进模式,中国出口技术复杂度深化的主要动力是资本。实证结果还表明:单纯依靠加大国内资本投入和国际资本流入来提升中国产业出口技术复杂度的难度已经越来越大。为此,一方面东部地区应适当将资本投向高技术产业,并吸收高质量外资的进入,进而提高资本的边际效用;另一方面适当加大中西部地区的投资力度和引资力度,进而加快我国出口技术复杂度升级的整体步伐,更好地发挥资本的促进作用。

(2)适当提高产品的出口价格,以提高产业出口技术复杂度的升级速率。这一政策启示的提出主要基于两个方面的研究结论:一是跨国层面的实证分析表明,出口价格的提升有助于发展中国家出口技术复杂度的提升;二是拓展后的 Long(2001)模型表明当出口价格过低时,会使部分要素对产业出口技术复杂度表现出负效应,当出口价格提升时会促使这些要素表现出正效应。低价竞销一直是困扰我国对外经济发展方式转变的一个难题,而低价竞销并不利于我国产品出口技术复杂度的提升,为此,亟须提高产品的出口价格,以加快产业出口技术复杂度的提升速度。

(3)提高欠发达地区的出口技术复杂度赶超力度,适度发展逆比较优势的高端产业,进而降低其出口技术复杂度异常性向拐点转变的速度。虽然从整体平均水平上看,中国产业出口技术复杂度的异常性已经在 2000 年从正效应转向了负效应,但部分欠发达区域不一定通过了拐点,为此,有必要适当加大欠发达区域出口技术复杂度的"逆比较优势"赶超力度,延缓其向拐点逼近的速率,从而使之继续成为欠发达地区出口技术复杂度深化的非物质外力,进而最大化发挥异常性的正效应。

(4)加大中西部地区融入国际市场的力度,提升产业出口技术复杂度深化对其经济增长、出口及要素报酬的作用力度。面板数据动态 OLS 回归结果表明:东部地区产业出口技术复杂度深化对经济增长和出口的作用力明显大于中西部地区,中西部地区未能全面享受正向外部冲击带来的成果。另外,差分 GMM 的估计结果表明:加大中西部开放力度,有助于更好地发挥该地区产业出口技术复杂度深化对劳动收入分配的正向作用力。

(5)充分利用国内区域间出口技术复杂度的差异,构建区域间产业出口技术复杂度梯度进步的机制。虽然跨国层面和我国跨区域层面的研究均表明我国产业出口技术复杂度的演进机制具有一定的"发达国家"特征,但是中国内部区域产业出口技术复杂度存在较大的差异,在欠发达区域还具有非常明显的"发展中国家"特征。中西部地区为东部地区的产业转移提供了良好的承载地,东部地区可以通过自主创新和技术引进等方式提高其产业出口复杂度,并将部分"冗余"产业转移到中西部,而该"冗余"产业的出口技术复杂度在中西部肯定不是最低的,进而有助于中西部出口技术复杂度的提升,从而使得形成"雁式"梯度进步机制,实现我国各区域产业出口技术复杂度有序升级。

## 9.3 进一步研究的方向

本书通过构建出口技术复杂度演进动因及其效应的理论框架,并从跨国和国内区域双维度进行了实证分析,得到了一些具有启发意义的结论,一定程度上有助于该领域后续研究的展开,但本书的机理与实证研究仍属于尝试性研究。随着数据资料的健全以及理论与实证研究方法的完善,在以后的研究中可以从以下几个方面进行改进:

第一,对于出口技术复杂度演进的机理及其作用机理的理论分析,本书是通过修正和完善 Kancs(2007)、Long(2001)、Namini et al.(2011)模型,分别构建跨国层面出口技术复杂度演进动因分析框架、经济体内部区域出口技术复杂度演进动因分析框架以及产业出口技术复杂度演进对出口、经济增长及收入分配影响的分析框架,并借助上述三个理论分析框架来进行机理分析。虽然后面的实证分析证明了上述三个理论框架的合理性和正确性,但是分散式的归纳和证明容易忽视各因素较为细微的相互作用。因而在未来的研究中,可以尝试形成出口技术复杂度演进动因与效应的统一分析框架,进而将各因素之间细微的相互作用纳入分析框架中,以使得机理分析更为全面。

第二,在验证产业出口技术复杂度的收入分配效应时,由于跨国层面相关数据的缺失,本书仅从国内跨区域层面进行实证检验,未能考察跨国层面实际情况。在未来的研究中如能获得跨国层面的数据进行实证分析,并与跨区域层面进行对比,应能得出更多更有意义的结论。

第三,产业出口技术复杂度演进对很多经济因素都会产生一定的效应,由于研究侧重点的取舍和理论分析框架的约束,本书仅分析了产业出口技术复杂度演进对出口、经济增长以及收入分配的影响。在未来的研究中可以尝试分析产业出口技术复杂度对其他经济因素的影响,以丰富该领域的研究。

# 参考文献

[1] A Kancs. Trade Growth in a Heterogeneous Firm Model: Evidence from South Eastern Europe[J]. World Economy, 2007(11): 23—45.

[2] Acemoglu, D. Labor and Cap ital Augmenting Technical Change[C]. NBER Working Paper No. 7544. 2000.

[3] Adam B. Jaffe. Technological Opportunity and Spillovers of R&D: Evidence from Firms' Patents, Profits and Market Value[C]. NBER Working Papers 1815. 1986.

[4] Aghion, P., P. Howitt. A model of growth through creative destruction[J]. Econometrica 1992. 60(2): 323—351.

[5] Alejandro Guerson, James Parks, Mónica Parra Torrado, Export Structure and Growth A Detailed Analysis for Argentina[C]. World Bank Policy Research Working Paper 4237, May 2007.

[6] Alejandro Guerson, James Parks. Export structure and growth: a detailed analysis for Argentina [C]. Policy research working papers; 4237. 2007.

[7] Amiti, M., Freund, C. An Anatomy of China's Export Growth[C]. World Bank Policy Research Working Paper 4628,2008.

[8] Amurgo-Pacheco, Alberto. Preferential Trade Liberalization and the Range of Exported Products: The Case of Euro-Mediterranean [D]. FTA. Ph. D. Dissertation, Graduate Institute of International Studies. 2006.

[9] Anderson J. E., E. van Wincoop, 2004, Trade Costs,[J]Journal of Economic Literature, vol. 42(3): 691—751.

[10] Anderson, J. E., E. van Wincoop. Gravity with Gravitas: A Solution to the Border Puzzle,[J]. American Economic Review, 2003(93):170

—192.

[11] Ando, Kimura. Two dimensional fragmentation in East Asia: Conceptual Framework and Empirics[J]. International Review of Economics and Finance. 2005. 14. Issue 3: 317—348.

[12] Anna Pinna, Sectral composition of trade and economic growth: some new robust evidence[R]. Working Paper, 1996.

[13] Anne O. Krueger, Trade Policy and Economic Development: How We Learn[J]. American Economic Review, 1997.

[14] Antonio Ciccone & Robert E. Hall. Productivity and the Density of Economic Activity[R]. NBER Working Papers 4313. 1996.

[15] Armington, Paul S. A Theory of Demand for Products Distinguished by Place of Produc-tion[J]. International Monetary Fund Staff Papers, 1969, 16(1), pp. 159—78.

[16] Arrow. The Economic Implications of Learning by Doing[J]. Review of Economic Studies(The Review of Economic Studies, 1962. 29(3): 155—73.

[17] Asier Minondo. The Sophistication of Basque Exports[R]. Orkestra Working Paper Series in Territorial Competitiveness Number 2008—03(EN).

[18] Baldone, S., Sdogati, F., Tajoli, L. On Some Effects of International Fragmentation of Production on Comparative Advantages, Trade Flows, and the Income of Countries[R]. CESPRI Working Paper No. 187., 2006.

[19] Baldwin, James Harrigan. Zeros, Quality and Space: Trade Theory and Trade Evidence [R]. NBER Working Papers 13214, 2007.

[20] Baldwin, Richard and Virginia Di Nino. Euros and zeros: The common currency effect on trade in new goods[R]. HEI Working Paper 21—2006.

[21] Bernard A. B., J. B. Jensen. Exceptional exporter performance: cause, effect, or both? [J]. Journal of International Economics, 1999 (47): 1—25.

[22] Bernard A. B., S. J. Redding, P. K. Schott. Comparative Advantage and Heterogeneous Firms [J]. Review of Economic Studies, 2007, 74(1): 31—66.

[23] Bernard A. B. , S. Redding, P. K. Schott Comparative advantage and heterogeneous Frms[J]. Review of Economic Studies 2007(74): 31—66.

[24] Bin Xu, Measuring China's Export Sophistication [R]. China Europe International Business School Working Paper. 2007.

[25] Branstetter, Lardy, China's Emergence of Globalization[R]. NBER Working Paper. 2006.

[26] Bruce Blonigen Alyson C Ma. Will China soon be making not only cheaper, but also better, products than everyone else? [R]. vox Workingpaper, 2007.

[27] Céline CARRERE. Regional Agreements and Welfare in the South: When Scale Economies in Transport Matter [R]. Working Papers 200,726, CERDI. 2007.

[28] Christian Broda & David E. Weinstein. Globalization and the Gains from Variety[R]. NBER Working Papers 10314. 2004.

[29] Dalum B. , K. Laursen, G. Villumsen, Structural change in OECD export specialization pattern: De-specialization and 'stickiness [J]. International Reviewof Applied Economics. 1998. vol. 12, 447—467.

[30] David Hummels, Peter J. Klenow The variety and quality of a nation's exports [J]. American economy Review 2005 Vol3,704—723.

[31] Davis,D. and David Weinstein An Account of Global Factor Trade [J]. American Economic Review. 2001,91(5),1423 —1453.

[32] Davis, Donald R. and David E. Weinstein. Technological Superiority and the Losses from Migration [R]. NBER Working Paper 8971. 2002.

[33] Debaere, P. , S. , Mostashari. Do Tariffs Matter for the Extensive Margin of International Trade? An Empirical Analysis [R]. CEPR Working Paper. 2007.

[34] Dierk Herzer, Export diversifizierung und Wirtschaftswachstum in Chile, Eine ökonometrische Analyse [J]. Journal of Economics and Statistics(Jahrbuecher fuer Nationaloekonomie und Statistik), Justus-Liebig University Giessen, Department of Statistics and Economics, 2005. vol. 225(2), pages 163—180.

[35] Dunne T. , M. Roberts, L. Samuelson The growth and failure of U.

S. manufacturingplants [J]. Quarterly Journal of Economics, 1989. 104, 671—698.

[36] Eaton, Jonathan,Marcela Eslava,Maurice Kugler, James R. Tybout, The Margins of Entry into Export Markets: Evidence from Colombia [R]. NBER Working Papers,No. 13531,2007.

[37] Eaton, Jonathan, Samuel Kortum, Francis Kramarz, Dissecting Trade: Firms, Industries, and Export Destinations [R]. NBER Working Papers,No. 103442004.

[38] Eaton, Jonathan,Samuel Kortum, Francis Kramarz, An Anatomy of International Trade: Evidence from French Firms, Unpublished. 2005.

[39] Egger, P. A note on the proper econometric speci. cation of the gravity equation [J]. Economics Letters, 2000)vol. 66(1): 25—31.

[40] Evenson, R. , Westphal, L. E. , 1995. Technological change and technology strategy. Ch. 37. In: Behrman, J. ,Srinivasan, T. N. (Eds. ), Handbook of Development Economics, vol. 3A. North-Holland, Amsterdam,pp. 2209—2229.

[41] Fan Gang, Kwan ChiHung, Yao Zhizhong Analyzing the Foreign Trade Structure Based on Technologies of Traded Goods [J]. Economic Research, 2006,(8)70—80.

[42] Federico Cingano, Fabiano Schivardi, Identifying the Sources of Local Productivity Growth[J]. Journal of the European Economic Association, MIT Press, 2004. vol. 2(4), pages 720—742.

[43] Feenstra, Hiau Kee. On the Measurement of Product Variety in Trade[J]. AEA PAPERS AND PROCEEDINGS pp. 145—150.

[44] Feenstra, R. , Kee, H. L. Export Variety and Country Productivity: Estimating the Monopolistic Competition Model with Endogenous Productivity[J]. Journal of International Economics, 2008, 74(2), pp. 500—518.

[45] Feenstra, Robert C. New Product Varieties and the Measurement of International Prices[J]. American Economic Review, 1994. 84(1): 157—177.

[46] Feenstra, Robert C. , Alan Heston, Marcel P. Timmer, and Haiyan Deng, Estimating Real Productionand Expenditures Across Nations:

A Proposal for Improving the Penn World Tables[R]. NBER Working Paper 10866, November 2004.

[47] Feenstra, Robert C., John Romalis, Peter K. Schott, U. S. Imports, Exports and Tariff Data,1989—2001[R]. NBER Working Paper 2002.

[48] Finger J., Kreinin, M. A Measure of Export Similarity and Its Possible Uses[J]. Economic Journal 1979(89): 905—912.

[49] Flam, Harry, Elhanan Helpman. Vertical Product Differentiation and North-South Trade[J]. American Economic Review 1987(77): 810—822.

[50] Galina Hale, Cheryl X. Long. Is There Evidence of FDI Spillover on Chinese Firms' Productivity and Innovation? [R]. Yale University Economic Growth Center Discussion Paper No. 934. 2007.

[51] Gaulier G., Lemoine F., Unal-Kesenci D. China's Integration in East Asia: Production Sharing, FDI and High-Tech Trade[R]. CEPII Working Paper No. 2005—2009. 2005.

[52] Grossman G., Helpman E. Innovation and Growth in the Global Economy[M]. MIT Press, Cambridge. MA. 1991.

[53] Grossman, Rossi-Hansberg, E. Trading Tasks: A SimpleTheory of Offshoring [R]. NBER Working Paper. No. 12721. 2006.

[54] Hanson, Gordon, Localization Economies, Vertical Organization,and Trade[J]. American Economic Review, December. 1996.

[55] Harrigan, James, Venables, Anthony J., Timeliness and agglomeration[J]. Journal of Urban Economics, 2006. vol. 59(2), pages 300—316.

[56] Hausmann, Ricardo, Bailey Klinger. Structural Transformation and Patterns of Comparative Advantage in the Product Space[R]. CID Working Paper No. 128, August 2006.

[57] Hausmann, Ricardo, Jason Hwang and Dani Rodrik,2007,What You Export Matters. Journal of Economic Growth,12(1), pp. 1—25.

[58] Haveman Jon, David Hummels. Alternative Hypotheses and the Volume of Trade: The Gravity Equation and the Extent of Specialization [J]. Canadian Journal of Economics, 2004,Vol. 37, 199—218.

[59] Head, K., T. Mayer The Empirics of Agglomeration and Trade, in

J. V. Henderson & J. F. Thisse(ed. )[J]. Handbook of Regional and Urban Economics, 2004(4): 2609－2669.

[60] Helpman E. , M. Melitz, Y. Rubinstein. Trading Partners and Trading Volumes [R]. NBER Working Paper 12927. 2007.

[61] Helpman, Elhanan, Marc Melitz, Yona Rubinstein. Estimating Trade Flows: Trading Partnersand Trading Volumes[J]. Quarterly Journal of Economics, May 2008, 123(2), 441－487.

[62] Hidalgo C. A. , Klinger B. , Barabási A. L. , Hausmann R. The Product Space Conditions the Development of Nations[J]. 2007 Science 317(5837)482－487.

[63] Hisanaga. Comparative advantage structure of us international services[R]. Discussion paper of Kyoto University. 2007.

[64] Holger Görg, David Greenaway. Much Ado about Nothing? Do Domestic Firms Really Benefit from Foreign Direct Investment? [M]. World Bank Research Observer, Oxford University Press, 2004. vol. 19(2), pages 171－197.

[65] Hummels D. , P. Klenow. The Variety and Quality of a Nation's Exports[J]. American Economic Review, 2005. 95, 704－723.

[66] Hummels, D. , Ishii, J. , & Yi, K. M. The nature and growth of vertical specialization in world trade[J]. Journal of International Economics, 2001,54(1), 75－96.

[67] Hurlin C, Venet B. Granger Causality Tests in Panel Data Models with Fixed Coefficients[R]. Working Paper. EURIsCO, Universit' e Paris IX Dauphin. 2001.

[68] Imb, Waczigrg. Stages of Diversification. the American Economic Review,2003:63－87.

[69] Jaffe, A. , M. Trajtenberg & R. Henderson. Geographic localization of knowledge spilloversas evidenced by patent citations[J]. Quarterly Journal of Economics 1993. 108(3):577－98.

[70] Jaffe, Adam B & Trajtenberg, Manuel & Henderson, Rebecca, Geographic Localization of Knowledge Spillovers as Evidenced by Patent Citations[J]. The Quarterly Journal of Economics, 1993. vol. 108 (3), pages 577－98.

[71] Jarreau, Poncet. Local export spillovers in France[R]. Paper provided

by PSE(Ecole normale supérieure)in its series PSE Working Papers with number 2009—03.

[72] Jean Imbs & Romain Wacziarg, Stages of Diversification, American Economic Review[J]. American Economic Association, 2003. vol. 93 (1), pages 63—86.

[73] Jeffrey A. Frankel, Globalization of the Economy[R]. NBER, 2000.

[74] Jesus Crespo Cuaresma and Julia Worz, On Export Composition and Growth[R]. Vienna Economics Papers, 2003.

[75] Joachim Jarreau, Sandra Poncet, Export Sophistication and Economic Performance: evidence from Chinese provinces [R]. 2009 CEPII, WP No 2009 — 34.

[76] Juan Carlos Hallak, Peter K. Schott. Estimating Cross-Country Differences in Product Quality[R]. NBER Working Paperm2008.

[77] Kancs D. Trade Growth in a Heterogeneous Firm Model: Evidence from South Eastern Europe[J]. The World Economy, 2007, 30(7), pp. 1139—1169.

[78] Kao C., Chiang M. H. On the Estimation and Inference of a Cointegrated Regression in Panel Data[M]. In B. Baltagi(Ed. ), Nonstationary Panels, Panel Cointegration andDynamic Panels, 2000, Vol 32, 179—222.

[79] Kasahara, H. and J. Rodrigue. Does the use of imported intermediates increase produc-tivity? Plant-level evidence[J]. Journal of Development Economics 2008 87, 106—118.

[80] Kehoe T. , K. Ruhl. How Important is the New Goods Margin in International Trade? [R]. Federal Reserve Bank of Minnesota, 2002.

[81] Khalafalla K and Alan J. Webb, Export-led growth and structural change: evidence from Malaysia[J]. Applied Economics, 2001.

[82] Klinger, Bailey & Lederman, Daniel. Diversification, innovation, and imitation inside the Global Technological Frontier[R]. Policy Research Working Paper Series 3872, The World Bank, 2006.

[83] Kohler W. , Felbermayr G. J. Exploring the Intensive and Extensive Margins of World Trade [R]. CESifo Working Paper Series, No. 1276, 2004.

[84] Kortum, Samuel. Research, Patenting and Technological Change[J].

Econometrica, November 1997, 65(6), 1389—1419.

[85] Krugman, Paul R. Scale Economies, Product Differentiation, and the Pattern of Trade[J]. American Economic Review, 1980, 70(5), pp. 950—59.

[86] Krugman, Paul R. Increasing Returns, Monopolistic Competition, and InternationalTrade[J]. Journal of International Economics 19799 (November), 469—479.

[87] L'opez R. A. Imports of intermediate inputs and plant survival[J]. Economics Letters 2006. 92,58—62.

[88] Lagos, Ricardo. A Model of TFP [J]. Review of Economic Studies, October 2006, 73(4), 983—1007.

[89] Lall, Sanjaya. The Technological Structure and Performance of Developing Country Manufactured Exports, 1995—1998[J]. Oxford Development Studies, 2000, 28(3), pp. 407—432.

[90] Leamer Edward E. Paths of Development in the Three Factor, n-Good General Equilibrium Model [J]. The Journal of Political Economy 198795(5): 961—999.

[91] Leamer, Edward E. Maul, Hugo; Rodriguez, Sergio and Schott, Peter K. Does Natural Resource Abundance Increase Latin American Income Inequality? [J]. Journal of Developm ent Econom ics, 1999. 59, pp. 3—42.

[92] Leamer Edward E. , Hugo Maul, Sergio Rodriguez and Peter K. Schott. Why Does Natural Resource Abundance Increase Latin AmericanIncome Inequality? [J]. Journal of Development Economics, 1999, 59(1):3—42.

[93] Levinsohn J. , A. Petrin. Estimating production functions using inputs to control for unobservables[J]. Review of Economic Studies2003. 70, 317—341.

[94] Lionel Fontagne, Guillaume Gaulier, Soledad Zignago, Specialisation across Varieties within Products and North-South Competition[R]. Working Papers 2007—06, CEPII research cente,2007.

[95] Long V,Riezman R. Fragmentatiaon,Outsoucing and Service sector [R]. CIRANO Working paper,No. 43. ,2001.

[96] Madariaga N. , S. Poncet. FDI in Chinese Cities: Spillovers and Im-

pact on Growth[J]. World Economy, 2007,30, 5, 837—862.

[97] Markusen, J. R. , A. J. Venables. The theory of endowment, intra-industry andmulti-national trade[J]. Journal of International Economics 2000,52, 209—234.

[98] Mary Amiti,Caroline Freund, An Anatomy of China's Export Growth [R]. NBER Working Paper,2008.

[99] Melitz M. J. , G. I. P. Ottaviano. Market Size, Trade, and Productivity[R]. NBER Working. Paper no. 11393. 2005.

[100] Melitz, Marc J. The Impact of Trade on Intra-Industry Reallocations and Aggregate Industry Productivity [J]. Econometrica, 2003,71 (1):1695—1725.

[101] Michael Funke, Ralf Ruhwedel. Trade, product variety and welfare: A quantitative assessment for the transition economies in Central and Eastern Europe[R]. Bofit Discussion Papers,2003.

[102] Michaely,Exports and growth: an empirical investigation[J]. Journal of Development Economics,1977.

[103] Michele Di Maio,Federico Tamagni, The evolution of world export sophistication and the Italian trade anomaly[R]. 11th International Schumpeter Society Conference Working paper,2007.

[104] Namini,Facchini, Lopez. Export Growth and Factor Market Competition: Theory and Some Evidence[R]. 2011. Tinbergen Institute Working Paper.

[105] Naughton B. The Chinese Economy: Transitions and Growth[M]. Cambridge MIT Press. 2007.

[106] Nelson R. R. On technological capabilities and their acquisition. In: Evenson, R. , Ranis[M]. G. (Eds. ), Scienceand Technology: Lessons for Development Policy. Westview Press, Boulder, pp. 71—80. , 2000.

[107] Nunn, Nathan, Relationship-Specificity, Incomp lete Contracts and the Pattern of Trade [J]. The Quarterly Journal of Economics, 2007, 5(3),pp. 569 — 600.

[108] OCDE OECD Science, Technology and Industry Scoreboard. Towards a Knowledge-Based Economy[R]. OCDE, Paris. 2001.

[109] Pavcnik N. Trade liberalization, exit, and productivity improve-

ments: evidence from Chilean plants[J]. Review of Economic Studies 2002. 69, 245—276.

[110] Proudman J., S. Redding. Evolving patterns of international trade [J]. Review of International Economics, 2000 vol. 8(3), 373—396.

[111] Raphael Kaplinsky, Amelia Santos Paulino. Innovation and Competitiveness: Trends in Unit Prices in Global Trade[J]. Oxford Development Studies, Taylor and Francis Journals, 2005 vol. 33(3—4), pp. 333—355.

[112] Redding S. Dynamic comparative advantage and the welfare effects of trade[J]. Oxford Economic Papers, 1999. vol. 51, pp. 1539.

[113] Redding, Stephen, Anthony J. Venables, Economic Geography and International Inequality[J]. Journal of International Economics, January 2004, 62(1), 53—82.

[114] Redding, Stephen J. The Dynamics of International Specialization [R]. CEPR Discussion Papers 2287, C. E. P. R. Working Papers. 1999.

[115] Ricardo Hausmann, Dani Rodrik. , Economic development as self-discovery[J]. Journal of Development Economics. 2003, 72(2), pp. 603 —633.

[116] Richard Roll, John Talbott. Why Many Developing Countries Just Aren't [R]. The Anderson School at UCLA, Finance Working Paper No. 19—01, 2009.

[117] Robert C. Feenstra, Shang-Jin Wei. Introduction to China's Growing Role in World Trade[R]. NBER Working Papers 14716, 2009.

[118] Roberts M. J., J. R. Tybout. The Decision to Export in Colombia: An Empirical Model of Entry with Sunk Costs[J]. American Economic Review, 1997, 87(4): 545—564.

[119] Rodrik D. What's So Special about China's Exports[J]. China & World Economy, 2006, 14(5), pp1—19.

[120] Roll R., Tallbott J. Why Many Developing Countries Just Aren't. unpublished paper, November 13. 2001.

[121] Romer P. Endogenous Technical Change[J]. Journal of Political Economy, 1990, 98, S71—S102.

[122] Sachs J., Warner A. Natural Resource Abundance and Economic

Growth[R]. NBER Working Paper 5398, December, pp. 1 — 47. 1995.

[123] Samuelson P. The Transfer Problem and the Transport Costs, II: Analysis of Effects of Trade Impediments[J]. Economic Journal, 1954, 64(2): 264—289.

[124] Sanjaya Lall, John Weiss, Jingkang Zhang. The"Sophistication"of Exports: A New Trade Measure[J]. World Development, 2006, 34 (2), pp, 222—237.

[125] Schott, Peter K. Across-Product versus Within-Product Specialization in International Trade[J]. The Quarterly Journal of Economics, 2004(May), pp. 647—678.

[126] Schott, Peter K. The Relative Sophistication of Chinese Exports [R]. NBER Working Paper, 2006.

[127] Shujin Zhu, Xiaolan Fu, Mingyong Lai. Generalized Factor Endowments and Technical Upgrading of Export: Empirical Evidence from Cross-country Panel Data[R]. SLPTMD Working Paper Series. No. 033. 2009.

[128] Sim N. C. international Production Sharing and Economic Development: Moving Up the value Chain for Small Economy[J]. Applied economy, 2004, Vol. 11, pp. 885—889.

[129] Stephen Redding, Anthony J. Venables, Economic Geography and International Inequality[R]. CEP Discussion Papers dp0495, Centre for Economic Performance, 2001.

[130] Stubos G., Tsikripis I. Regional Integration Challenges in South East Europe, Southeast European and Black Sea Studies. 2007, 7 (1): 57—81.

[131] Tenreyro, Silvana, Robert Barro. Economic Effects of Currency Unions[R]. National Bureau of Economic Research, Working Paper 9435, 2003.

[132] Trevor A. R. Factor Endowments and Industrial Structure[J]. Review of International Economics 2006, 14, 30—53.

[133] Van Assche, A. China's Electronics Exports: Just A Standard Trade Theory Case[J]. Policy Options 2006, Vo127, pp. 79—82.

[134] Van Assche, Gangnes. Electronics production upgrading: Is China

exceptional? [R]. Working paper for18th CEA(UK)annual conference in Nottingham. 2008.

[135] Waugh. Human Capital, Product Quality, and Bilateral Trade[R]. Working paper of Federal Reserve Bank of Minneapolis,2008.

[136] Shang-Jin Wei. Intra-national Versus International Trade: How Stubborn are Nations in Global Integration? [R]. NBER, Working Paper No. 5531,1996.

[137] Wood, Adrian, Mayer, Jorg. Africa's Export Structure in a Comparative Perspective [J]. Cambridge Journal of Economics, Oxford University Press, 2001vol. 25(3), pages 369-94.

[138] Xiaolan Fu, Shujin Zhu, Yundan Gong. Knowledge Capital, Endogenous Growth and Regional Disparites in Productivity: Multi-level Evidences from China [R]. SLPTMD Working Paper Series No. 015,2009.

[139] Xu Bin. Measuring China's Export Sophistication [R]. China Europe International Business School Working Paper,2007.

[140] Zhi Wang, Shang-Jin Wei. The Rising Sophistication in China's Exports: Assessing the Roles of Processing Trade, Foreign Invested Firms, Human Capital and Government Policies [R]. Working paper for the NBER Conference on the Evolving Role of China in the World Trade,2007.

[141] 白重恩,钱震杰,武康平. 中国工业部门要素分配份额决定因素研究[J]. 经济研究,2008(8):8-16.

[142] 白重恩,钱震杰. 我国资本收入份额影响因素及变化原因分析——基于省际面板数据的研究[J]. 清华大学学报(哲学社会科学版),2009(4):1-8.

[143] 包群,许和连,赖明勇. 出口贸易如何促进经济增长? [J]. 上海经济研究,2003(3):11-22.

[144] 陈晓华,黄先海,刘慧. 中国出口技术结构演进的机理与实证研究[J]. 管理世界,2011(3):44-57.

[145] 陈晓华,刘慧. 国际分散化生产约束了我国出口技术结构升级[J]. 科学学研究,2013(8):1178-1190.

[146] 陈晓华,刘慧. 出口技术复杂度赶超对经济增长影响的实证分析——基于要素密集度异质性视角的非线性检验[J]. 科学学研究,2012

(11):1650—1161.

[147] 陈晓华,范良聪.要素密集度偏向型出口技术结构升级的收入分配效应——基于我国省级动态面板数据的 GMM 方法[J].国际贸易问题,2011(7):102—114.

[148] 陈晓华,刘慧.出口技术复杂度赶超与出口范围广化[J].中南财经政法大学学报,2011(6):55—65.

[149] 陈晓华,刘慧.出口技术结构与要素价格[J].财经研究,2011(7):58—68.

[150] 陈勇,唐朱昌.中国工业的技术选择与技术进步:1985—2003[J].经济研究,2006(9):12—24.

[151] 程惠芳.国际直接投资与开放型内生经济增长[J].经济研究,2002(10):71—79.

[152] 戴枫.要素禀赋框架下的 FDI 与我国地区收入差距分析——基于动态面板模型的 GMM 检验[J].国际贸易问题,2010(5):1—11.

[153] 杜修立,王维国.中国出口贸易的技术结构及其变迁:1980—2003[J].经济研究,2007(7):137—141.

[154] 樊纲,关志雄,姚枝仲.国际贸易结构分析:贸易品的技术分布[J].经济研究,2006(8):32—44.

[155] 樊瑛.异质企业贸易模型的理论进展[J].国际贸易问题,2008(3):124—130.

[156] 范爱军.中韩两国出口制成品的技术结构比较分析[J].国际贸易,2007(3):27—30.

[157] 范承泽,胡一帆,郑红亮.FDI 对国内企业技术创新影响的理论与实证研究[J].经济研究,2008,(1):89—102.

[158] 高铁梅等.计量经济学分析方法与建模[M].北京:清华大学出版社,2006.

[159] 关志雄.从美国市场看"中国制造"的实力——以信息技术产品为中心[J].国际经济评论,2002(7—8):5—12.

[160] 韩民春,樊琦.国际原油价格波动与我国工业制成品出口的相关关系研究[J].数量经济技术经济研究,2007(2):64—72.

[161] 黄先海,陈晓华,刘慧.产业出口复杂度的测度及其动态演进机理——基于 52 个经济体 1993—2006 金属制品出口的实证研究[J].管理世界,2010(3):44—56.

[162] 黄先海,徐圣.中国劳动收入比重下降成因分析——基于劳动节约型

技术进步的视角[J].经济研究,2009(7):44—55.

[163] 黄先海,杨高举.中国高技术产业的国际分工地位研究:基于非竞争型投入产出模型的跨国分析[J].世界经济,2010(5):82—100.

[164] 黄先海.后发国的蛙跳型经济增长:一个理论分析框架[J].经济学家,2005(2):15—22.

[165] 黄先海.中国制造业贸易竞争力的测度与分析[J].国际贸易问题,2006(5):33—43.

[166] 黄先海等.产业出口复杂度的测度及其演进机理[J].管理世界,2010(3):45—57.

[167] 江静,刘志彪.全球化进程中的收益分配不均与中国产业升级[J].经济理论与经济管理,2007(8):39—41.

[168] 江小涓.我国产业结构及其政策选择[J].中国工业经济,1999(6):17—23.

[169] 江小涓.我国出口商品结构的决定因素和变化因素[J].经济研究,2007(5):4—16.

[170] 蒋殿春,张宇.行业特征与外商直接投资的技术溢出效应:基于高新技术产业的经验[J].世界经济,2008(7):3—14.

[171] 赖明勇,张新.彭水军等.经济增长的源泉:人力资本、研究开发与技术外溢[J].中国社会科学,2005(2):32—46.

[172] 李稻葵,刘霖林,王红领.GDP中劳动份额演变的U型规律[J].经济研究,2009(1):33—43.

[173] 刘志彪,张少军.中国地区差距及其纠偏:全球价值链和国内价值链的视角[J].学术月刊,2005(5):49—55.

[174] 刘志彪.中国贸易量增长与本土产业升级:基于全球价值链的治理视角[J].学术月刊,2007(2):80—56.

[175] 陆菁,杨高举.中国高技术产业国际市场势力估计中的"统计假象"[J].管理世界,2011(2):172—173.

[176] 罗长远,张军.劳动收入占比下降的经济学解释——基于中国省级面板数据的分析[J].管理世界,2009(5):25—35.

[177] 罗长远.卡尔多"特征事实"再思考:对劳动收入占比的分析[J].世界经济,2008(1):56—77.

[178] 马兹晖.中国地方财政收入与支出——面板数据因果性与协整研究[J].管理世界,2008(3):40—51.

[179] 欧阳志刚.农民医疗卫生支出影响因素的综列协整分析[J].世界经

济,2007(9):47—56.

[180] 齐俊妍.中国是否出口了更多高技术产品[J].世界经济研究,2008
(9):40—46.

[181] 钱学锋,陈勇兵.国际分散化生产导致了集聚吗:基于中国省级动态面
板数据 GMM 方法[J].世界经济,2009(12):27—29.

[182] 钱学锋,雄平.中国出口增长的二元边际及其因素决定[J].经济研究,
2010(1):65—79.

[183] 钱学锋.企业异质性、贸易成本与中国出口增长的二元边际[J].管理
世界,2008(9):48—58.

[184] 邵敏,黄玖立.外资与我国劳动收入分配份额——基于工业行业的经
验研究[J].经济学季刊,2010(4):1190—1210.

[185] 施炳展,李坤望.中国靠什么实现了对美国出口的迅速增长——基于
产品广度、产品价格和产品数量的分析[J].世界经济研究,2009(4):
32—39.

[186] 唐保庆,黄繁华.国际贸易结构对经济增长的影响路径研究——基于
货物贸易与服务贸易的比较分析[J].世界经济研究,2008(9):32
—41.

[187] 唐海燕,张会清.产品内国际分工与发展中国家的价值链提升[J].经
济研究,2009(9):81—93.

[188] 王永进,盛丹.要素积累、偏向型技术进步与劳动收入占比[J].世界经
济文汇,2010(4):33—52.

[189] 王泽填,姚洋.结构转型与巴拉萨——萨缪尔森效应[J].世界经济,
2009(4):38—50.

[190] 魏楚,沈满洪.能源效率及其影响因素:基于 DEA 的实证分析[J].管
理世界,2007(8):26—36.

[191] 吴福象,刘志彪.中国贸易量增长之谜的微观经济分析:1978—2007
[J].中国社会科学,2009(1):80—93.

[192] 吴延兵.自主研发、技术引进与生产率——基于中国地区工业的实证
研究[J].经济研究,2008(8):22—43.

[193] 徐康宁.自然资源高价时代与国际经济秩序[J].世界经济与政治,
2008(5):70—78.

[194] 许斌,路江涌.解析我国出口商品的复杂程度[R].美国经济年会
Working Paper,2007.

[195] 许斌.技术升级与中国出口竞争力[J].国际经济评论,2008(6):48

　　—51.

[196] 杨汝岱,姚洋.有限赶超和大国经济发展[J].国际经济评论,2006(8)：
　　　 16—20.

[197] 杨汝岱,姚洋.有限赶超与经济增长[J].经济研究,2008(8):29—41.

[198] 姚洋,张晔.中国出口品国内技术含量升级的动态研究——来自全国
　　　 及江苏省、广东省的证据[J].中国社会科学,2008(12):6—23.

[199] 姚洋,章林峰.中国本土企业出口竞争优势和技术变迁分析[J].世界
　　　 经济,2008(3).

[200] 姚洋,章奇.中国工业企业技术效率分析[J].经济研究,2001(10):3
　　　 —12.

[201] 张帆,潘佐红.本土市场效应及其对中国省间生产和贸易的影响[J].
　　　 经济学(季刊),2006(6)：307—328.

[202] 张杰,李勇,刘志彪.出口与中国本土企业生产率——基于江苏制造业
　　　 企业的实证分析[J].管理世界,2008(11):5—20.

[203] 张杰,刘志彪,张少军.制度扭曲与中国本土企业的出口扩张[J].世界
　　　 经济,2008(10):3—12.

[204] 赵伟,张萃.FDI与中国制造业区域集聚:基于 20 个行业的实证分析
　　　 [J].经济研究,2007(12):82—90.

[205] 朱诗娥,杨汝岱.中国本土企业出口竞争力研究[J].世界经济研究,
　　　 2009(1):8—15.

[206] 祝树金,戢璇,傅晓岚.出口品技术水平的决定性因素:来自跨国面板
　　　 数据的证据[J].世界经济,2010(4):28—43.

# 索　引

**230**

# 后 记

　　记不清楚有多少个夜晚，一杯茶水，一盏台灯，感受着经济学的深邃，写下对经济学的点点感悟，终于写成了这本著作。本书是我攻读博士和博士毕业后两年内所付出汗水的集合，本书的部分内容曾收录于《管理世界》、《财经研究》、《科学学研究》和《国际贸易问题》等期刊，一些研究结论也被人大复印资料和 *China Economist* 等全文转载。

　　从硕士到博士的学习过程中都得到我的导师黄先海教授悉心的指导，在此表示深深的感谢。黄老师治学严谨、知识渊博、思路敏捷的风范一直感染和激励着我，是我学习的楷模。黄老师认真严谨的治学态度使我改掉了粗枝大叶的坏习惯，使我懂得学术之路不仅需要大胆创新，还要思路清晰，更要注重学术研究的应用价值。我的论文在黄老师的指导下精心构思、字斟句酌地完成，黄老师"授人以渔"的育人方法使我在写作思路、写作方法上都取得了长足的进步，不仅如此，写作过程中，黄老师不断给予我鼓励与支持，这成为了我学习的不竭动力，也增添了我在学术道路上继续前进的信心。在这里也要特别感谢师母郑亚莉教授的悉心关怀，郑老师在工作和学术上的引导让我更快的适应了学习与工作兼顾的状态。在人生的成长道路上，得两位恩师的指导，实为人生幸事！

　　感谢浙江大学经济学院张小蒂教授、宋玉华教授、顾国达教授、赵伟教授、肖文教授、马述忠教授、严建苗教授、潘思远教授、牛海霞副教授、朱希伟副教授、叶建亮副教授以及公管学院的陈建军教授，感谢他们对我论文写作过程中的无私帮助与指导。感谢席文波、王硕、杨高举、徐圣、曹一、周俊子、刘毅群、杨君、叶毅力、王宜斌、熊杰、蒋墨冰、石旭东、毛海丹、卓昊、贾曼、胡馨月、蔡婉婷、喻璐、张小梦、王伟伟等同门好友，感谢 2008 博士班全体同学，感谢殷宝庆、谢慧明、王平、张日波、周杰、耿得科、何志兴、赵金亮、郑雯雯、韩媛媛、方浩等博士同学，感谢范良聪、郑仕进、赵华、吴晓丰、聂志群、李科、戚战锋、文武、周明海、陈国亮等硕士同学。特别感谢浙江理工大学经济管理学院的各位领导和同事在工作与学习上提供的便利。

特别向一直给我莫大支持的家人道一声辛苦和感谢！父母始终如一的支持，从来都是我前行的力量来源！爱人刘慧在家务和工作上的付出，让我免去了学术研究中的后顾之忧安心学业，在表示感谢的同时，也祝愿爱人博士早日毕业。

最后感谢浙江大学的培养，愿母校的明天更加美好！同时也祝愿自己能在未来的学术道路上有更多收获！

2014 年 2 月于 杭州